教育部哲学社会科学创新基地
浙江大学基督教与跨文化研究中心项目成果

当代世界前沿问题译丛

RELIGION IN INTERNATIONAL RELATIONS

[意] F.佩蒂多 [英] P.哈兹波罗 编

国际关系中的宗教

张新樟 奚颖瑞 吴斌 译

ZHEJIANG UNIVERSITY PRESS
浙江大学出版社

Religion in International Relations
Fabio Petito and Pavlos Hatzopoulos

First published in English by Palgrave Macmillan, a division of Macmillan Publishers Limited under the title *Religion in International Relations*, 1st edition by Fabio Petito and Pavlos Hatzopoulos. This edition has been translated and published under licence from Palgrave Macmillan. The Author has asserted his right to be identified as the author of this Work

编辑说明

"宗教与国际关系"是个既有理论深度又有实践意义的论题,是一个新兴的研究领域。自从国际关系作为一门学科在西方诞生以来,宗教因素一直被西方国际关系理论界忽视、边缘化甚至"放逐"。然而近几十年来,宗教的全球复兴和世界性非世俗化趋势,宗教从"威斯特伐利亚的放逐"回归国际关系的中心,以至于人们如不了解新的以信仰为基础的运动,就根本无法理解当今的国际关系。在此背景下,西方国际关系学界开始正视宗教在国际关系中的重大作用,本书是在这一背景之下出现的从理论上研究国际关系中的宗教问题的专著之一。

本书尝试分析现代国际关系理论对待宗教的基本态度及其局限性,认为建立在"威斯特伐利亚和约"基础上的现代国际关系理论受到了全球宗教复兴的挑战,现有的国际关系理论框架中并不能真正理解和容纳宗教复兴的事实,人们必须探寻新的理论方法来理解和解释宗教和世界政治之间的相互作用,并且提出了建立真正普世的"后威斯特伐利亚的全球共存秩序"的三条出路:深刻的多元主义、宗教思维参与国际政治中的文化争论、建立国际政治伦理学或哲学。

　　本书涉及到国际关系中的宗教研究所面临的三个主要的理论问题:宗教在国际关系中的现实地位问题,即宗教在一个已经被全球化力量改造过的国际秩序之中的地位问题;宗教在国际关系中的政治地位问题,即宗教与政治的具体关系问题,如宗教与政治冲突(战争、安全)的关系以及政治如何对待宗教的问题;宗教在国际关系理论研究中的地位问题,即宗教作为一个研究对象,是否同时也是对宗教进行理解的一个关键因素。本书对于在这三个问题上存在着的基本的学术争论提供了一个比较清晰的视野。

　　本书的作者都来自西方国家,他们的思想观点乃至意识形态与我国有着根本的差异。我们引进本书,并不代表完全认同他们的观点,而是为这一领域的研究提供最新的学术资源,提供研究和批判的对象。希望读者在阅读过程中要有独立的客观的批评意识,并且清醒地意识到下列几点:第一,很少有国际政治事件纯粹是由宗教引起的,大多数都是由综合因素造成的,对宗教因素的强调不能被解释为是对宗教、政治、社会、经济以及其他因素的复杂的交互影响的否认。第二,对宗教因素的强调不能绝然否定西方自由主义、启蒙运动以及现代世俗文化的成就。第三,不能让宗教决定宗教研究,宗教与宗教研究之间必须要保持一定的距离,必须把作为研究对象的宗教与施之于这个对象的研究活动区分开来。

中译前言

我一直觉得诺斯替主义、治疗术和政治哲学是可以联系在一起的，在翻译校对这本《国际关系中的宗教》的时候感觉更明显。个体层面的身心问题和社会层面的精神物质问题是相对应的，国际关系是大尺度上的人际关系，人际关系跟人的世界观和人生观直接相关，因而也与个人的宗教直接相关，而个人的宗教又与社会传统有关系，社会传统之间的关系又是构成国际关系的重要内容。个人人生观和社会传统的核心是精神修养（灵修），因此可以说不同的灵修从总体上决定了看待和处理国际关系的态度。于是，追求迄今为止一切宗教修养中的共同性的诺斯替主义就成了理解国际关系的一个重要维度。最近温习了《管子·内业》中的这样一段话：

> 全心在中，不可蔽匿，和与形容，见于肤色。善气迎人，亲与兄弟，恶气迎人，害于戎兵。不言之声，疾于雷鼓，心气之形，明于日月，察于父母。赏不足以劝善，刑不足以惩过。气意得而天下服，心意定而天下听。

这段话说的是一个有修养的人，他的完美的心灵是掩盖不住的，一定会在容貌肤色上洋溢出一种和气，用这种和气与人接触就如同兄弟般亲切，而如果没有这种和气，神色之间就有一种恶气，以此待人就会如同用利刃伤人。这种内在的心灵状态，虽然无声无息，却如同雷鼓那样震耳，虽然无形无状，却如同日月般昭然，如父母对于子女那样一目了然。经济上的支持不足以让人对你友善，军事上的惩罚也不足以禁止人与你为恶。唯有内在的修养达到一定境界，有了一种掩饰不住的和气，别人才会心服，唯有心意修养达到了安定的境界，天下才会听从。《管子·内业》另外一个段落中说的"正心在中，万物得度"也是这个意思。我认为这段话精辟地解释了灵修与人际关系、国际关系之间的关系。

对于大多数人来说，人生中的最重要问题的不确定性，特别是当一种已经确定的确定性受到挑战，乃是焦虑和不幸福的来源，因此保卫提供这种确定性的身份就成了一件生死攸关的大事，也是提供这种身份的宗教之所以不宽容和敏感的原因所在。威斯特伐利亚和约据此认定，一旦宗教被带入国际公共生活之中，就一定会造成不宽容、战争、破坏、政治剧变乃至于国际秩序的瓦解，因此必须使宗教私人化，限制其在政治中的影响力。而我们认为，解决宗教的敏感性的途径在于恢复宗教中所固有的灵修，使得宗教这具僵硬的身体听从柔和的灵修这个灵魂的指挥，于是宗教就达到了其形神俱妙的人格。这种人格的核心是谦卑，对人的容易犯错的特性非常敏感，并且深知心灵的探究能力有限，不可能完全把握实在，也不能够保证对所宜行之事的特定解释的正确而且可靠,于是这种宗教就能够引导人们在与人接触的所有阶段都对陌生人和对手保持开放。这种开放性乃是一种充分的同情,以至于达到完全同情的程度,于是就可以超越宽容这两个字,然后在同情的基础上如果尚能转变,那就是真正的能转变了。这就是我们要恢复的、许多宗教所共同固有的、非常细致入微的精神修养,也是《管子·内业》中所谓的"善气迎人"、"气意得"和"心意定"。

这本书的翻译不仅是出于译者本人对于从灵修角度探讨国际政治的学术兴趣,也是由于看到本书为国际政治神学、宗教与战争和安全的关系以及宗教的政治化等问题提供了较多的学理资源。我们知道,由于国际关系实践中的主要因素都是近代欧洲早期在终结宗教战争的基础上建立起来的,因此诉诸宗教的政治长期以来被视为秩序、安全和文明的威胁,难以立足在国际关系的实践和学科之中,国际关系学也主要是把宗教当作对国际关系学的威胁来研究的。正因为如此,在当今"全球宗教复兴"和"世界的非世俗化"的社会学背景下,在政策制定者和广大的知识界日益关注宗教在国际政治中的作用的情况下,国际政治理论却保持了沉默,缺乏用以理解宗教在当今事务中的地位和作用的概念工具。如果进一步考虑到全球宗教复兴对于如何理解国际关系本身也会有重要影响,那么国际关系学缺乏这方面的研究就是一个严重的缺陷了。这本《国际关系中的宗教》的出版填补了国际关系学领域的这个明显空白。

2004年9月,我在跟随浙大德语专业一年级学生学习德语的时候,遇到了哲学系外国哲学专业硕士生奚颖瑞(现在已经是该专业博士生),他也像我一样产生了对诺斯替主义研究的强烈兴趣,甚至硕士论文也写了其中的最重要的一个派别——瓦仑廷派。2005年9月,我在国际政治专业方向招了第一位研究生吴斌,他自然在国际政治专业知识方面有系统的掌握,而且也培养了对宗教研究的兴趣。这本同时涉及宗教和国际政治的书由我们三人合作翻译非常合适。其中奚颖瑞翻译了第一至第三章,吴斌译了第四、第五章,张新樟译了导言、第六至七章和最后的跋。最后全部译稿从意思、表述到译名都由本人精心校对了一遍,一切错误由我负责,若有误译或不恰当之处,望读者不吝批评指正(电邮:rangfay @163.com)。另外要特别感谢浙江大学基督教与跨文化研究基地主任陈村富教授交付这项翻译任务,使我们通过翻译进入了一个全新的领域。

张新樟

2006 年 10 月 22 日

德国齐根熔炼街 24 号

撰稿者

劳斯特森（Carsten Bagge Laustsen），丹麦哥本哈根大学政治科学系博士候选人

埃斯波西托（John L. Esposito），美国乔治敦大学穆斯林—基督徒谅解中心（Centre for Muslim-Christian Understanding）主任

法尔克（Richard Falk），美国普林斯顿大学艾伯特·米尔班克国际法和实践讲座教授，现为加利福尼亚大学访问教授

哈森克勒夫（Andreas Hasenclever），德国法兰克福和平研究所（Peace Research Institute）研究员

库芭科娃（Vendulka Kubalkova），美国迈阿密大学国际关系学院教授

塞西莉亚·林奇（Cecilia Lynch），美国加利福尼亚大学政治科学系副教授

特里·纳尔丁（Terry Nardin），美国威斯康星－密尔沃基大学政治科学教授

福尔克·里特伯格（Volker Rittberger），德国图宾根大学政治科学与国际关系教授

司各特·托玛斯（Scott M. Thomas），英国巴思大学（University of Bath）国际关系学讲师

约翰·沃尔（John O. Voll），美国乔治敦大学伊斯兰教史教授

奥利·维夫（Ole Waever），丹麦哥本哈根大学政治系教授

编者序言

我们认为芝加哥是本项目的发源地。在那儿,在2001年的国际研究协会的会议上,我们遇到了 Yosef Lapid,他鼓励我们为新生的"帕尔格雷夫(Palgrave)文化、宗教和国际关系丛书"(CRI)提交一个写作计划,写一本有关宗教与国际关系的著作。他的鼓励在经历这么长的一段时间之后终于结出了果实。那时候,Yosef 刚刚讨论过在一个有关宗教在世界政治中的作用的讨论会上发表的论文,但是他已经敏锐地感觉到了进一步推进这项研究的机遇。我们想要感谢他,为了他相信我们这两位研究生可以完成这个目标。然而,收集在本书中的大多数篇章都有着早于芝加哥那次会议的历史。这个历史可以回溯到1999年冬天我们在格林纳达屋(Grenada House)展开的长时间的讨论,回溯到2000年5月在伦敦经济学院举行的一个会议,回溯到2000年12月出版的《千禧年:国际研究杂志》(*Millennium: Journal of International Studies*)特刊,回溯到前面提及的芝加哥国际研究协会会议,在那次会议上我们就这个主题组织了两个小组进行讨论。我们衷心感谢所有参加过其中的一些活动,但是其论文没有被收录在这本书中的学者,他们是:Stephen Chan, S. N.

Eisenstadt, Andreas Osiander, Fred Halliday, Ali Mazrui, Thomas Uthup, Miroslav Volf. 我们感谢他们的辛勤工作和他们为我们提供的灵感。

最后,我们衷心感谢《千禧年:国际研究杂志》允许我们重印宗教与国际关系特刊(vol. 29, no. 3)中的下列文章:司各特·托玛斯的《严肃对待宗教和文化多元主义:全球宗教复兴与国际社会的转型》(Scott M. Thomas, *Taking Religious and Cultural Pluralism Seriously: The Global Resurgence of Religion and the Transformation of International Society*, pp. 815 – 41);塞西莉亚·林奇的《文化多元主义的教义、实践和宗教视角》(Cecilia Lynch, *Dogma, Praxis, and Religious Perspectives on Multicultruralism*, pp. 741 – 59);库芭科娃的《走向一种国际政治神学》(Vendulka Kubalkova, *Toward an International Political Theology*, pp. 675 – 704);哈森克勒夫和福尔克·里特伯格的《宗教的作用何在?——信仰对政治冲突之影响的理论分析》(Andreas Hanseclever and Volker Rittberger, *Does Religion Make a difference? Theoretical Approaches to the Impact of Faith on Political Conflict*, pp. 641 – 74);劳斯特森和奥利·维夫的《保卫宗教——宗教指涉对象的安全化》(Carsten Bagge Laustsen and Ole Vaever, *In Defence of Religion: Sacred Referent Objects for Securitization*, pp. 705 – 39);埃斯波西托和约翰·沃尔的《伊斯兰与西方:对话中的穆斯林的声音》(John L. Esposito and John O. Voll, *Islam and the West: Muslim Voices of Dialogue*, pp. 613 – 39)。

为了适应本书的目的,所有这些论文都在原版基础上进行了修改,有些是根本性的改动,有些只是作了少量的修改。

P. 哈兹波罗(Pavlos Hatzopoulos)

F. 佩蒂多(Fabio Petito)

目　录

第一部分　国际关系理论与宗教

◇
目
录

001

第三部分　宗教政治化：走向

一种新的全球伦理？

导言：流放归来

P.哈兹波罗　　F.佩蒂多 撰

张新樟 译

　　世界范围的宗教复兴现在似乎导致了压迫，有时候是把宗教法强加给某个人群，有时候是把宗教与"恐怖活动"联系起来，认定它有造成极端的甚至任意的政治行动的倾向，或者甚至于会发生对其他宗教群体成员的迫害，或者更为末世论地，把宗教视为正在到来的"文明冲突"的背后的推动力。

　　但是，如果为了研究宗教在国际关系中所扮演的角色，我们需要扭转上述这幅图境中的哪些东西呢？是要把宗教看成"受害者"而不是压迫的制造者吗？这种扭转当然不能从字面的意思来理解。相反，宗教作为受害者的意思是，它从国际关系的现代结构中被流放出去了；为了现代国际政治的形成，宗教是一个必须消失的对象。宗教一直是，而且现在基本上还是，被国际关系学科当作对其自身存在的一个威胁来讲述的。我们选择这个标题——"流放归来"——是因为我们相信本书要把这种不太可能的思想逆转当作一种潜在的可能性来探讨。

　　换言之，对宗教的拒斥似乎是刻写在国际关系学科的基因密码之中的。有证据表明，之所以如此乃是因为国际关系实践的主要的结构性因素是近代欧洲有意建立起来以结束宗教战争的。在历史的那一个点上——我们意译霍布斯的强有力的话语来说——神为巨大的利维坦(主权国家)留下了位置,新的现代人把和平与安全归功于这个必死的神,于是宗教私人化了,而且通过 cuius regio eius religio(统治者主宰他自己的王国的宗教)的原则,国家间的多元主义和互不干涉原则诞生了,它成了正在形成之中的威斯特伐利亚秩序(Westphalian order)的新的神圣原则而受到人们的崇拜。结果,与宗教有关的政治就成了对秩序、安全和文明的最终威胁,不能够存在于国际关系的实践当中,从而也不能够存在于国际关系的学科之中。

在长期的威斯特伐利亚流放中出人意料地幸存下来之后,宗教重返世界政治。世界政治已经变了,宗教也已经变了——也许变化更大。宗教从威斯特伐利亚流放重返国际关系的核心,开启了新的可能性,本书认为,如果后威斯特伐利亚的全球共存想要达到真正的普遍性的话,这些可能性不容轻视。

不仅如此:流放归来绝不是重新回到流放之前的"老路",如所有三种亚伯拉罕式宗教传统都很清楚地知道的那样。首先,失去的家园已经必然地改变了;其次,甚至更为根本地说,流放乃是一种深刻改造的经历。流放开启了一条道路,通向圣保罗所谓的 metanoia(悔改),一种激烈的"心灵改变"。但是对于国际关系而言,宗教是否经历了这样一种 metanoia 呢?宗教愿意站在"全球和平精神"一边,而不是如"文明冲突论"所预示的那样站在"全球战争"一方吗?未来不可预测,但是本书站在这样一种可能性上面,即流放已经带来了一种 metanoia,而且把这第二次转向看成一种强有力的可能性。当然,详细论证将会在正文展开。关于这一点后面会有更多讨论。

在导言中,我们将试图解释从编者的角度是如何阅读这本书的,以及从未来研究的角度应该如何读这本书。这个导言将阐明这本书的连续性和不连续性,把本书分成三个主题是有益的还是无益的,以及我们在编辑过程中所做的一些深思和抉择中的偶然性。它也将部分地解释何以我们有背常规地把一个跋编入本书,从争论的观点看来,这个跋的尝试部分地挫败了本书作为一个整体的目的,而从友善的观点看来,这个跋是要严格地限制本书的野心。

这个课题源自于一个正常的反应,是对于国际政治中现有的宗教研究状况的反应,由于观察到国际关系文献中极其明显的理论空白,这个反应得到了强化。在第一个层面上,本书的动机在于批判"文明冲突"论和其他众多的分析,这些分析常常过于紧密地把宗教复兴与新冷战思维定向、原教旨主义政治的危险甚至全球恐怖主义联系起来,或者更普遍地把宗教与国际事务的异常的、无序的状态联系起来。[1] 要说

---

① 主要参看 Samuel Huntington, *The Clash of Civilizations and the Remaking of the World Order*(New York: Simon and Schuster, 1996);也见 Mark Juergensmeyer, *The New Cold War: Religious Nationalism Confronts the Secular State*(Berkeley and Los Angeles: University of California Press, 1993) 和 *Terror in the Mind of God: The Global Rise of Religious Violence*(Berkeley and Los Angeles: University of California Press, 2000)。

这种联系不应当被本质化,这几乎是迂腐的老生常谈,但是本书试图超越这种没有牢靠基础的批评,具体地指出,探讨世界范围的宗教传统如何会导致理论上和政治上的创造性努力。

为了实现这个任务,首先必须做的是从理论上把握当前宗教与国际政治之间的相互作用。在"全球宗教复兴"和"世界的非世俗化"的社会学背景下(在这一点上不太有争议),在政策制定者和广大的知识分子群体日益关心宗教在国际政治中的作用的背景下,国际关系理论一直以来奇怪地保持了沉默。① 诚然,就特定的宗教现象在当今世界政治中所扮演的角色而言,可能确实有过理论上的讨论——只要想一想已经出版了那么多政治伊斯兰主义和其他宗教原教旨主义之国际政治维度的理论著作②就足够了——但是这些讨论暗含的一个假定是:宗教这一主题并不需要在国际关系理论领域之内进行反思,也就是说,无需努力引入新的解释范畴和分析框架。他们认为,一种以政策制定为本的(policymaking-

---

① 关于"全球宗教复兴"的社会学研究,见两本很有影响力的书:Gilles Kepel, *The Revenge of God: The Resurgence of Islam, Christianity and Judaism in the Modern World*(Cambridge: Polity Press, 1994); Peter Berger, ed. *The Desecularization of the World: Resurgent Religion and World Politics*(Grand Rapids, WI: Wm. B. Eerdmans/ Ethics and Public Policy Center, 1999)。

② 作为此类文献的一个例子,参阅五卷本的有关宗教原教旨主义的著作 Martin E. Marty and R. Scott Appleby, eds., *The Fundamentalism Project*, vols. pp. 1 – 5 (Chicago: University of Chicago Press, 1999 – 1995)。

oriented）①方法，或者至多是对"更宽泛的"理论框架作某些微调，从而可以探讨观念、文化和身份认同的作用，就足以应付宗教问题了。② 本书则反对这一假定，并探寻新的理论方法来理解和解释宗教和世界政治之间的相互作用。

如果我们承认全球宗教复兴对于简明地思考国际关系理论也同样具有重要意义的话，那么研究文献的缺乏问题也就显得更为严重。从这一个角度来看，不仅国际关系理论在探讨宗教时存在着问题，而且宗教也有着革新国际关系理论的潜力。换句话来说，本书认为，全球宗教复兴给国际关系理论所带来的理论挑战，足以与冷战的结束或全球化的兴起所带来的理论挑战相比。结果是，本书对于这门学科而言乃是——在理论创新和自我创造的反思的意义上——不管是在分析层面还是在规范层面——召开了一次"批判"大会，而不只是又一次平常的解决问题的会议。这样看来，宗教从威斯特伐利亚流放归来，它带给了国际关系理论从自己的理论囚笼中解放出来的希望。

----

① 作为此类文献的一个例子，参阅五卷本的有关宗教原教旨主义的著作 Martin E. Marty and R. Scott Appleby, eds., *The Fundamentalism Project*, vols. pp. 1 – 5 (Chicago: University of Chicago Press, 1999 – 1995)。

② 关于那些具有政策制定导向作用的研究，参阅 Douglas Johnston and Cynthia Sampson, eds., *Religion: The Missing Dimension of Statecraft* (Oxford: Oxford University Press, 1994); Jeff Haynes, *Religion in Global Politics* (London: Longman, 1998). 有两项研究宣称自己更富于理论前景，但是最后却没能够认真地把 IR 作为一门学科来对待，它们是 John L. Esposito and Michael Watson, eds., *Religion and Global Order* (Cardiff: University of Wales Press, 2000); Ken R. Dark, eds., *Religion and International Relations* (London: Macmillan, 2000). 关于如今广为人们所接受的"文化和身份认同在国际关系中的回归"，参阅 Yosef Lapid and Friedrich Kratochwil, *The Return of Culture and Identity in International Relations Theory* (London: Lynne Rienner, 1996)。

一、本书的内容

本书分为三部分："国际关系理论与宗教"、"战争、安全和宗教"和"宗教政治化：走向一种新的全球伦理"。从这些标题可以清楚地看出来，每个部分都有其特定的着眼点，但是论题本身的性质决定了划分界线的模糊性以及某种程度的人为性。此外，如果说本书的每个部分毫无疑问是对宗教和国际关系之间的相互作用的某一个方面所作的独立的理论探索，因而可以分开阅读的话，那么同样正确的是，这三个部分反映了对本书整体要旨的三个主要的论证。

1. 国际关系理论和宗教

本书第一部分的焦点是，一门能够认真探讨宗教问题的国际关系学科意味着什么。这个部分同时用强弱两个版本阐述了一个我们称之为"学科的"（disciplinary）观点，这个观点就是：国际关系理论既未能从理论上正确理解宗教的一般现象，也未能正确理解最近全球宗教复兴的具体问题。这个观点的温和版本指出，我们必须构造出一些新的解释范畴和分析框架。这一部分的三篇文章都探索了新的理论道路，以解释宗教和世界政治之间的相互作用。

司各特·托马斯在他的文章中指出，如果要严肃地探讨全球宗教复兴问题，就必须发扬一种更早的对宗教的社会性的（着重号为著者所加，下同）理解，并且把它看成任何后威斯特伐利亚国际秩序的一部分。这种对宗教的社会性的理解依然存在于发展中世界的许多地方，它与现代西方把宗教看成一套私人化的教条和信仰是根本不同的。出于这个目的,他先把麦金太尔(Alasdair MacIntyre)的社会理论,特别是他的"传统"观,运用到了英国学派(English School)的国际社会这个概念身上,然后指出,麦金太尔的"德性伦理学"可以帮助我们在国际社会不同的共同体和国家之间发展一种"更深刻的多元主义"(deeper pluralism)。

塞西莉亚·林奇以一种不同但是互补的方式指出,神学的和宗教的思维对于有关国际政治中的文化的争论会有相当大的助益,以往常常是启蒙世界观主导着这些争论,用一些极度本质主义的观点来看待宗教信仰、思想和行为。通过大致追溯文化之争的发展过程,特别是通过对文化多元主义的描述,她在当代宗教思想的背景之下讨论了神学当中几种看待宗教多元主义的不同的观点,从排外主义(exclusivism)到混合主义(syncretism)再到护教学(apologetics),最后得出结论:当大多数有关宗教之角色的政治性争论仍旧受困于排他主义的分析理路之时,当代的宗教思想已经开辟了新的道路,以思考呈现于世界当中的多重信仰体系的社会政治含义。

库芭科娃(Vendulka Kubalkova)的文章更进一步论证了当代国际关系理论的不足,构成了这个激进版的学科的观点的范例之一。依据这个逻辑,库芭科娃倡导建立国际关系学科的一个新的分支学科——就是她所称的国际政治神学(IPT,International Political Theology)——以此来对抗西方社会科学的顽固性,即始终没有意愿(也没有能力)把宗教本身当作与世俗力量同等重要的社会因素来对待。就像国际政治经济学(IPE)的建立是为了回应国际政治对于经济因素的忽略那样,国际政治神学也是为了试图纠正体系上的这种疏漏。国际政治神学提议系统地研究这样一些关乎世界事务的言论(以及这些言论之间的关系)——这些言论寻求或者宣称已经找到人类对意义之需求的回应,无论这些回应是超验的还是世俗的。

在林奇(Lynch)和托马斯(Thomas)的文章中也可以找到这种激进版的学科的观点的痕迹。林奇的文章外表显得温和,但是在我们看来,它对启蒙运动的假设的批判具有深远的影响。启蒙运动的假设是把宗教与危险、教条或者一些僵硬的他者概念联系起来,这类假设盛行于当代的政治争论之中。这里的悖论是,国际政治中的宗教认同和排斥问题的日益重要并没有让人们相应地重视宗教思想家们自己对于宗教信仰的多重理解,却反而导致前述启蒙运动的假设的不加批判的复制和在事实上被人们当作信条来接受。林奇的文章是对这种状态的明显的讽刺,她详细地讨论了关于宗教多元论和文化多元主义之可能性的当代神学观,指出,不妥协的宗教认同观在今天乃是极度未启蒙的(unenlightened)和不具启蒙意义的(unenlightening),从历史的角度看它是不合时宜的,它忽视了宗教思想自身内部许多重要而鲜活的论争。

问题似乎就在于国际关系学的自我理解:她把自己看成了启蒙事业的参与者,把自己界定为一门社会科学,拥有获得社会现象之知识的特权。① 首先,一般地说,宗教和启蒙无

① 在此,我们来对照一下德里达(Jacques Derrida)最近号召的一场新的知识和政治启蒙,这很有意思。这场新启蒙不要求放弃理性思维,只要求有意愿批判性地反思理性的阴暗面,从而避免"西方现代性的傲慢的故步自封和僵化"。Jacques Derrida, *The Other Heading: Reflections on Today's Europe*, trans. Pascale-Anne Brault and Michael B. Nass (Bloomington: Indiana University Press, 1992)。有关这个观点对于政治理论的意义的讨论,参阅 Fred Dallmayr, *Alternative Visions: Paths in the Global Village* (Lanham, MD: Rowman & Littlefield Publishers, 1998)。

论是在理论上还是在政治上都自始至终没有处于"很好的关系",这一点并非什么大发现。① 其次,具体地说,我们一定记得,现代国际法,也即国际关系这门学科的先驱,乃是在真蒂利(Alberico Gentili)的著名的口号的支持之下诞生的:silete theologi in munere alieno!(让神学家们对他们领域之外的事务保持沉默!)这个口号象征着经院世界的结束和一个新时代,即威斯特伐利亚时代的到来,国际政治从此要接受来自世俗立场而非神学立场的审问。

这最后一点把我们引向了一个相关的探索性假设。这个假设是我们在展开托马斯的见解时提出来的。托马斯指出,"威斯特伐利亚假设"(Westphalian presumption)——为了国际秩序的存在,国际社会不能容纳宗教和文化多元主义,必须把它们私人化——乃是自由主义政治神学的一部分,其基础是把宗教"虚构"成私人持守的教条或信仰。如果把这个观点推进一步,用卡尔·施米特(Carl Schmitt)的意思来说,那我们就可以尖锐地提出这样一个问题:是否现代国际关系理论中的所有重要概念都是世俗化了的神学概念?② 就此而言,对宗教进行更为细致的思考可以使国际关系学科的某些世俗的基础性神话成为问题,而且也会显示出有必要系谱性地重写这门学科所讲述的有关国际政治中一些十分重要的现象——如战争、国际法、国内或国际的关系、不干涉原

① 在此有必要强调一下,我们同样应该避免过分简单化地概括宗教和启蒙运动之间的对立关系。

② 施米特的原话是这样的:"现代国家理论的所有重要概念都是世俗化了的神学概念。"In Carl Schmitt, *Political Theology*:*Four Chapters on the Concept of Sovereignty*, trans. George Schwab (Cambridge, MA:MIT press, 1985〔1922〕), 1985, p.36。

则等等——的起因及其发展的故事,如今,这些现象总是被置于自由主义世界观(weltanschauung)之内加以考察,由此也就导致了有解释学缺陷的历史阐释。这对于国际关系这门学科而言具有极其关键的意义,因为——引用赫德利·布尔(Hedley Bull)和亚当·沃森(Adam Watson)的话来说——"(国际关系)只有在历史视野中才能被理解,如果不认识国际关系从中得以产生的那个过去,那么现在的普世的国际社会就没有任何意义"①。

2. 战争、安全和宗教

本书第二部分以"战争、安全和宗教"为标题,试图阐明宗教、战争与安全之间的复杂关系。换言之,这个部分的两篇文章试图从两个不同理论立场出发来质疑对于宗教的最严重的指控:即把宗教政治化,视其为对安全不可避免的威胁,视其为国家间或国家内部战争的动员和发动因素,视其为不利于冲突的解决。

这部分的这两篇文章的共同的出发点在于承认政治冲突与宗教之间的关系既不能通过"原生主义—本质主义"的(primordialist-essentialist)解读来把握,也不能通过一种"现代工具主义"(modernist-instrumentalist)的解释来把握,前者在宗教或文化—种族差异中寻找冲突的主要的根源,而后者则把宗教看成不外乎是一种容易控制的动员机制,其政治表现可以缩减为现代社会经济因素。就像民族主义、集权主义以及自由主义等

---

① Hedley Bull and Adam Watson, Introduction, *The Expansion of International Society* (Oxford: Clarendon Press, 1984), p. 9.

世俗的政治意识形态采取了"政治的宗教"的形式,有它们自己的神灵、神圣文献以及地上的天堂那样,宗教通过变得"政治化"也开始讲革命、权利以及国家等等极其现代化(和世俗化)的语言了。这两者的殊途同归当然并不意味着世俗的与宗教的政治意识形态之间没有重要的差别——事实上它们之间是有重要差别的,就像世俗的政治意识形态内部也有重要差别那样——但是它却警告我们不要对当前宗教在世界政治中的复兴持简单的轻视态度或者末世论的态度。

哈森克勒夫(Andreas Hasenclever)和福尔克·里特伯格(Volker Rittberger)在信仰对冲突的影响的问题上持"温和的建构主义"(moderate constructivism)的立场,他们通过对他们的这种处于原生主义(primordialism)和工具主义(instrumentalism)之间的立场的阐述,从和平研究的视野探讨了其中的某些论题。与工具主义的解释正好相反,他们的论点是:宗教领袖可以"拒绝为武力祝福",即便在社会内部或者社会之间存在着严重的社会经济和政治的不平等时也不能使用暴力。他们的假设是,尽管宗教教义之间的差异很难说是政治冲突的真正根源,但是在某种条件下它们会在增强或者降低冲突的方向上决定性地塑造冲突行为。在这一章的最后部分,他们集中讨论了一种策略,旨在开启或者加强世界各宗教之间的对话,以实现或者加强宗教间的世界伦理。这一种常常与德国神学家汉斯·昆(Hans Küng)的名字联系在一起的世界伦理,可以在社会经济危机期间开拓冲突管理的合作空间,从而防止政治冲突升级为暴力冲突。

劳斯特森(Carsten Bagge Laustsen)和奥利·维夫(Ole Waever)接着探讨了那些显然具有宗教性质的目标的安全化

的逻辑,认为有必要把哥本哈根学派(Copenhagen School)的安全化研究(securitization studies)运用到新的具体的宗教领域。在指出了何以宗教安全化常常特别吸引人、安全化是如何完成的以及安全化做了什么之后,他们认为那些被当作宗教之特殊性的东西其实也存在于许多政治意识形态之中。不过,在这篇文章中,他们把这个观点推进了一步,引进了一套原创的定义和区分,阐明了宗教、政治的宗教以及世俗意识形态之间的相似性和差异性。首先,劳斯特森和维夫追随克尔凯郭尔(Søren Kierkegaard),把信仰的概念置于他们所理解的宗教的核心。他们引用了克尔凯郭尔最有名的一本著作的书名,认为既然宗教以信仰为基础,那它就必然伴随着"恐惧和战栗"。

这个论点的规范意义类似于哈森克勒夫和里特伯格提出来的对话策略,乃是以宗教的名义消除施行暴力之合法性的途径之一。劳斯特森和维夫用哥本哈根学派的语言和一般伦理原则强调其目标在于去安全化(de-securitization),它意味着,问题不应当以一种常常会导致反民主的后果的迫切性和必要性提升到常规政治之上。但是它也意味着要让宗教保持为宗教。尊重宗教就是接受存在的欠缺,接受这样一个事实,即宗教的话语本质上发生于超验的层面之中。

在拒绝对宗教与安全之间的关系作任何简单化的解释的同时,本书的第二部分也试图找到一种内在的远离暴力的宗教理解。尽管受后结构主义启发的哥本哈根学派国际关系理论与哈森克勒夫和里特伯格的温和的建构主义的社会—科学方法论有着根本差异,但是两者都认为拒绝原生主义的和现代主义的道路对于尝试实现这个目标至关重要。

3. 宗教政治化:走向一种新的全球伦理

第三部分更具有探索性质,但正是在这个部分,本书的规范视野更明显地需要一种建构性的维度。这个部分指出,如果缺乏对世界范围的宗教传统的深切的参与,那么关于一种新的全球伦理之可能性的理论和政治的争论就不可能是充分的。在此,真正受到威胁的是我们的世界观,是确立世界政治实践的那些理论和概念。当这样来反思自由主义的信条的时候,一个根本层面上的虚空就隐约地呈现出来了:这个政治传统排除了宗教在"真实存在的社会"的日常生活之中核心地位。① 如果未来全球共存的规范结构——全球伦理——能够真正是普世的,那么它就不能只是自由主义的或者西方中心的。真正的普世性要求对宗教在世界事务中的存在有深刻的了解,而且在许多方面这种普世性也必须是产生于这种深刻的了解。哈维尔(Vaclav Havel)更为意味深长地说:

> 仅仅采纳欧美制造的整套命令、原则、规则,并且机械地宣称它们对所有人都有约束力,那是不够的。不同的文化或者文明的不同层面只能分享他们觉得是真正共同的根基性的东西,而不只是由少数人提供或者甚至于强迫他人接受的东西。人类在地球上共存的原则,只有当它是产生于每一个人的最深体验,而不只是我们中的一些人的体验时,

_____

① Jean Bethke Elshtain, "Really Existing Communities", *Review of International Studies* 25, No. 1(1999): pp. 141 – 46.

才有可能得到维持。①

这一个部分的标题采用了"走向"这个词,并用了疑问句的形式,这清楚地表明了这个论点的探索性质,在这本书的构想背景中,我们要从多重角度创造性地保持这种探索性质,从而为将来更系统地研究这个关键的规范问题提供洞见和研究方向的平台。因此,这一部分中的各章在处理这一问题时讨论了关乎宗教传统在创造全球伦理中的作用的三个相当不同的问题:对人道的全球治理的需要、全球灵性复兴的政治意义以及对话中(常常被忘记的)的伊斯兰的声音。

法尔克(Richard Falk)在他的文章中认为,构设人道的全球治理——在另外的场合他把它界定为"从下面开始的全球化"——需要包容式(inclusive forms)的宗教传统的贡献。由于包括国家在内的世俗的角色现在已经受制于经济全球化,在市场力量的驱动下,把力气都花在协调和稳定它们在地区或者全球层面上的活动上面,因此它们已经开始威胁人类幸福,威胁社会和政治生活的质量。宗教所面临的挑战就

---

① 哈维尔 1995 年 3 月 29 日在澳大利亚堪培拉民族报俱乐部(National Press Club, Canberra)的演讲,发表在《不可能的技艺:作为实践道德的政治》(The Art of the Impossible: Politics as Morality in Practice: Speeches and Writings 1990 – 1996, trans. Paul Wilson, New York: Alfred A. Knopf, 1997, pp. 195 – 96)中。我们的论点基于这样一个版本的假设:文化(和文明)受到宗教的影响深远的塑造,尽管我们还没有把握说到这个程度上:"每一个文明的伦理和精神的构造都是根基于宗教使命之中的,宗教使命指向了超越于政治、经济和文化结构本身的规范意义的源泉。"见马克斯·斯戴克豪思(Max L. Stackhouse)为《神与全球化》写的导言(God and Globalization, Vol. 3, eds. Max L. Stackhouse and Diane B. Obenchain, Harrisburg, PA: Trinity Press International, 2002, II)。这个四卷本的项目《神与全球化:神学伦理和生活的层面》(由斯戴克豪思主持,得到普林斯顿神学研究中心的资助)乃是宗教研究和神学参与到我们这本书从国际关系视野所看到的那场新的努力之中去的典范。

在于要鼓舞世界人民怀着人类生存的远景,为民主、平等和可持续性而斗争——这个远景是以人类为中心的,而又意识到我们周围的自然、神圣以及人的理性和机器所不能把握的奥秘的重要性。如此设想的宗教具有造成一种对抗力的潜能,可以抵消处于优势的市场力量的破坏性的社会影响。

很有意思的是,我们注意到,法尔克所号召的旨在从下面唤起全球化的能量的这样一种宗教本位不只具有第二位的实用功能,也就是说,它不只是要求把宗教当作一种动员和鼓励人民的工具来运用。法尔克的论点主要是基于这样一种信仰的:宗教仍然是前现代人类智慧的最主要的和最强有力的监护者,受技术和经济驱动的西方社会已经几乎完全地忘记了这种智慧。相似地,在哈维尔看来,与现时代相适合的全球责任伦理不仅需要代表一种真正的普世性,而且也要以超验为基础。也就是说,它需要重新获得那种一切伟大的宗教传统所特有的意识,即,我们不是创造者,只不过是神秘的存在秩序的组成部分。[1]

埃斯波西托(John L. Esposito)和约翰·沃尔(John O. Voll)的文章来了一个论题的大转换,讨论了当代伊斯兰政治领袖们的思想。这篇文章让我们能够评价在"9·11"之后的背景中支持受宗教启示的全球伦理的那些主张。自从这个"末世的"日子之后,这个传统更加与圣战者(jihadist)的思想和实践模式联系起来了,埃斯波西托和沃尔通过重估这个宗教传统,描绘了一个不同的政治现实。在最近几年,伊斯兰

---

[1] Vaclav Havel, "The Need of Transcendence in the Postmodern World", 1994年7月4日在费城自由奖章(Philadelphia Medal)授予仪式上的讲演。发表于:*The Art of the Impossible*, pp. 165 – 72.

已经由于非常鼓舞人心的、旨在创造和平的全球伦理的观念的出现而受到了深刻的影响——这在西方太容易不被注意或者忽视了。

埃斯波西托和沃尔发掘出了一个经常被主流的国际关系政界和知识界所掩盖的现实。他们指出了在 20 世纪的最后几十年里，一种伊斯兰领袖和知识分子的重要类型如何露出头角，并在穆斯林对宗教与国际关系的重新思考中发挥重大作用。他们认为，穆斯林知识分子，如马来西亚的安华·依布拉欣（Anwar Ibrahim）、伊朗的哈塔米（Mohammad Khatami）、印度尼西亚的瓦希德（Abdurrahman Wahid）等人，都在解释或者贯彻国内和国际政治的新观念、新范式方面起着重要作用。与世界上的"冲突/圣战观"相反，他们积极地从伊斯兰的视野出发界定文明间的对话，承认和回应全球多样性的事实和文化多元主义。作为这些努力的结果，民主、市民社会、法治、多元主义以及宽容等问题已经成为他们的国家国内政治和国际关系中的公共话题。

感谢最后这篇文章，它更清楚地表明了，如果未来的全球伦理想要代表一种真正的普世性，而不只是强化一种自由主义的和西方中心的全球秩序，那就需要深入地参与到伟大的宗教传统中去。在这个方面，埃斯波西托和沃尔在文中讨论到的，伊朗伊斯兰共和国总统哈塔米首先提议的"文明间的对话"指向了正确的方向。一种全球伦理只能是以迦达默尔（Hans-Georg Gadamer）所谓的"视野融合"（fusion of horizon）的形式大量参与对话的结果——这种视野融合乃是丰富性地改变我们在参与任何对话之初都不可避免地带有的

"先见"(pre-judgements)。①

二、本书的期望

现在我们把编辑的立场放到一边,最后说明一下阅读本
书的另一种方式,尤其是本书对于未来研究的启示。在我们
的阅读过程中,本书的建议可以总结为一句话:只承认宗教
的复兴,然后发誓用现存的国际关系理论的范畴来研究这种
现象,是不够的。

对于"宗教复兴"这个事实本身似乎没有大的争议:当前
已经达成了广泛的共识,即当代国际政治再次受到了宗教力
量的影响。从这个观察中产生的争论之一是,"宗教"这个概
念是否适用于描述这样一种变化。换言之,显现在政治领域
中的宗教真的是宗教吗? 或者,宗教当前的政治表现是宗教
之本性的扭曲,因而有必要在宗教与政治化的宗教(politi-
cized religion)之间作概念区分? 这些争论的困境在于它们
没有把一种根本机制考虑在内。政治的宗教(political reli-
gion)不只是借助于当前的其他发展,如全球化或者集权主义
政权的瓦解等而作为一种力量走向前台。相反,应当承认,
这种现象不能够被概念化为简单的"回归",宗教的复兴标志
着"被压迫者的回归",是曾经被驱逐和流放者的回归。

----

① Hans-Georg Gadamer, *Truth and Method*, 2nd rev. ed., trans. Joel Winshei-
mer and Donald G. Marshall(New York: Crossroad, 1989). 也见 Fred Dallmayr, "A
Gadamerian Perspective on Civilizational Dialogue", *Global Dialogue* 3, No. 1(2001):
pp. 64 - 75. 类似的思路也见本书中托马斯提出的"深度多元论"(deep pluralism)的
观念。

　　这里要展开的并不是威斯特伐利亚体系的历史,也不是对这个体系所排斥的东西的阐明。现代国际关系的体系是建立在世俗与宗教的二元对立的基础之中,与此相联系,把宗教排斥在政治空间之外,乃是刻写在威斯特伐利亚和约中的基因密码。但是事情并不是仅仅如此而已,这个描述没有注意到,现代国际关系体系的呈现乃是随着国际理论的重构而形成的。因此问题不只是在于我们要讲述另外的、更为确切的关于我们自己和我们的过去、关于现代国际关系如何形成的故事——相反,问题在于我们要讲述我们已经讲的故事中的问题,而且只能通过运用现代所独有的概念、以现代的方式来讲述。国际思想的结构,我们对国际关系的思考,被想象为一个过程,这个过程的基础是对神学概念的压制以及用新的、非宗教的范畴,首先是主权(sovereignty)的范畴,取代它们。① 承认了这双重分离,我们现在就能够说,当前的宗教与国际政治之间的相互作用必须面对下面这个悖论:宗教研究如何可能重新整合到由威斯特伐利亚的和世俗的观念所主导的世界政治之中?

---

　　① 威斯特伐利亚和约既在政治行动中也在政治思想中用来压制宗教,这反映了麦金太尔的历史观。要写这样一部历史,在其中,梅迪奇诸君王(Medici princes)、亨利八世(Henry VIII)、克伦威尔(Thomas Cromwell)、大腓烈特(Frederick the Great)、拿破仑(Napoleon)、沃尔波(Walpole)和韦尔伯福斯(Wilberforce)、杰弗逊(Jefferson)和罗伯斯庇尔(Robespierre)应当被理解是在他们的行动中,常常部分地和以多种不同的方式,表达了马基雅维利和霍布斯、狄德罗和孔多塞、休谟和亚当·斯密和康德所阐明的哲学理论层面上的变革。不应当有两个历史,一个是政治的和伦理行动的历史,一个是政治和伦理理论的历史,因为并不存在两个过去,一个只是由行动构成,另一个只是由理论构成。每一个行动都是或多或少承载着理论的信念和观念的承载者和表达;每一个理论活动和每一个对信念的表达,都是一个政治的或者伦理的行动。Alasdair MacIntyre, *After Virtue*, 2nd. London: Duckworth, 1985, p.61。

如果回避了这个张力,那么我们必然会重新造成现代的国际政治结构。宗教复兴就会因此处在此事发生之先的状态,没有任何根本性的改变。在最宽容和最乐观的情况下,人们可以(小心地)欢迎宗教回来,但是接着就严格地把它限制在市民社会的空间之内——不仅把它限制在那儿,而且还试图界定这应当是什么类型的宗教:这种宗教应当根本没有善的观念,也就是说,这是一种反思型的宗教,是跟得上现代发展的脚步、与现代发展相协调的、符合现代人的欲望的宗教。对于小布什(George W. Bush)"9·11"之后发表的著名的观点,"敌人并不是伊斯兰",以及他的一再地访问美国的清真寺,都可以按照这样的思路来理解。布什的立场远不是代表一种伪善的军国主义的立场,而是自由主义立场的极佳体现。只要把宗教限制在一种边缘化的政治地位上,只要它没有逾越市民社会的边界,就并不是那么危险。

　　我们想要在此提出的一个不同的观点是,这种自由主义的态度是与"文明冲突"的景观相关联的。更准确地说,自由主义对宗教的这种态度标志着文明冲突论可能在当前处于核心地位的这样一种理论处境。如果完全不按时间顺序来理解的话,那么可以这样说,对宗教平和地融入政治事务中去的研究,为亨廷顿(Huntington)把宗教当作文明置于世界政治的核心准备了空间。"文明冲突"乃是对于自由主义和平解决方案的一个额外的补充,或者说它严肃地提出了警告,要是自由主义的框架受到严重挑战的话会发生什么。换句话说,亨廷顿的设想更进一步地使得尽可能地限制宗教的那种"必要性"合法化了;它体现了通过采纳自由主义的解决方法予以避免的那个极端。如果我们不首先在理论上问这个问题——究竟是什么使得文明冲突成为可能——那么说亨廷顿是错的乃是一句空话。

不容否认的是,宗教已经在现代的条件下被明显地概念化于国际关系理论之中了——"现代"的意思是说它已经被融入现代的联系和差异的框架之中了——宗教被视为对世俗制度和世俗思维的否定,被视为回避理性原则的传统。结果,宗教在当前世界政治中的作用最多只能被看成是补充性的了。也就是说,如果上帝允许,宗教可以把它的能量用于复制现代制度本身。因此,宗教根本上是处于边缘的,国际政治就像是一个自治的空间,对于国际政治的反思并没有因为宗教的在场而受到根本性的干扰。这些论断指向了一个理论上的任务:如果宗教的复兴具有某种根本性的价值的话,那么"宗教"首先必须被非现代化。

这是一个至关重要的任务,但是这本书并未能够声称已经实现了这个任务,尽管它无条理地指出了正确的方向。条理是不可能的,因为这是一本编辑而成的书,它合成了一些不同立场的文章。这些文章之所以不成体系——我们在此表达一下我们的看法——乃是由于它们没有共同的分析对象。这里的问题是,宗教及其在世界政治中的作用究竟是否应当是研究的对象。我们愿意持本书中的那些作者以及另外一些人的立场,他们拒绝这样的表述,他们认为"宗教"是一个过于一般化的概念,以至于没有任何理论用途,他们同时也对宗教一词的现代含义比较谨慎。我们赞同这些作者的态度,他们没有泛泛地讨论宗教,从而避开了宗教是政治的对立面或仅仅是补充的这样一种流行观念。

也许,要使宗教非现代化就必须避开这个概念本身。如果接受了这个建议,那么也许就在我们开始深入到宗教传统的各个不同方面中去的那一刻,这本书的另一个概念——"政治",

也受到了同样的威胁。从这样的思路来看,多尔迈所做的现代政治观念与基督教和伊斯兰教灵修之间的关系研究,就是至为要紧了。由此我们可以看到本书的潜能,并且鼓励一种类似的阅读,号召人们通过对宗教传统的探索来分析政治概念。

　　为什么这种类型的探索极其重要呢? 在这个问题上,本书再次呈现了意见的分歧,我们想在这个有限的篇幅中思考本书第三部分所认可的维度。第三部分的三篇文章警告人们不要陷入这样一种危险,即把对于新的全球伦理的讨论限制在西方的和自由主义的思想体系之中。他们指出,这种努力的普世性有赖于对世界范围的宗教传统的深入参与。这个思想路线足够清晰,而且可以通过根深蒂固的观念得到不同的阐述。普世性只能源于不特定的某个地方,而自由主义传统只是许多传统之一,它根植于特定的、有空间限制的世界的一个部分之中。那么接下来要开始做的就是承认自由主义地位的非特殊性,然后就是理解自由主义传统之外的传统。但是那处在自由主义视野之外的乃是宗教传统所拥有的立场,它潜在地挑战着那些西方伦理生活借以得到表达的概念。例如,查尔斯·泰勒(Charles Taylor)曾经问,人权的观念如何可以通过理解小乘(Theravada,也译为上座部)佛教徒对无我、舍己、布施(dana)的追求,或者印度的非暴力的观念,或者伊斯兰教的上帝的悲悯的主题而得到改造。①

　　一个类似的理论方向最近已经呈现在后结构主义思想

---

① Charles Taylor, "Conditions for an Unforced Consensus on Human Rights", in *The East Asian Challenge for Human Rights*, Eds. J. Bauer and A. D. Bell(Cambridge: Cambridge University Press, 1999), pp. 125 – 44.

之中了——特别是在德里达（Jacques Derrida）、克利斯蒂娃
（Julia Kristeva）、康诺利（William Connolly）等人的著作中。①
这些人所作的努力之所以引人注目，不只是在于他们能够深
入到某些世界范围的宗教传统中去。相反，他们的文献是由
于一种共同的、起初的拒绝联系在一起的：他们都拒绝把世
俗概念所设定的伦理的边界与空间的边界合并起来。而且
更具论辩性的是，他们的文献是通过这样一个暗示联系在一
起的，即超越西方自由主义视野的一个有效途径乃是利用宗
教思想的特定方面。这些类型的事业让我们看到，通过对宗
教传统的探索使国际关系重新概念化乃是相当有价值的。

这个任务有着深远的意义。首先，与本书的跋中的观点
相反，我们相信，我们的理论和道德的观念受到了威胁，但不
是在这两种意义上受到威胁：使得理论之所以为理论的理性
原则被取代了，或者某些宗教教义被不加批判地接受为道德
的可靠基础。对宗教传统的探索并不意味着用信仰取代理
性，或者使非理性成为思想体系的根本原则。这些担忧在纳
尔丁的文章中得到了恰如其分的表达，它们代表了并且也造
成了我们想要避免的那种现代的宗教观。

由于这种极度的小心，纳尔丁的文章显得与众不同，他
清楚地表达了针对宗教的一种世俗的和自由主义的立场。
他的努力是值得称赞的，他尝试进入到与本书所有其他作者
的对话之中，尽管这种开放的对话的可能性并非本书想要实

---

① John D. Caputo, *The Prayers and Tears of Jacques Derrida*: *Religion without Religion*（Bloomington：Indiana University Press, 1997）; Julia Kristeva, *Crisis of the European Subject*（New York：Other Press, 2000）and William E. Connolly, *Why I Am not a Secularist*（Minneapolis：Minnesota University Press, 1999）.

现的目标。我们要欢迎纳尔丁的"世俗"的声音,那不仅是因为我们想要显得"向批评开放",或者我们想宣布我们已经在本书中表现了一整套"平衡的"视野。相反,纳尔丁的立场主要是对本书的思想背景的一个提示,我们的这本书就是在这样的一个思想背景之下展开讨论的;它是当代流行的理论立场和政治立场的代表,想要把世界宗教传统限制在一个极度边缘化的地位。他批评宗教思想对社会科学的渗透,这个批评发人深省,因为它体现了所有其他的文章必须超越的一个障碍,如果他们想要对当代思想有所影响的话。

我们不是说纳尔丁的批评性评论是不合法的,而是说它们在某种意义上没有说到要点上去。① 宗教所提出来的挑战并不是要把道德重新融入到它自己的深渊中去,也不是要按照它自己的方法来重造理论。从理论上来说,现在所面临危险的并不是方法的问题,而是宗教传统对于当代规范理论之核心的潜在否定:我们用以界定伦理行为之所以是伦理行为的那种规定性有可能遭到否定。在一种可能的解读中,宗教传统承认了国际关系理论所完全忽略了的一个问题,那就是:道德与法律之间的根本张力。国际关系理论主要关心的是法律的确立,或者非法律版本的规范的确立,然后是对付它们的根基问题。从宗教传统的角度看来,这个任务是根本没有意义的。在亚伯拉罕(Abraham)和其他的宗教人物那里,伦理是被当作对律法的悬置来践行的。这样看来,宗教所提出来的挑战并不是用伦理取代法律,而是把伦理视为对

---

① 我们可以言之有据地批评说,纳尔丁对库芭科娃、法尔克、劳斯特森和维夫的文章的解读,包含着一个很强的自由主义的版本。

于主宰律法的那个坐标的重新界定。

到这里为止,我们要从抽象的普世性转到具体的普世性上面去了。我们需要把抽象的宗教传统观放在一边,具体地指出一种特定宗教传统的特定的方面如何能够体现一种普世的立场。这个任务相当棘手,我们只能先找到一个下手的地方。由于我们对基督教之外的传统缺乏足够的知识,因此我们不得不从基督教出发找到一条可能的路径,尽管这当然是一个体现了我们的特定的困境的完全有意识的选择。沿着这样的思路——也为了说明宗教参与的可能表现——齐泽克(Slavoj Žižek)所解释的保罗的 agape(爱)的观念也许呈现了与当代主导的普世伦理观念的决裂。

在齐泽克的解读中,agape 对于我们的伦理观念而言具有革命性的含义。agape 首先断言了伦理和法律之间的鸿沟;它拒绝把普世性表达为某种类型的普世的律法的确立,或者对一种可以为这样的律法作辩护的共同基础的寻求。相反,普世性表现在纯粹的否定性的那一刻,表现在悬置律法的行动之中。普世性来自于保罗的“为律法而死”(dying to the law)[①]的号召。普世性存在于这一种个人的独特的立场:他没有社会身份,把自己从一切其他的有机联系中割离出来了。经由 agape 而获得的这种普世性,敦促我们剧烈地从我们的社会背景中超拔出来(“如果有人到我这里来,不恨他的父亲和母亲,他的妻子和孩子,他的兄弟和姐妹——乃至于他自己的生命——那他就不能够成为我的门徒”[②]),超

---

① 《加拉太书》2:19。
② 《路迦福音》14:26。

越那构成了我们的保守的身份、把我们的生命固定在我们生于其中的那个社会的框架之中、允许复制剥削关系作为我们这个社会的基石的那些东西。①

因此,agape 旨在猛烈地破坏旧的秩序,产生某种全新的东西,一个信仰的社会——用保罗的独特的话语来表达就是:"尽管我们曾经是从人的观念认识基督,但是我们现在不是以那种方式认识他了。因此如果有人在基督里面,那么就有一个新的创造:任何旧的东西都消逝了,每一种东西都成了新的!"②agape 作为伦理立场的最高级的表达,涉及对于现存社会秩序的积极的拒斥,强烈要求超越支持着这个秩序的律法,有着为构建一个不同的社会而斗争的意愿。agape 最终要求一个新的伦理存在的诞生,齐泽克重述了论题二,说:"哲学家只告诉我们如何去发现(或记得)我们的真我,但是问题在于如何改造它。"③

在这个文本的上下文中,agape 体现的是一种觉悟,而不是一种伦理追求。在这个方面所蕴含的重要意义是,这一个对基督教传统的具体而简短的探索潜在地改造了伦理王国的参数。基督教的 agape 重新定义了伦理行为和普世性观念;它把它们移出了律法的领域,把它们重新置于一个流离失所的、超拔的处境之中。因此,agape 代表了一种并不适合于当前所谓的规范理论(normative theory)的争论的伦理立

---

① 对于 agape 这个观念的讨论是以齐泽克最近的著作为基础的。见 Žižek, *The Fragile Absolute——or Why the Christian Legacy is Worth Fighting For*(London : Verso, 2000) , pp. 120 – 25。

② 同①,p. 127。

③ Žižek, *On Belief*(London : Routledge, 2001) , p. 149。

场。agape 应当与任何人道主义的爱的观念分开：agape 的目标不完全是某种和谐共存，它涉及一种本质上是暴力的行为。如果他想在爱当中获得新生的话，他就必须先死了，摧毁一切他认为最珍贵的东西。agape 并不是由于认识到他人的人性而表现出的一种人道主义的热情洋溢的同情心，相反，它是苦功结出的果实，是把我们自己从我们在特定的时刻所固执的特定的社会立场中解放出来的持续的斗争。agape 是对他人的爱，不是因为在这个他人所犯的错误的背后是一个人，而是因为这个他人的过错。

我们就说到这里，并写下一些最后的观察。这个对于 agape 的简短的阐述并不是站在一般宗教的立场上讲话的，而是站在基督教遗产这个特定的立场上来讲话的。它不是要指出"伦理"和"普世性"应当如何得到实现，相反，它是想指出，对这些观念的自由主义的解释在许多方面是令人憋气的。一般宗教在这场辩论中没有真正的位置，但是我们想要认同的观点是：重访宗教传统（这里是基督教，另外的宗教传统由比我们有更多了解的读者来做）就是要尝试打破自由主义对规范理论的垄断，从而把国际关系理论从它自己加给自己的流放处境中解救出来。

第一部分　国际关系理论与宗教

第一章
严肃对待宗教和文化多元主义：
全球宗教复兴与国际社会的转型 *

司各特·托马斯 撰

奚颖瑞 译　张新樟 校

人

通过他人

才成其为人

——南非科萨人的谚语

一个小圈如同一个大圈一样是无限的；可两者
虽然同样无限，但却并非同样大小……一颗子弹和
地球一样是圆的，但却并非就是地球。有这样一种
东西，它具有很有限的普遍性；有这样一种东西，它
具有细微而难辨的永恒性；你可以在现代的许多宗
教中发现它的影子。[1]

——G·K·切斯特顿

---

* 感谢让·贝斯科·埃尔斯泰（Jean Bethke Elshtain）、斯蒂夫·凯西（Steve Casey）、雷蒙德·柯亨（Raymond Cohen）、邓肯·弗莱斯特（Duncan Forrester）、斯坦利·豪尔瓦斯（Stanley Hauerwas）、查尔斯·琼斯（Charles Jones）、格莱汉姆·罗姆（Graham Room）、贝内蒂科特·罗萨里奥（Benedict Rosario）、马克斯·斯塔克豪斯（Max Stackhouse）、阿德里安·威纳特（Adrian Winnert），他们对文章的初稿提出了许多有用的意见，特别要感谢卢克·布莱特顿（Luke Bretherton），因为和您的众多讨论，以及那些匿名推荐人的许多有用的建议。

[1] G. K. Chesterton, *Orthodoxy* (London: Hodder and Stoughton, 1996[1908]), pp. 17 – 18.

    西方的现代性文化以及深植于其中的国际社会制度,正在受到国际关系中的全球宗教复兴和文化多元主义的挑战。这种宗教复兴是更大规模的现代性危机的一部分。它反映了人们对"现代性"的更为深刻和普遍的失望——现代性把世界还原为可以通过理智、科学、技术以及官僚政治的理性来认识和控制的东西,放弃了对宗教、灵性或者神的因素的考虑。其次,全球宗教复兴也是第三世界的世俗国家追求民主和发展的现代化进程遭到失败所导致的结果。现代化的失败表现在两个方面:首先是"政治的衰败",自 20 世纪 60 年代后期以来政治陷入了权威主义(authoritarianism)、家产制(patrimonialism)和腐败的泥潭;然后是"政治的崩溃",自 80 年代后期以来,特别是在非洲,有一些国家解体。[①] 对后殖民主义的世俗国家方案的不满,以及对宗教民族主义和世俗民族主义之间的冲突的不满,乃是 90 年代第三世界政治所发生的最重要的变化。[②] 最后,全球宗教复兴是第三世界谋求自身的原真性(authenticity)和发展的一部分。发展中国家的宗教复兴可被视为"对西方的反抗"的一部分。赫德利·布尔(Hedley Bull)指出了构成反抗的三波浪潮:第一波,

---

[①]　See Samuel P. Huntington, *Political Order and Changing Societies*, (Cambridge, MA: Harvard University Press,1968) and Ira William Zartman, *Collapsed States: The Disintegration and Restoration of Legitimate Authority*, (Boulder, CO: Lynne Rienner, 1994).

[②]　Mark Juergensmeyer, *The New Cold War: Religious Nationalism Confronts the Secular State*, (Berkeley and Los Angeles: University of California Press, 1993); Jeff Haynes, *Religion in Third World Politics*, (London: Open University Press, 1994); and David Westerlund, ed., *Questioning the Secular State: The Worldwide Resurgence of Religion in Politics*, (London: I. B. Tauris, 1996).

从 40 年代到 60 年代,是谋求独立和主权平等的反殖民斗争;第二波,从 70 年代到 80 年代,是谋求种族平等和经济公平的斗争;第三波——布尔称之为谋求文化解放的斗争——是第三世界对其传统和本土文化的重申。[1]

在 20 世纪 90 年代,谋求文化解放的斗争,或者是全球范围内谋求原真性的斗争变得更为剧烈。在第三世界,正在经历现代化的世俗国家未能提供政治参与的合法基础,未能在经济上为其公民提供基本的福利。在许多发展中国家,世俗民族主义和集权主义没有能够推动经济发展、扩大政治参与,而新自由主义的自由市场和经济开放的策略所带来的似乎并不是发展,而是更大的不平等。由于这种情形,"原真性已经开始与发展相对抗,成为理解非西方世界的政治抱负的钥匙"[2]。对原真身份、意义和经济发展的寻求指出了发展中国家政治的新的方向:使现代化本土化,而不是使传统社会现代化。

由于这些原因,透过"文明冲突"、"原教旨主义"或者"宗教极端主义"等棱镜来看待全球宗教复兴和文化多元论就可能会造成极端的误导,以为全球宗教复兴只不过是一个在其他方面都已经步入"现代"的世界中的一个不正常现象。如同埃森斯达特(S. N. Eisenstadt)曾经指出的,全球宗教复兴并不是简单地、后退式地朝宗教的传统形式回归,而是包

①　Hedley Bull, *The Revolt Against the West*, in The Expansion of International Society, eds. Hedley Bull and Adam Watson (Oxford: Clarendon Press, 1984).

②　Robert Lee, *Overcoming Tradition and Modernity: The Search for Islamic Authenticity*, (Boulder, CO: Westview Press, 1997).

含了对宗教的一种前瞻式的重建,这种重建给予后现代世界中"多重的现代性"以充分的重视。① 这意味着正在发生的是,一个真正多元文化的国际社会第一次形成了。

因此,严肃对待文化和宗教的多元论将会成为 21 世纪国际政治的一个重要组成部分。② 由此也就需要一条新的通往国际秩序的道路,它可以克服国际关系中的威斯特伐利亚预设(Westphalian presumption)。这种预设认为,宗教和文化多元论是与国际社会不相容的,要想国际秩序得以建立,它们必须被私人化、边缘化甚至用一种宇宙城邦主义的伦理把它消灭掉。

本章的第一部分试图勾勒一个宗教的系谱,指出威斯特伐利亚预设的基础是西方现代性"把宗教设想"成一套私人信守的教条或信仰。同时也指出,这是近代国家和国际社会发展过程中一个至关重要的环节。假如我们把现代的宗教概念运用到非西方的社会身上,我们就会有误解的危险。因为,这种转换是不完全的,或者,它将遭到后者的抵抗,成为他们为谋求原真性和发展所作的斗争的一部分。如果全球宗教复兴和文化多元论能够得到严肃的对待,那么我们就要承认对宗教的社会性的理解,承认宗教对于社会和国家的原真性和发展的重要意义,把它看

---

① S. N. Eisenstadt, "The Reconstruction of Religious Arenas in the Framework of ' Multiple Modernities '", *Millennium*: *Journal of International Studies* 29, No. 3 (2000): pp. 591 –611.

② John L. Esposito and Michael Watson, eds. , *Religion and Global Order*, (Cardiff: University of Wales Press, 2000); Ken R. Dark, ed. , *Religion and International Relations*, (Basingstoke: MacMillan, 2000); and Jeff Haynes, ed. , *Religion, Globalization, and Political Culture in the Third World*, (Basingstoke: Macmillan, 1999).

成后威斯特伐利亚国际秩序的组成部分。

为了说明这到底意味着什么，以及对此我们可以做些什么，本章的第二部分将探讨麦金太尔的社会理论对于理解国际社会的意义。第三部分指出，较之于更晚近才出现的建构主义对国际关系的解释——它们使西方现代性的预设变得具体化——英国学派（English School, ES）的方法——通过历史社会学这面透镜来分析国际社会的形成——要更适合于处理宗教、文化和文明的问题。本章的最后一部分试图表明，严肃地对待宗教和文化多元主义意味着要在国际社会不同的共同体和国家之间发展出一种"更深刻的多元主义"（deeper pluralism）。"德性伦理学"——这种在麦金太尔的社会理论的后果中呈现出来的伦理学进路——指出，只要我们不是忽视、边缘化乃至于试图消灭宗教，而是能够以促进秩序和公正的方式参与到世界主要宗教的社会实践之中，那么这个目标就是可以实现的。

一、威斯特伐利亚预设及其对宗教的构想

威斯特伐利亚预设是自由主义关于宗教战争（1550—1650）的政治神话的一部分。① 根据这个政治神话，宗教的战

---

① 汤姆普逊把政治神话定义为"为了使一个政体合法化或者失去正当性而讲述的关于过去的故事"。见 Leonard Thompson, *The Political Mythology of Apartheid*（New Haven, CT: Yale University Press, 1985），I。

争毫不含糊地显示,一旦宗教被带入国际公共生活之中,就一定会造成不宽容、战争、破坏、政治剧变乃至于国际秩序的瓦解。结果,这个神话进一步对我们说,自由主义和宗教宽容就从宗教战争的残酷和破坏中诞生了。更准确地说,现代国家、宗教私人化以及政治世俗化的兴起限制了宗教的国内影响,使宗教争端的后果最小化并结束了宗教在国际关系中所起的血腥的、破坏性的作用。①

　　虽然自由主义接受威斯特伐利亚预设的第一部分——宗教和文化多元主义不能与国际公共事务相容——但它却不认可威斯特伐利亚预设的第二部分,因为它认为威斯特伐利亚方案是严肃对待国际社会中的宗教和文化多元主义的一条途径。②《奥格斯堡和约》(*Peace of Augsburg*,1555)③和

---

　　① 这是现代自由主义理论家的观点,包括约翰·罗尔斯(John Rawls)、朱蒂特·史克拉(Judith Shklar)和杰弗雷·斯托特(Jeffrey Stout),但是与自由主义的政治神话所试图告诉我们的相比,宽容在现代世界中的兴起要复杂得多。见 Carl J. Nederman and John Christian Laursen, eds., *Difference and Dissent: Theories of Tolerance in Medieval and Early Modern Europe*, (London: Rowman and Littlefield, 1996)。

　　② 《敏斯特条约》(*The Treaty of Münster*)中的条款是有关宗教宽容的一个显著的例子(考虑到当代的例子:巴尔干地区的种族净化)。君主和选举者不仅仅不能在自己的国土内强行推广宗教信仰,还必须允许那些抵制多数人信仰的少数派们的行动自由。关于近期对这些条约的研究,可以参阅 Klaus Bussmann and Heinz Schilling, 1648: *War and Peace in Europe*, Vol. I, (Munich: Bruckmann, 1998)。

　　③ 1555 年在日耳曼民族神圣罗马帝国会议上签订的和约。因会议地址在奥格斯堡,故名。和约结束了天主教和新教各邦诸侯之间的战争,制定了"教随国定"的原则,承认各邦诸侯有权自由选定其自身及其臣民信仰天主教或路德宗新教。和约还规定,1552 年前新教诸侯占有的天主教会土地和没收的天主教会财产不再归还;但凡领有教职教产的诸侯和高级教士,如皈依新教,应立即放弃其职位、土地和俸禄。和约进一步扩大了德意志帝国诸侯的势力,并使路德宗新教在德意志境内取得了合法地位。

一个世纪之后的威斯特伐利亚公会(Congress of Westphalia, 1648)①,都采纳了 cujus region, ejus religio(统治者主宰他自己的王国的宗教)的原则,从而使宗教宽容和不干涉他国内政(在宗教的基础上)——换句话说,就是国家之间的多元论——成为威斯特伐利亚国际秩序的主要原则之一。

英国学派把对宗教战争和威斯特伐利亚方案的这一种解释当作共识或者甚至是关于欧洲历史的常识之一部分来接受。这样一来就可以把国际关系中的理性主义传统定位为"欧洲思想的中央大道"②。经由威斯特伐利亚方案的这些原则——国家主权、统治者主宰他的领地的宗教、权力制衡——容纳宗教和文化多元主义的能力就被嵌入了国际社会的框架之中。③

正是由于认可了关于宗教战争和威斯特伐利亚方案的这样一种解释,英国学派事实上低估了宗教和文化多元论在国际关系中的影响。与此相对,我要在这一部分指出,自由主义的政治神话如何提供了一幅有关宗教战争的成问题的图画。首先我将解释,威斯特伐利亚预设的第一部分(认为

<hr />

① 威斯特伐利亚公会,1643—1648 为结束欧洲 30 年战争而召开,签订了《威斯特伐利亚和约》,确定了主权平等、领土主权、不得违反国际条约等国际法重要原则,标志着近代国际法的开端。

② Martin Wright, *International Theory*: *The Three Traditions*, (Leicester : Leicester University Press, 1991), pp. 13 – 15.

③ Robert H. Jackson, "The Political Theory of International Society", in *International Relations Theory Today*, eds. Ken Booth and Steve Smith (Oxford: Polity Press, 1995);Robert H. Jackson, "Pluralism in International Political Theory", in *Review of International Studies* 18, No. 3 (1992): pp. 271 – 81.

在国际公共事务当中,宗教必须被私人化或民族化这样一种观点)和自由主义对预设的第二部分(即相信威斯特伐利亚方案能够严肃地对待宗教和文化多元主义)的拒斥,这两者如何都是基于现代的"宗教"概念的。现代的理解宗教的方式歪曲了我们对发生于近代欧洲的宗教战争的意义的理解,而且在全球宗教复兴的形势下,继续限制了我们对当今国际关系中的宗教和文化多元论的认识。

假如我们把宗教战争解释成欧洲历史上的一个倒退和野蛮的时期,当时的人们因为彼此冲突的宗教教义而互相残杀,那么我们可能同样会误解宗教在巴尔干战争、中东或其他任何发展中国家中所扮演的角色。这并不是说,宗教在宗教战争时期是一个不重要的部分。关键的问题是,宗教在近代欧洲的意义是什么,以及今天我们如何理解国际关系中的宗教。

大多数研究近代欧洲的学者如今认识到,在有关宗教战争的争论中,之所以会混淆宗教与其他的政治或社会经济力量的作用,是因为人们回溯性地把现代的宗教概念——作为私人持守的教条或信仰的总和——运用到了尚未发生这种意义转变之前的时代。学者们已经开始对宗教采取一种社会性的界定,他们相信这种界定是与当时的人们如何理解他们的宗教、道德和社会生活相符合的。宗教在近代欧洲应该被解释为一个信仰者的共同体,而不是像后来处于自由主义的现代性之下的宗教那样,成了一堆教条或信仰。因此,宗教战争时期人们所捍卫的是一个由宗教来界定的神圣共同体的观念。为了界定、重新界定或维护划分神圣和亵渎的界线,每个共同体都是作为一个整体参加战斗的。①

对宗教进行这种社会性的界定,如何能够帮助我们更好地理解威斯特伐利亚国际秩序,以及全球宗教复兴加之于这个秩序的压力呢?首先,这种社会性的界定恰恰是那些研究国际关系的学者所写作的关于现代国家和现代国际社会之起源问题的著作所缺乏的。而且,我认为,对于现代国家的产生以及现代国际社会的发展而言,把宗教设想成为一套私人信守的教条或信仰是必要的。

假如对于现代国际社会的形成而言,一种新的宗教概念以及一种新型的国家是必需的,那么这种新的宗教概念又是如何被设想出来的呢?换句话说,作为信仰者共同体的宗教是如何转变成作为一套私人信守的教条和信仰的宗教的呢?关于这个问题已经有人作过解答。② 在这里重要的是怎样才能认识到对宗教的设想是现代国际社会发展中的一个重要

---

① 这种对宗教的社会性界定正越来越被研究近代欧洲的学者所接受,而且,宗教的含义由近代(early modern)向"现代"(modern)的转变,如今通常被认为是发生于 17 世纪。见 John Bossy, *Christianity in the West*, 1400 - 1700 (Oxford University Press, 1985), esp. pp. 170 - 71; Mack P. Holt, *The French Wars of Religion*, 1562 - 1629 (Cambridge: Cambridge University Press, 1995); Mack P. Holt, "Putting Religion Back into the Wars of Religion", in *French Historical Studies*, No. 18 (1993): pp. 524 - 51.

② 从人类学的视角来看,可以参阅 Talal Asad, *Genealogies of Religion: Discipline and Reasons of Power in Christianity and Islam*, (Baltimore, MD: Johns Hopkins University Press, 1993), pp. 1 - 54。阿斯德批判了克利福德·吉尔茨的"宗教作为一种文化体系"的观点,因为这种观点假设,宗教作为一种符号体系可以脱离于宗教习俗和教规而被研究。阿斯德认为这种对"宗教"的理解只是西方现代性的一种建构,而非普适性的,并且这种理解授予了政治以一种自由主义的现代性特征,后者把"宗教政治化"视为对理性和自由的威胁。

部分,以及这种认识如何能够帮助我们认识到威斯特伐利亚
预设在全球宗教复兴之前的国际关系中的局限性。

作为宗教从一个社会性的概念转变为现代的概念的一
个结果,基督教的转型对于我们理解宗教和现代社会有着非
常重要的意义。在中世纪,religio 这个词指的是修道士的生
活,或者用于描述一种得到了根植于基督教传统的惯例
(practices)的支撑的特殊的"德性",是修道士共同体(被称
为教会)的一部分。换句话说,宗教的这种社会性的界定,就
像信仰者共同体一样,意味着基督教传统的德性和惯例并没
有从历史传统和共同体中分离出来,它们深植于后者当中,
并得到后者的支撑。① 宗教的这种社会性含义也可以被称为
传统的宗教,而基督教对生活于近代欧洲的大多数人来说也
正是此种意谓。②

而由现代的宗教概念所导致的一个结果是,基督教传统
的德性和惯例开始从它们所深植的共同体当中被分离出来。
现代的宗教概念在 15 世纪晚期开始浮出水面,并且首先是
作为一种普遍而内在的冲动或者情绪而出现的,这种冲动或
情绪指向所有人所共同的神。随后各种虔敬的行为和宗教
仪式也开始逐渐被称为"宗教"(religions),成为一种独立于

① 这一部分得益于 William T. Cavanaugh, "A Fire Strong Enough to Consume the House: The Wars of Religion and the Rise of the State", *Modern Theology* Ⅱ, No. 4 (1995): pp. 397 – 420。

② 对于近代欧洲那些相对少数的神秘和狂热团体的关注,如民间宗教、异教徒、女巫、魔术、迷信、异端分子等,已经歪曲了我们对于那个时代的印象。见 Eamon Duffy, *The Stripping of the Alters: Traditional Religion in England, 1400 – 1580* (New Haven, CT: Yale University Press, 1992)。

所有教会共同体的、(或多或少)真正的、所有人所共同的宗教(religio)的表达。第二个重大的转变发生在 16 世纪早期或 17 世纪，宗教开始从基督教传统的教会共同体的惯例所支持的各种德性的表现，转变成为一套可以独立于教会共同体而存在的教条或信仰的体系。① 正因如此，格劳秀斯(Hugo Grotius)才得以写作他的《基督宗教的真理》(*De Veritate Religionis Christianae*)(1622)，而在英国，威廉·齐林沃斯(William Chillingworth)才得以写作《新教徒的宗教》(*The Religion of Protestants*)来为下面这一立场辩护："并非基督教，而是基督教的教导，才是对上帝的真正崇拜。"从他们的身上我们可以了解到，拉丁基督教界(Latin Christendom)是如何使得宗教从一个社会性的概念转变成现代的概念的。② 现在需要说明的是，现代的宗教概念对于威斯特伐利亚的国际社会观的发展而言如何是必需的。③

---

① 在此需要认识到麦金太尔在《三种相互对抗的道德探究：百科全书、系谱学和传统》(*Three Rival Versions of Moral Inquiry：Encyclopedia，Genealogy，and Tradition*)(London：Duckworth，1990)中的全面的论述。他研究了托马斯·阿奎那的著作选集和后来注释者的著作，是如何把阿奎那对法和自然法的讨论从他的《异端大全》(*Summa*)的神学背景中剥离而出的。导致这种剥离的原因是现代"宗教"概念的发展，即成为一系列私人持有的教条和信仰，而这又促成了道德与神学相分离的合法化。

② 关于 religio 这一概念的发展，威廉·T·凯威瑙夫的观点得自于 Wilfred Cantwell Smith，*The Meaning and End of Religion*，(Basingstoke：Macmillan，1962). 见 Cavanaugh，"A Fire Strong Enough"，p. 404。

③ 不像波西和凯威瑙夫，布尔在关于前边提到的格罗秀斯那本书的简要论述中，并没有意识到在那个时代所发生的宗教概念的变化。见 Hedley Bull，"The Importance of Grotius"，in *Hugo Grotius and International Relations*，eds. Hedley Bull，Benedict Kingsbury，and Adam Roberts (Oxford：Clarendon Press，1990)。

现代国家的兴起是社会性的宗教概念向现代的宗教概念转变的故事中的另一个部分,它对于我们理解国际社会的起源也相当重要。前面已经指出,宗教是如何地深植于由教会共同体的权威组织所掌管的权力和原则的实践当中。对于这种社会性地理解宗教的方式,国家的兴起又意味着什么呢?宗教不得不被改造成与国家的权力和原则相一致;宗教作为一套道德和神学主张,不得不从根植于宗教传统的德性和惯例中分离出来。宗教信仰、良知和情感由于政治的世俗化而变得私人化,而且以前属于宗教的领域(思想的和社会的领域)被国家接管了,国家合法地垄断了权力和强制在社会中的行施。用霍布斯的话来说:"这就是那伟大的利维坦(Leviathan)的诞生,或者(更为虔敬地讲)是那位必死的上帝的诞生,我们把自己的和平和安全都归于这位低于不死的上帝的必死的上帝。"①

在此应该认识到,当人们把威斯特伐利亚方案当作"观念和外交政策"②的一个例子在国际关系中进行讨论的时候,他们其实已经预设了对宗教的设想——即宗教是一个观念的集合体——而没有对它加以仔细地分析。因此,斯蒂芬·克拉斯纳(Stephan Krasner)借鉴了克里福德·盖尔茨(Clifford Geertz)视宗教为一种文化系统的做法,把宗教当作一个菜单、

---

① Thomas Hobbes, "Leviathan", in *Cambridge Texts in the History of Political Thought*, ed. Richard Tuck (Cambridge: Cambridge University Press, 1991), p. 120, emphasis added.

② Stephen D. Krasner, "Westphalia and All That", in *Ideas and Foreign Policy*, eds. Judith Goldstein and Robert Keohane (Ithaca, NY: Corneh University Press, 1993).

一个关于各种观念和原则的列表来加以研究,这些观念和原则可以用来为国家政策作辩护,因为政治的合法性依赖于社会上某种程度的共识。这一点是对的,但是如塔拉尔·阿什得(Talal Asad)在对盖尔茨的批判中所说的那样,宗教正是以这种方式被设想为国家的权力和领域的一部分的。国家不得不把教义和信仰从惯例和共同体中分离出来,把它们当作国家建立和确认自身的内在主权的一部分。因此,克拉斯纳关于威斯特伐利亚方案并没有与过去完全断裂的这一论点,低估了这种宗教设想作为威斯特伐利亚方案的一个重要组成部分和现代国际社会起源的重要性。盖尔茨和克拉斯纳所忽视的事实是,宗教中的德性和道德判断并不是"宣言型"的陈述和道德命题,得到了理性的(或者自主的)个体在思想上的赞同。它们的含义是被一个共同体的语言习惯所塑造而成的,是与一个宗教传统的惯例紧密相连的。它们之所以可理解,是因为它们是由塑造了共同体的身份的叙事(narratives)传递下来的、得到了承认的行为(惯例)类型。

因此,君主对教会越来越强的支配以及国家权力的增长这两者的结合,促成了宗教从一个社会性概念向一个私人化概念的转变。为了国家的诞生,宗教不得不边缘化或私人化。国家利用对宗教的设想证明了人民最终效忠对象之转变(从宗教转变为国家)的合法性,这是巩固其权力——我们现在称之为"对内主权"(internal sovereignty)——的策略之一。为了国际社会的产生,国家不得不把宗教私人化和民族化,这一点在君主们采纳了 cujus religio,ejus religo(统治者主宰他自己的王国的宗教)原则为威斯特伐利亚和约的条款之一之后就变得合法化了。这个包含了新的宗教概念的原则允许国家在国内和国际社会两个领域都可以对宗教进行规训,这意味着这个原则也可以(作为不干涉原则之一部分)用来保卫国家的对外主权(external sovereignty)或者国家在国际社会中的独立性。

本文的这一部分所表明的是,认为威斯特伐利亚预设可以严肃地对待宗教和文化多元论的观点,是基于作为西方现代性之兴起的一部分的宗教设想之上的。而问题在于,许多(即便不是绝大多数)非西方社会和共同体尚未完全做到这一转变,或者是正在试图努力不去进行这样的转变。宗教的私人化或边缘化既不完全是正统基督教世界的一部分,也不是通过殖民主义和帝国主义融入现代国际社会之中的非西方社会的一部分。这就是许多发展中国家之所以还具有宗教强势而国家弱势这一特征的原因。共同体,在发展中世界就是宗教共同体,甚至于国家,在面对全球化的形势之下,要比以前更为迫切地去界定、保卫或重新界定他们在神圣和亵渎之间的分界线。① 这或许可以解释,如同哈森克勒夫与里特伯格在本书中共同指出的那样,为什么在对神的理解中存在的一些相对比较小的分歧,却在激化共同体之间的冲突方面具有非常大的威力。我和他们都认为,原真性作为发展中世界的主要关注点已经开始与发展相对抗。而通过准确地

---

① Roland Robertson, "Globalization and the Future of Traditional Religion", in *Religion and the Powers of the Common Life*: *God and Globalization*, Vol. I, eds. Max L. Stackhouse and Peter J. Paris (Harrisburg, PA: Trinity Press International, 2000).

分析在宗教战争时期与威斯特伐利亚国际秩序的创建时期到底发生了什么，我们可以更好地了解宗教的大尺度的转变。如果全球宗教复兴和文化多元论能够被严肃地加以对待，那么社会性的理解宗教的方式、有关神的社会的和政治的分界线的各种相竞争的因素、这场辩论的重要性甚至于共同体和国家为争取原真性所做的斗争，都应该被视为所有后威斯特伐利亚国际秩序的组成部分。如同本章的最后一部分将指出的，这是在构成了国际秩序的各个国家和各共同体之间形成深刻的多元主义的开端。

二、麦金太尔：回到未来？

宗教和文化多元主义如何能够成为所有后威斯特伐利亚秩序的组成部分呢？很少有社会理论家能够像麦金太尔那样严肃地看待其他的宗教、文化和社会传统。本文的这一部分将在英国学派对国际社会的见解的背景下分析麦金太尔的思想，并由此来探讨他的社会理论对于国际关系理论的意义。而我之所以这么做的原因是，英国学派从一开始就在关注宗教、文化以及国际社会的性质问题。这些关怀是在去殖民地化（decolonization）的后果中呈现出来的，那时，欧洲式的国际社会想要扩张到全球，由此导致了"对西方的反抗"，使得国际社会中西方和非西方的价值观之间的张力突显。而在当时，主流的美国国际关系理论主要关心的却还是与冷战相关的发展中国家的作用。英国学派这么早就开始关心的这些问题已经成了当代国际关系中最为重要的一些问题，这一事实就是英国学派之所以能够"站在国际社会的前沿"的原因所在了。①

1. 介于历史社会学和建构主义之间的英国学派(ES)

这一部分探讨麦金太尔社会理论的意义,运用麦金太尔提出来的三组概念来分析对国际社会的客观理解和主观理解,这三组概念是:(1)合理性(rationality)、文化和传统;(2)身份、叙事和社会行动;(3)国际关系的规则、制度和惯例(practices)。

大多数社会的定义都有一个共同的社会纽带(social bond)的观念:社会纽带用各个部分都承认的共同义务和共同目的把各个部分联结在一起。这种社会纽带在国际社会中的性质问题——不管它是国与国之间、个体与个体之间的纽带,还是其他共同体之间的纽带——就是处在新实在论和新自由主义之间关于合作的性质所展开的争论以及英国学派内部有关国际社会、国际伦理的性质和国际秩序的道德基础的争论背后的实质性问题。② 这些争论围绕着一个主要的问题展开:什么是主观的、有机的或传统的国际社会,而什么又是客观的、功能的或契约的国际社会。

---

① Roger Epp, "The English School on the Frontiers of International Society: A Hermeneutic Recollection", *Review of International Studies* 24, No. 3 (1998): pp. 47 – 63.

② David R. Mapel and Terry Nardin, eds., *International Society: Diverse Ethical Perspectives*, (Princeton, NJ: Princeton University Press, 1998).

社会契约的主观性——就是作为一个成员对一个社会的归属感，或者被特定的规则和制度所约束的感觉——对于英国学派给国际社会所下的定义来说是至关重要的。他们正是借此来区分社会与系统的。当前英国学派内部关于主观性之性质的争论以及如何处理这个问题的进路反映出了英国学派内部所采用的不同的方法论。

第一条进路追问这种主观性是如何在国际社会中呈现出来的，反映了更早的几代学者所采用的历史社会学的方法。它所关心的是界定国际社会这个概念、判定它的起源和界限、或者一个共同的文化对于国际社会的出现是否必要。这种历史社会学的方法把他者（Other）的问题提到前面来了——对于那些处于既定的历史性国际社会之外的共同体、国家或人民，我们应该如何对待。① 这也是为什么英国学派的研究方案从一开始就关注大的文化剧变——宗教、意识形态、民族主义和革命——对国际社会的影响的原因之一。②

第二条进路则寻问这种主观性是如何在国际社会中被建构起来的，反映了社会理论对英国学派日益增强的影响。人们越来越认识到，英国学派对国际关系学科内部的分歧乃至于瓦解具有一种内在的偏好，甚至一些批评英国学派、把英国学派称为传统主义者、经验论者、实在论者甚至保守主义者的人也

① Adam Watson, "Hedley Bull, States Systems and International Societies", *Review of International Studies* 13, No. 1 (1987): pp. 147–53.

② B. A. Roberson, ed., *International Society and the Development of International Relations Theory* (London: Pinter, 1998), and Timothy Dunne, *Inventing International Society: A History of the English School* (Basingstoke: Macmillan, 1998).

◇ 第一部分　国际关系理论与宗教

承认这一点。这就使得人们越来越认识到,英国学派对不同的
国际社会的历史社会学的诠释论倾向(interpretivist orienta-
tion)可以被认为是社会建构主义的一种形式。[①]

2. 合理性、文化和传统

实证主义的合理性概念是新实在论和新自由主义的主
流国际关系理论所共有的,这种合理性是独立于社会和历史
的背景的,也是独立于任何关于人性或人的发展目的的特定
的解释的。麦金太尔依据合理性和社会传统之间的关系对
这种实证主义的合理性概念进行了严厉的批判。这种批判
是他对自由主义现代性——他称之为的启蒙事业——之批
判的一部分。[②] 麦金太尔解释了为何道德话语在现代性的西

---

① Timothy Dunne, "The Social Construction of International Society", *European
Journal of International Relations 1*, No. 3 (1995): pp. 367 – 89.

② 麦金太尔对社会传统的强调导致了对其政治倾向的一种误解。对此凯文·
耐特走得如此之远以至于认为,麦金太尔是个"政治保守主义者"这种说法是"荒谬
的"。这种说法基于对麦金太尔社会理论的一种误解:那些优先考虑传统的人是保守
主义者;而麦金太尔是优先考虑传统的,所以他是保守主义者。恰恰相反,他那根植于
地方共同体之政治状况的、激进的亚里士多德主义式的社会工程,与80年代中期产生
于美国的"社群主义"不同,因为麦金太尔相信这种对自由主义的批判走得还不够远;
它依旧是现代官僚政治的民族国家和(一个结构上不公正的)资本主义社会中市场的制
度框架之一部分。见 Kelvin Knight, Introduction, in *MacIntyre Reader*, ed. Kelvin Knight
(Cambridge: Polity Press, 1998), pp. 20 – 24; Kelvin Knight, "Revolutionary Aristotelian-
ism," in *Contemporary Political Studies* 1996, eds. I. Hampshire-Monk and J. Stanyer, Vol.
2 (Nottingham: Political Studies Association, 1996), pp. 885 – 96. 尽管如此,麦金太尔对启
蒙事业和自由主义现代性的批判使得他受到了美国的 "新保守主义"的青睐。他们似乎
忽略了他对自由主义的资本主义社会的批判;See Edward T. Oakes, "The Achievement of
Alasdair MacIntyre," *First Things*, No. 65 (1996): pp. 22 – 26.

方社会中具有不连贯和伦理多元主义的特征，这乃是他对启蒙事业把合理性和道德从惯例和传统中分离出来的批判的一个部分。在他看来，现代的自由民主社会的道德问题在于，道德话语中所使用的道德概念和伦理观念——包括关于战争与和平的争论——只不过是一些概念体系的碎片，这些概念体系已经从赋予它们以意义和连贯性的历史和社会背景中分离出来了。

麦金太尔指出，这些关于好的本质、什么是正义、什么是对、责任观以及它们所基于其上的合理性等等价值和伦理概念，乃是社会性地寓于特定的社会传统和共同体之中的。没有任何独立于传统的合理性，没有任何"来自于乌有之乡的观点"，也没有可以独立于人们的好的观念、让所有人赞同的规则或原则。①

对麦金太尔所理解的"社会传统"这个概念必须解释一下，以避免它的保守主义和"新保守主义"的涵义。麦金太尔把惯例和德性看作是一个更大的社会和历史背景——即他所谓的社会传统——的组成部分。一套惯例构成了一种传统。传统可以是宗教或道德传统——如天主教、伊斯兰教、人本主义；可以是经济传统——如一种特殊的工艺，如萨默塞特（Somerset）的篮子编织技术、一种职业、贸易联盟或者协会；可以是审美传统——如文学或绘画的类型；也可以是以家族、村庄或地域的历史或文化为中心的地理传统。

① Alasdair MacIntyre, *After Virtue: A Study in Moral Theory* (London: Duckworth, 1985); *Whose Justice? Which Rationality?* (London: Duckworth, 1988).

◇ 第一部分 国际关系理论与宗教

"社会传统"这个概念已经被当作意识形态来使用,保守主义者让传统与理性相对照,自由主义者——得益于马克斯·韦伯——和现代化的理论家让传统权威与官僚权威相对照,让传统社会的落后性与稳定性与为现代社会的产生所必需的冲突和社会变革相对照。然而在麦金太尔看来,绝大多数重要的社会冲突在传统内部也会发生,就像发生在不同的传统之间一样。这些冲突与某个特定传统的成员追求各种不可通约的价值有关,而一个有能力延续下去的传统必须能够以创造性的方式处理相互冲突的社会、政治和形而上的要求。正是在传统开始崩溃的时候,现代的官僚组织才开始产生。①

因此,与主流的实证主义者相反,麦金太尔认为不能像理性选择的进路所做的那样,让合理性、利益和身份认同相互分离。判断一种行为方式是否"理性"的标准依赖于包含在某个特定社会传统或共同体之内的价值观(conception of good)。个体、社会团体甚至是国家行为的目的,不仅仅可以是为了获取切实的利益——领土或资源——也可以是为了确立、捍卫或保护他们的某种特定的身份观(conception of who they are)。他们做出某种行为,不仅仅是为了他们希望得到的东西,还为了他们所持有的身份观,即他们希望成为某种类型的人、社会、共同体或国家。假如这一点成立的话,那么为了捍卫自己的身份认同和原真性的行为就有可能比

---

① Alasdair MacIntyre, "Social Science Methodology as the Ideology of Bureaucratic Authority", in *MacIntyre Reader*, pp. 53 – 68.

捍卫利益的行为更具有根本性,因为如何划分利益依赖于个体或群体的自我认同。我们不能用"理性主义"的术语把这种行为描述为捍卫利益,因为只有当它们与特定的人、社会团体、共同体或国家相联之后,计算利益才变得有意义。① 不能把与国家的利益结构相联系的合理性从宗教和文化事务当中分离出来,因为正是后者在特定的社会传统和共同体中塑造、灌输和决定着价值观。

　　阿达·波茨曼(Adda Bozeman)关于不同文明(西方、伊斯兰、非洲、印度和中国)之间的国际法研究为麦金太尔的哲学论点提供了人类学的深度和历史学的支持。她在这项研究的基础部分声明:"文化和政治体系之间的差异是不同类型的感知和评价实体的首要功能。"②她的研究还表明,宗教在大多数时代和文化中都是秩序的主要基础,因为"无论在何处,法律不管是被看作一整套概念和规范还是社会制度,都或明或暗地与社会和政治组织的布局相关联"③,这一点布尔也曾经更为概括地指出过。政治体制基于文化之上这一普遍的观点导致了对这一观点的认可:当今的国际关系也可以定义为文化间的关系。④

　　表面看来,由于把合理性看成是依赖于传统的,麦金太尔

---

①　Erik Ringmar, *Identity, Interest, and Action: A Cultural Explanation of Sweden' s Intervention in the Thirty Years War* (Cambridge: Cambridge University Press, 1996).

②　Adda Bozeman, *The Future of Law in a Multicultural World* (Princeton, NJ: Princeton University Press, 1971), p. ix.

③　Ibid., pp. xii – xiii.

④　*Politics and Culture in International History* (New Brunswick, NS: Transaction Publishers, 1960, 1994).

似乎把自己与英国学派的理性主义传统的国际思想区别了
开来,但是事实上却并非如此,他自己也曾经表明过这一点。
英国学派中的理性主义传统坚持一种古老的、先于18世纪
认识论之争的理性主义观点,马丁·怀特(Martin Wight)把
这种理性主义与古希腊(特别是斯多亚学派)、阿奎那(Aqui-
nas)、维托利亚(Vitoria)和苏瓦雷茨(Suarez)、格劳秀斯和洛
克(Locke)联系在一起。这些思想家强调在国际社会背后存
在着一种先于政治的道德秩序,走向这种秩序的途径是理
性。虽然这些早期的神学家、哲学家和自然法理论家在这一
传统的发展过程中扮演着开创者的角色,但是怀特把现代天主
教的社会思想和天主教会看作是理性主义传统在现时代的维
护者。① 天主教的社会思想已经发展出了复杂的参与方案
(strategies of engagement)以及一套关于"共同之好"(common
good)的话语,在这种话语的基础之上,"所有身怀善良意志以
及理性能力的人们"都可以参与其中,并且并不仅仅局限于天
主教徒,如同怀特在涉及犹太教和伊斯兰教时所指出的。②

　　麦金太尔已经指出,他的社会理论与国际思想的理性主
义传统是可以相容的,他阐明了基于传统的合理性标准是如
何与一种目的论的道德生活观——这也是天主教自然法的

---

① Wight, *International Theory*, pp. 13 – 15.
② 在此应该提及教皇约翰·保罗二世(Pope John Paul II)的开创性地位,包
括某些重要的教谕,例如 Centesimus Annus(1991)和 Sollicitudo Rei Socialis(1987),
成为正在出现的关于民主和国际市民社会的讨论的组成部分。见 Kenneth L. Gras-
so, ed. , *Catholicism*,*Liberalism*,*and Communitarianism*: *The Catholic Intellectual Tradi-
tion and the Moral Foundations of Democracy* (London: Rowman and Littlefield, 1996).

理性主义进路的一部分——相联系的。① 虽然英国一些晚近的诠释者把理性主义传统与自由主义现代性的批判—解放事业联系在一起,但是如同怀特所表示的那样,还是这种目的论的道德生活观与理性主义传统靠得更近一些。② 考虑到麦金太尔的社会理论与天主教社会思想的自然法传统的相容性,可能是时候该重新研究一下英国学派内部关于自然法的争论,以及布尔、文森特和晚近的诠释者在思考这个传统时的犹豫不决的态度了。③

接下来的这一部分将指出,为什么麦金太尔的依赖于传统的合理性的概念无需否定对于人类共同体的归属感,无需拒斥对理性主义传统的基本关注,就像安德鲁·林克莱特(Andrew Linklater)以及其他一些人所诠释的那样。然而,在一种叙事的身份观的基础之上,麦金太尔的确主张,我们共通的人性是经由(根植于)特定共同体的文化、传统和历史表现出来的,因为这正是我们被构建成为人的途径。他所反对的是把宇宙城邦主义诠释成为一种普世的解放事业,因为事实上它只是自由主义现代性这个特殊传统的事业。④

---

① Alasdair MacIntyre, "How Can We Learn What Veritatis Spendor Has to Teach?" *The Thomist* 58, No. 2 (1994): pp. 171–95.

② Andrew Linklater, "Rationalism", in *Theories of International Relations*, eds. Scott Burchill and Andrew Linklater (Basingstoke: Macmillan, 1996). 林克莱特似乎把神学家、自然法理论家和天主教会对理性主义传统的维护从属于一个更具批判—解放性的自由主义现代性的工程。

③ 关于 ES 的布尔与多纳兰在自然法问题上的争论,以及 ES 内部自然法理论的基本情况,See Dunne, *Inventing International Society* and Roberson, *International Society*.

④ MacIntyre, *Whose Justice?*, esp. pp. 326–48.

3. 身份、叙事和社会行动

英国学派从一开始就认识到,对于共同制度的发展以及国家的合理性和利益来说,有必要在组成国际社会的国家之间形成一种深刻的、预先的一致———一种有机的或主体间的理解,从而可以有效地促进国际合作。这种国家之间的彼此归属感是通过一种共同文化而显现出来的,后者支撑着不同的国家体系(怀特)或历史上不同的国际社会(瓦特森)。

共同文化对于国际社会的存在来说是否必须,这个问题是英国学派内部最早的、持续时间最长的争论之一。英国学派关于共同文化为国际社会提供了一个重要的基础的论点是从两个不同方向得出来的。第一个方向主要受益于怀特、赫伯特·巴特菲尔德(Herbert Butterfield),在某种程度上也得益于迈克尔·多纳兰(Michael Donelan),由于他对"信仰主义"(fideism)①的讨论,这个方向更为直接地认识到宗教教义在不同文化和文明中的作用,并研究了由此给国际社会带来的后果。第二个方向由布尔的后期著作、文森特以及国际社会的"社会连带主义"(solidarist)诠释者发展起来,这个方向已经把自由主义现代性的共同文化凸显为一个全球性的国际社会的基础。②

---

① Michael Donelan, *Elements of International Political Theory* (Oxford: Clarendon Press, 1990), pp. 38 – 55.

② 关于布尔和文森特的晚期著作,见 Dunne, *Inventing International Society*; Nicholas J. Wheeler, "Pluralist or Solidarist Conceptions of International Society", *Millennium: Journal of International Society* 21, No. 3 (1992): pp. 463 – 87; and Andrew Linklater, *The Transformation of Political Community* (Cambridge: Polity Press, 1998).

认为宗教和文化支撑着国际社会的这种观点是促成一种有机的国际社会观的主要原因之一。怀特相信,共同文化、国家之间某种程度的文化协调对于国际社会的存在来说是必要的。这一论点成立的理由何在呢？对于怀特来说重要的是主观性或者归属感和责任感的程度如何,而这是由一个共同文化提供给任何一种有意义的国际社会观的。他认为上面这一论点之所以成立,是因为共同的文化和文明是过去的国际社会最重要的基础之一。① 即便在某些例子当中,一种先在的政治霸权负责着构成国际社会之基础的共同文化的传播,这一论点也同样成立。②

怀特认识到,"一个国家体系的文化统一程度越高,它与周边世界的区别可能就越明显"。③ 这导致了两个相互关联的问题,这两个问题由于全球宗教复兴而变得更为突出。第一个问题是与他者、局外人的关系,怀特称其为国际关系中的"野蛮人问题"(the barbarian problem)。虽然当时这个问题较少得到重视,但是他明确地站在了"野蛮人"一边,并猛烈地抨击了欧洲殖民主义在道德上的自命不凡,或者说是抨击了这样一种观点,即发展中国家处于国际社会的道德衡量范围之外。

虽然英国学派从一开始就关注国际社会扩张时与他者

---

① Martin Wight, *Systems of States* (Leicester: Leicester University Press, 1977), pp. 21 –45.

② Nicholas J. Rengger, "Culture, Society, and Order in World Politics", in *Dilemmas of World Politics*, eds. John Baylis and Nicholas J. Rengger (Oxford: Oxford University Press, 1992).

③ Wight, *Systems of States*, p.34.

的合作问题,但是起先,这种关注是从现有的国际社会制度的弹性当中体现出来的。英国学派表现了对国际秩序的一种保守主义的关注,而这就是何以它只是部分地容纳发展中国家的要求的原因。然而,英国学派接受这些要求的方式却难以与他们的一个预设相符合,这个预设就是,第三世界中的精英代表了他们的所有人民的意志。①

本章的第一部分已经表明这一预设是如何的空洞无力。与民主在全球的扩展相伴随的,是全球宗教复兴以及对文化原真性和发展的追求,它们是与发展中国家中的那些受过西化教育的精英们所拥护的"现代化神话"相抵牾的。② 当时较少重视发生在西方现代性话语中的"反抗西方"的程度。国际关系的关键问题不在于新的价值和信仰的冲击,而是在于不同的意识形态(资本主义、社会主义甚至民族主义)如何使国际社会中的国家间的权力分配合法化。这就可以解释,为什么英国学派在当时对于在现有国际秩序中容纳发展中国家的某些要求持相对的乐观态度。③

怀特提出的第二个问题与宗教有关,也就是"圣战"或者Jihad 的问题,因为与身处国际社会之内的政治共同体相比,处于国家体系之外的政治共同体服从不同的战争法则。怀特问道:"是否所有的国家体系在对外关系上都抱有某种圣战的观念? 抑或圣战只是犹太教—基督教—伊斯兰教传统的产

---

① Epp, "The English School on the Frontiers of International Society".
② Mayall, "International Theory and International Society".
③ Hedley Bull and Adam Watson, Conclusion, in *The Expansion of International Society*, pp. 425 – 35.

物?"①他认为答案并不是清楚明白的。鉴于全球宗教复兴以及通常具有宗教维度的种族、民族冲突和恐怖主义的兴起,怀特的问题变得越来越重要。当代的学者把这个问题重新表述为一神论、宗教和战争之间的关系问题,其焦点是基督教和伊斯兰教的关系问题,并且已经对此作出了肯定的回答。②

怀特还提出过另一个与圣战相关的问题,这个问题促使他区分了国家体系的不同类型,这种区分在以后可能会变得更为重要。他区分了具有共同文化的国家体系(或者国家社会)和以文化多元主义为特征的"次要的"国家体系,怀特显然认为后者其实根本就不能算是国家体系。这些国家体系引起他的注意的地方就是缺乏"一种共同的精神气质或意识形态",以及"骑士风度和封建傲慢"(chivalric practices and feudal assumptions)从拉丁基督教世界向拜占庭和伊斯兰国家(阿巴斯王朝的领地)的有限延伸。③

国际关系中的这些有关宗教和战争的问题、惯例和宗教

---

① Wight, *Systems of States*, p. 35.

② Mark Juergensmeyer, *Terror in the mind of God: The Global Rise of Religious Violence* (Berkeley and Los Angeles: University of California, 2000); David Martin, *Does Christianity Cause War?* (Oxford: Clarendon Press, 1997); and Regina M. Schwartz, *The Curse of Cain: The Violent Legacy of Monotheism* (Chicago: University of Chicago Press, 1997).

③ Wight, *Systems of States*, pp. 26 – 34. 怀特记得其中一个国家体系存在于阿玛那(Armarna)时期(公元前1440 – 前1220)。科亨(Cohen)和威斯特布鲁克(Westbrook)最近论证了古代中东地区的帝国建立了一个真正的"多文化"的跨国体系,这个体系超越了宗教、语言和文化的界线,而直到当今的全球国际社会形成之前,类似的体系就再也没有出现过。See Raymond Cohen and Raymond Westbrook, eds., *Amarna Diplomacy: The Beginnings of International Relations* (Baltimore, MD: Johns Hopkins University Press, 2000)。

传统的问题,仍旧潜伏在英国学派的研究方案中。虽然怀特对惯例的理解不同于麦金太尔的社会理论对这个词的用法,但是在下边将会论证,他早期的——尚未成形的——对惯例和宗教传统之间关系的认识可能有助于本文的继续展开。英国学派尽管认识到国际社会需要一个共同文化的基础,但是它似乎还是把宗教研究和怀特提出的宗教和文明的问题边缘化了。而英国学派的社会连带主义(solidarist)的诠释者强烈渴望一种"厚重"的国际社会观(a "thick" notion of international society),他们对于国际社会的文化基础最感兴趣。

他们把目光转向了作为国际社会的基础的自由主义现代性的共同文化。他们正确地注意到,主流的新实在论/新自由主义关于国际社会的论述忽略了它所奠基于其上的深层结构,那就是,基于深刻一致性的国际社会的多元主义。

英国学派的社会连带主义诠释者只能通过采纳一种"薄弱"的文化观(a "thin" conception of culture)来支撑国际社会,才能建构一个厚重的国际社会观。文森特指出,全球化已经创造出了所谓的"大世界"(Mc world),一种具有宇宙城邦主义精神气质的全球价值观以及一种全球的消费文化。如文森特在埃德蒙·柏克(Edmund Burke)的意义上所承认的,"它们中的任何一个都不同于宗教的精神",但是存在着一种全球文化却是无可置疑的,"不管(这种文化)是多么的薄弱"。[1] 因此,文森特接受了英国学派早期关于国际社会文化基础的观点,但是

---

[1] R. J. Vincent, "Edmund Burke and the Theory of International Relations", *Review of International Studies* 10, No. 2 (1984): pp. 205 – 18, and R. J. Vincent, "The Cultural Factor in the Global International Order", *The Yearbook of World Affairs* 34 (1980): pp. 252 – 64.

他对它们作了改造,用于支持自由主义现代性的宇宙城邦主义文化,使之成为全球国际社会的共同文化。

像文森特那样,布尔也对英国学派早期对宗教、文化和文明的关注进行了改造,用以论证自由主义现代性是一种全球性的国际社会的共同文化,虽然他在这么做的时候又带点疑虑。布尔认识到,欧洲的国际社会如今已演变成了一个全球性的国际社会,但是它又缺乏基督教时期的欧洲国际社会所具有的那种共同文化或文明。由于文化对于国际社会之基础的重要性,布尔思考了这些问题——"国际社会的前途是如何与世界性的文化联系在一起的?"我们应当如何称呼这种构成了当代全球国际社会的运行基础的西方现代性文化?①

布尔推测,国际社会已经具备了"共同的知识分子文化"(common intellectual culture)的要素,至少在精英或外交层面上是如此。然而,即便在他20世纪70年代的著作中,布尔就已经认识到,外交中的精英文化已经受到了外交民主化以及自从80年代开始就在世界范围内扩展的大规模的民主政治的侵蚀。他还指出了"全球精英阶层"中间——彼得·博格(Peter Berger)说他们是西方的教授、知识分子、研究工作者、政策制定者以及他们在第三世界的那些对应者,那些受过西化教育的、"推动现代化的精英"——存在着共同的知识分子文化。② 尽管如此,布尔还是承认,这种共同的知识分

---

① Hedley Bull, *The Anarchical Society*: *A Study of Order in World Politics* (London: Macmillan, 1977), pp. 315 – 17.

② Peter Berger, ed., *The Desecularization of the World*: *Resurgent Religion and World Politics* (Grand Rapids, WI: Wm. B. Eerdmans/Ethics and Public Policy Center, 1999).

子文化,其"根基在许多社会中还是非常的浅薄",而且他还怀疑,国际政治文化,即便是在外交层面上,是否也包含有一个共同的道德文化或者一套共同的价值。像文森特一样,布尔认为一种宇宙城邦主义文化的扩张应该可以为全球性的国际社会提供它所需要的那种文化统一。

更为重要的是,布尔推测,西方现代性的这种宇宙城邦主义文化如果要想成为全球国际社会的基础的话,就必须在更大程度上吸收非西方的因素。① 除了诉诸对文化差异的敏感,或者对"文明之间的对话"的渴望之外,布尔提出的挑战并未得到回应,这是由自由主义现代性的预设和价值观所决定的。国际社会的社会连带主义诠释者试图解决这样一个问题,即如何才能在以厚重的观点理解全球国际社会甚至是世界社会的同时,也能够允许以厚重的观点来理解发展中世界的宗教和文化。换句话说,如何严肃地对待全球国际社会中宗教和文化的复兴。

英国学派认为国际社会中的国家的主体间性的归属感的第二条途径更多地得益于社会理论,而不是历史社会学。英国学派不只是把遵守国际规则、规范或者法律看作是国际社会存在的证据,相反,他们认为规则、法律以及共同制度的运行方式是知识性和社会性的建构,国家是把这种建构当作国际社会观的一部分来接受的。② 那么这种"共同"感来自于哪里呢? 它是如何产生的,或者它是如何在国际社会中被建构起来的呢?

① Bull, *The Anarchical Society*, p. 317.

② Bull, *The Anarchical Society*, pp. 38 – 52.

如果说英国学派的第一条途径强调共同感来自位于国际社会底层的共同宗教、文化或文明,那么他们的第二条途径则把共同感解释为社会行动的结果,是通过国际社会的共同惯例或制度的发展而形成的。后一条途径揭示了英国学派早期对国际制度的诠释性理解与社会建构主义对国际社会的研究之间的相似性。

　　建构主义进路的重点在于,国家的利益和自我认同并非是国际秩序的一种既定的特征,而是通过国家之间的相互作用从而被社会性地建构起来的。划分利益的标准依赖于个人或集体的某种自我认同观。国家的自我认同和利益是相互构成的,这就是说,国家的集体自我认同和利益是各个国家在相互作用的过程中通过主体间的"社会惯例"塑造出来的。[1]　一种全球转型的规范性潜能是这条进路的一部分。因此,国家已经以一种特定的方式建构起了国际社会,造成了安全的两难困境和无政府状态的问题,同时,凭借充分的政治意志或想象,它们能够采纳新的相互作用的形式(惯例),从而改变世界政治主体间的认识和理解,并(潜在地)把无政府状态的国际社会转变成一个宇宙城邦的世界共同体。[2]　例如,在自由主义现代性的全球文化问题上,亚历山大·温特(Alexander Wendt)他的想法类似于布尔和文森特的晚期著作,他认为这种转变可能正在发生。全球化、不断紧密的相

---

　　① 　Alexander Wendt, "Collective Identity Formation and the International State", *American Political Science Review* 88, No. 2 (1994): pp. 384 - 96, and "Constructing International Politics", *International Security* 20, No. 1 (1995): pp. 71 - 81.

　　② 　Alexander Wendt, "Anarchy Is What States Make of It", in *International Theory: Critical Investigations*, ed. James der Derian (Bastingstoke: Macmillan, 1995).

互依赖程度、全球消费主义的兴起以及民主的普及可能指示了一些新的途径,国家之间可以通过这些途径相互认同,从而减少发生国际冲突的可能性。[1] 然而,本文的开头就已经表明,随着 20 世纪 90 年代全球性的宗教复兴和为了谋求原真性的斗争的兴起,布尔在 70 年代所推测的三次潮流变得更强有力,从而也许已经使得把非西方的因素吸收到国际社会之中的努力变得更为困难了。

麦金太尔的社会理论与英国学派的社会连带主义在倾向上具有相似性。两者都会承认马丁·霍利斯(Martin Hollis)和斯蒂夫·史密斯(Steve Smith)在(客观地)阐释事件和(主观地或诠释性地)理解人类行为之间所做的区分。与霍利斯和史密斯不同的是,麦金太尔继续区分了由惯例、叙事和传统所"设定的自我"和自由主义现代性的"原子式的自我"。[2] 在基础的层面上,麦金太尔的社会理论也与英国学派的社会连带主义者关于惯例对个人和集体的自我认同的构建作用的理解是相容的。在麦金太尔关于社会行动的叙事性说明中,自我具有生活经历,这个经历又是与其他人的生活经历混合在一起、并被包含在他们所身处的共同体的经历之中的,人们正是在这个共同体中获得了他们的自我认同(身份)。[3] 因此,从麦金太尔这种叙事性的自我观中可以得出,只有把人类的行为,比如国家惯例的建构,解释为关于个

---

[1]　Alexander Wendt and Daniel Friedheim, "Hierarchy under Anarchy: Informal Empire and the East German State", *International Organization* 49, No. 3 (1995): pp. 689 – 721.

[2]　Martin Hollis and Steve Smith, *Explaining and Understanding International Relationas* (Oxford: Clarendon Press, 1991) and MacIntyre, *After Virtue*, pp. 204 – 25.

[3]　MacIntyre, *After Virtue*, pp. 205 – 21.

体、共同体和国家的集体生活的一个范围更广的叙事的一部分,它们才是可理解的。这就从另外一个角度重申了英国学派的这一观点:并不是国际制度,也就是惯例,制造出了国际社会——这是理想主义者的幻想——但是这些制度却暗示了这样一个社会的存在,因为它们是由对这个社会有归属感的成员国主体间性地构建而成的。

认识到这一点也很重要,即,麦金太尔认为,这些诠释性的界线并不等同于道德界线。他的社会理论并没有否认普遍的人类共同体的存在,但是它承认,只有通过认真地对待特殊性——或者多元主义——我们才能开始问这样一个问题,我们如何才能制定出一种诠释学,以判定我们的特殊性中有哪些是普遍性的,或者切斯特顿(G. K. Chesterton)所谓的"有限的普遍性"? 在《德性之后》一书中,麦金太尔有力地指出:

> 自我必须在它作为共同体成员的身份中,并通过这种身份找到其道德上的身份,这些共同体包括像家庭、邻里、城市和部落等。这一事实并不表示,自我必须接受由这些共同体的特殊性所带来的道德局限。要是没有这些道德上的特殊性作为起始点,那么就将永远无从开始;但是对于好、普遍、一致的寻求就存在于从这些特殊性出发不断地往前走。然而特殊性永远也不会被简单地抛到身后或消失。逃离特殊性奔向一个完全由普遍原理所构成的王国……是一种幻想,并且是一种会导致惨痛后果的幻想。①

---

① MacIntyre, *After Virtue*, p. 221, 着重号为原著所加。

因此,根据怀特所解释的理性主义传统,在麦金太尔的社会理论中包含着一种潜在的宇宙城邦主义,可以投合英国学派中用社会连带主义诠释国际社会的诠释者的心意。本文的结尾将会表明,如果我们可以克服威斯特伐利亚预设,那么回答前面这个问题的途径就会涉及英国学派早期对宗教、教义和文明的关怀,也就是要在不同的宗教传统中辨别出类似的原则和惯例。

4. 国际关系的规则、制度和惯例

虽然本文已经表明,在论述社会惯例是如何构成个体和团体的自我认同(身份)时,麦金太尔和建构主义者具有相似性,但是他们之间仍然存在着根本的差异。这种差异是传统——构成型(tradition-constitutive)惯例——其中个体和共同体(甚至可能是国家)是共同参与者(coparticipants)的关系——与另一些以主体间的方式被构建而成的惯例(被称为程序型规则)之间的差异。这个差异可以与英国学派在阐述国际社会的主观性时所采取的不同途径相联系,它们在前文当中已经被提到过:这种主观性在国际社会中是如何出现的,以及这种主观性在国际社会中是怎样被构建而成的。由这个差异所显示的是,一些社会惯例作为共有的宗教传统、文化或文明之组成部分而"出现"(emerge)这个事实,是如何使得这些惯例区别于另一些惯例,它们是在自由主义现代性的基础之上以主体间的方式被"构建"(constructed)而成的。

麦金太尔所使用的社会惯例的定义明显不同于其在国际关系学中的用法,后者用它来描述国家行为或者阐释国际社会的制度,例如国家主权、外交、权力的平衡、外交上的豁免权、治

外法权的权限或者国际法。麦金太尔对惯例的理解可以追溯到他在苏格兰讲盖尔语(Gaelic-speaking)的牧渔共同体中生活时所经受的抚养,它们强调特殊的忠诚和血缘关系的重要性。他曾经解释说,他早期的这种群体生活教导他:

> 正义就是一个人在自己的地方共同体中扮演所分配到的角色。每个人的自我认同都源自于他在共同体中所处的地位,以及在冲突和辩论中所处的地位,这种冲突和辩论构成了共同体那不断形成中的……历史。它的观念通过它的历史得以传承。①

麦金太尔表示,对社会惯例的这种看法(他对道德、传统和共同体的理解就来自于此)可能与直觉地理解社会惯例和道德的方式非常地一致,这种方式仍旧可以在大部分的(即便不是所有的)发展中国家找到。② 然而,西方的谋求发展的实践者和全球化的力量推动着自由主义现代性的传播,从而使这种本土地理解道德的方式正在不断地受到挑战。③

麦金太尔对社会惯例和传统的理解对于其以传统为基

① Alasdair MacIntyre, "An Interview with Giovanna Borradori", in *The MacIntyre Reader*, p. 255.

② MacIntyre, *Whose Justice?* pp. 354 – 55.

③ 根据麦金太尔的观点,涂尔干(Durkheim)描述了传统的社会关系的崩溃是如何增加了社会反常状态的发生几率,这种反常状态是匮乏的一种形式,是成员资格在这些社会制度中的丧失,正是在这些社会制度中体现了一个社会的规范,包括传统——构成型合理性的规范。而"涂尔干所没有预见到的",麦金太尔解释道,"是这样一个时代,同样的反常状态反而会被自我认为是一种成就和报酬,这个自我通过把他自身与传统的社会关系相分离,而成功地解放了自己,从而也就相信如此便是解放自己……被涂尔干视为社会病态的,如今戴着哲学的自命不凡的面具呈现在世人面前"。参见 Whose Justice? p. 368。

础的合理观而言至关重要。他已经认识到,虽然规则只是界定惯例的重要因素之一,然而对于国际关系这门学科来说,他们却是其定义的主要因素,尽管学者们在它们究竟是如何产生的问题上存在着分歧。麦金太尔把惯例理解为合作行为的一种系统化形式,通过这种形式,内含于某种特定行为当中的好(目标)在努力达致由这种行为所界定的、并适合于这种行为的优秀标准的过程中得以实现。仅仅说对界定着某项特定的行为的特定的规则的服从(遵守或顺从)造就了"惯例"——例如国际象棋、板球或国家主权——这是不够的。这样就会把惯例和规则混淆起来,而这两者在麦金太尔看来并非一回事。为了界定"惯例",需要提及一些附加的问题,这些问题有效地把惯例界定为一种技艺(craft),即,一种可以被运用于某一特殊的系统化的行为形式的技能:与这种特定的系统化的行为形式相关联的或相适宜的是什么样的优秀标准? 在这种特定的行为当中的"好"(good)究竟意味着什么? 通过履行这一特定的惯例所能够达到的好又是什么,也就是说,这一惯例的内在的、特有的或普遍的好是什么?

国际关系学对惯例的理解通常忽略了麦金太尔在界定惯例时的这些附加因素。就像麦金太尔所解释的,这就是为什么砌砖和种郁金香不是惯例,而建筑和农业却是惯例的原因。现在我们可以看到,这也是为什么国家主权、外交豁免权和治外法权的权限在麦金太尔的理解中不属于国际关系的惯例的原因。对于这些行为你无法提出这样的问题,在自治的国家、外交的豁免权或治外法权的权限中,"好"意味着什么? 可虽然它们不是国际关系的"惯例",它们还是可以构成国际社会的"规则"、法律、规范或原则。因此,国际关系的惯例在麦金太尔的理解中范围可能更为有限,或者我们可能会想把这些"程序上的"或"基于规则的"惯例称为国际关系的薄弱的惯例(thin practices)。

那么根据麦金太尔的理解,我们可以把什么样的国际行为称为国际社会的厚重惯例(thick practices)呢?似乎战争(服役)和外交(外交技艺)可以被看作是这样的两种惯例,它们代表了国家之间关系(冲突和合作)的两个极端。一方面,这些惯例符合把惯例作为程序上的规则(或制度)这种功能性的理解,它们"理性地"调节着国家之间的关系;但是另一方面,这些社会行为也可以被界定为如麦金太尔所理解的惯例,因为在这些场合下都可以提出这样的问题:对于服兵役来说,"好"意味着什么?对于外交技艺来说,"好"又意味着什么?这种把服兵役和外交理解为国际关系的厚重惯例的做法,只要看一眼近代欧洲的各种外交手册就非常明显,最著名的就是马基雅维利(Niccolò Machiavelli)的《战争的艺术》(*The Art of War*, 1521)和卡利莱(Francois de Callières)的《外交的艺术》(*The Art of Diplomacy*, 1716)。被视为麦金太尔意义上的国际关系的惯例的战争和外交,也可以在古希腊、中国的国际社会中,以及印度等众多国家中找到,因为战争与和平是独立国家进行持续的国家间交流的无可避免的途径。

从另一种意义上讲,战争和外交的惯例也符合麦金太尔关于国际社会的厚重惯例的理解,因为在社会性地确立起来的合作行为中(这种行为深植于它们的文化或文明中的宗教和道德传统当中),国家是共同参与者(coparticipants),而且惯例正是通过这种方式来构建共同体的自我认同(身份)的。对于这些社会来说,战争和外交的社会内嵌性(social embeddedness)又意味着什么呢？它意味着早期的国际关系惯例是一种基于目的论的宗教传统的一部分,因此对于这些个体、共同体或国家来说,它们实现了一种更大的道德目标。这一点无可避免地成立,因为好生活观的社会内嵌性是前现代社会的一个典型特征。厚重惯例是从那些有共同历史和集体记忆的宗教传统、文化或文明——安东尼·史密斯(Anthony Smith)对文化的理解——的国家中间呈现出来的,这使得它们不同于那些在自由主义现代性的全球文化中以主体间的方式"建构"起来的薄弱惯例。[1]

麦金太尔的社会理论或许可以帮助我们从另一条途径来叙述国际社会的扩张史。作为对宗教的设想和国际社会世俗化的一部分,威斯特伐利亚预设把社会惯例从宗教传统中分离出来,从而促使国际关系的社会惯例还原为规则。在发生这种变化之前,国际关系中的厚重惯例——战争和外交——是由深植于更广阔的、一直持续到16世纪的基督教国家的宗教和文化传统中的战争和治国艺术所支撑的。类似的惯例同样也存在于深植于各种非西方社会和共同体的、类似的宗教传统所支撑的治国技艺和战争之中,一直到它们被殖民主义和帝国主义所破坏为止。在15世纪和17世纪之间,这些惯例开始和基督教传统相分离,因为基督教世界开始让位于宗教的设想,而宗教则开始屈服于国家的权力和原则之下。英国学派已经表明了基督教世界如何转型为一个作为地理含义上的"欧洲",以及欧洲的国际社会如何开始形成,它的宗教仍旧

---

[1]　Anthony Smith, *Nations and Nationalism in a Global Era* (Oxford: Oxford University Press, 1995).

是基督教,但是它的文化却逐渐成为了欧洲文化。①

　　国际关系的惯例被还原为规则的途径得到了正在形成的国际法这一观念的支持。惯例从作为一种社会传统的基督教中分离出来,这是基督教世界向欧洲转变的一部分。格劳秀斯以及随后的国际法学者促成了这一转变,他们放弃了对国际关系中的道德和传统进行一种以目的论为基础的理解——把宗教从一个社会性的概念转变成为私人信守的教条和信仰。当然,格劳秀斯想把这些程序性的规则或法律从宗教中分离出来乃是为了克服由欧洲国家之间的宗教多元论(天主教和新教)所导致的冲突,是这个更大范围的努力的一部分。② 神学与伦理学的这种分离被认为是他的最大成就,并促成了格劳秀斯派的国际社会观。③ 我们现在能够认识到的是,现代的宗教概念以及现代的国家概念对于格劳秀斯派的国际社会观之发展而言是必需的。

　　这样,麦金太尔的社会理论可以帮助我们看到的是,格

　　① 伟大的绘图师亚伯拉罕·奥尔特利乌斯(Abraham Ortelius)在其《地理百科全书》(*Geographical Encyclopaedia*)(1578)的一个条目中写道:"关于基督徒,参看欧洲人。"See John Hale, *The Civilization of Europe in the Rennaissance* (London: Fontana Press, 1993), pp. 5 - 6.

　　② 查尔斯·泰勒(Charles Taylor)指出,从他称之为本质性的伦理观向程序性的伦理观转变的政治维度,在格罗提乌斯的合法性理论中已经被预期到,而且在日益突出的社会契约论中表现得很明显。与用政治制度的类型或某些好社会观(conception of the good society)来界定国家的合法性的做法相反,格罗提乌斯提出我们应该通过能够产生合法性的程序来界定它。因此,格罗提乌斯认为政治制度的类型并不要紧,只要它是经由同意所产生即可。参见 Charles Taylor, *Sources of the Self* (Cambridge: Cambridge University Press, 1989), pp. 86 - 87。

　　③ Hedley Bull, Benedict Kingsbury, and Adam Roberts, eds. , *Hugo Grotius and International Relations* (Oxford: Oxford University Press, 1990).

劳秀斯派的遗产——神学与伦理的分离以及把国际关系中的(深植于世界宗教和文明的社会传统当中的)厚重惯例还原成(程序性的规则的)薄弱惯例——侵蚀掉了把不同的社会联合到国际社会当中的那个社会纽带的基础。他的社会理论以及对合理性的基于传统的解释可以帮助我们看到,由于把国际关系中的惯例与世界宗教和文明的社会传统相分离,关于正义的战争、军备竞赛或者人道主义干涉的争论不仅仅在自由主义现代性的西方社会内部已经变得无法通约,而且也在西方和非西方国家之间无法通约。

三、结语

总有一些怀着善良意志的人们,他们或者分属于不同的信仰共同体,或者不属于任何信仰共同体,他们已经在过去为国家之间的关系设计出了各种和平方案,为了消灭作为外交政策之工具的战争而努力,促进信仰之间的对话,并通过各种各样的途径为开创一个没有战争的世界而奋斗。全球宗教复兴和后现代主义的兴起预示着国际秩序的"现代的最后一个的世纪"(last modern century)的到来,人们对于西方现代性理解世界的方式失去了信心。国际关系日益地向不同的宗教视角可能对整个世界作出的贡献开放。

考虑到威斯特伐利亚预设的存在,我们的起点可以是世界主要宗教(main world religions)的社会伦理。联合国国际法院副院长克利斯托弗·G·韦拉曼特利(Christopher G. Weeramantry)指出,现在已经到了确认包含世界主要宗教当中那些对于国际关系具有重要意义的共同的伦理原则的核心的时候了。[1] 就像劳斯特森和维夫在本书的另一个地方所指出的,与其他绝大多数的社会科学相比,国际关系学拒绝研究宗教的倾向要更为严重。然而,时候就要到来,国际关系学缺乏宗教和神学将被视为是不正常的误入歧途,就像一门学科缺少规范理论一样。国际关系、基督教伦理和宗教研究中的学者们已经开始确认,在战争与和平、正义的战争、和平主义、人权以及谋求和平这些问题上,世界主要宗教具有哪些共同的伦理原则。[2] 国际红十字会组织已经向世人展示了,其人道主义的原则是如何与主要世界宗教的社会伦理相一致的。这些社会伦理同时也正在得到各种各样的非政府组织(NGOs)的检验,例如汉斯·昆的全球伦理基金(Hans Küng′s Global Ethics Foundation)[3],世界宗教与和平大会(World Conference on Religion and Peace)(阿曼,约旦,1999),以及自封的世界宗教议会(Parliament of the World′s Religions)。新成立的国际宗教和外交中心(International

---

① Mark W. Janis and Carolyn Evans, eds. , *Religion and International Law*, 2nd ed. (The Hague: Martinus Nijhoff, 1999).

② John Witte et al. , *Religious Human Rights in Global Perspective* (The Hague: Martinus Nijoff, 1996); Harfiyah Abdel Harleen, Oliver Ramsbotham, et al. , *The Crescent and the Cross: Muslim and Christian Approaches to War and Peace* (Basingstoke: Macmillan, 1998); David R. Smock, ed. , *Perspectives on Pacifism: Christian, Jewish, and Muslim Views on Nonviolence and International Conflict* (Washington, D. C. : US Institute of Peace, 1995); and Cynthia Sampson, "Religion and Peacebuilding", in *Peacemaking in International Conflict: Methods and Techniques*, ed. I. William Zartman and J. Lewis Rasmussen (Washington, D. C. : US Institute of Peace, 1995).

③ Stephan Chan, "Hans Küng and a Global Ethics", *Review of International Studies* 25, No. 3 (1999): pp. 525 – 30.

Center for Religion and Diplomacy)已经涉及了许多国家如何解决冲突的问题。[1]

世界主要宗教的社会伦理并不是我们唯一的起点。如果麦金太尔关于合理性具有依赖传统的性质这一看法是正确的,那么道德就不是与共同体和传统相分离的,世界上的绝大多数人正是经由共同体和传统才确定了他们的道德和社会生活。这意味着,"人道主义"的惯例(救济贫困者和热情对待陌生人)和"国际"惯例(军事协定和公平对待战俘)只有在让·本思克·埃尔斯坦(Jean Bethke Elshtain)所称呼的"真正的共存共同体"中才能实现和体验。[2] 人道主义的非政府组织为了努力展示其原则的普遍性,把包含在世界主要宗教的社会传统之中的人道主义惯例还原成了抽象的道德规则。它们把基于惯例的道德转换成一条基于规则或原则的国际伦理进路。这些规则只能诉诸一种与宗教、文化和传统相分离的"合理性"。但是如同埃尔斯坦所解释的,"世界上的绝大多数人明显不认为他们自己是国际义务和权利的主体";他们体验着麦金太尔所提示的那种道德生活——生活在扎根于世界主要宗教之上的德性、社会惯例和他们的共同体的传统之中,不管这种道德生活是如何的不完美。[3]

---

[1] 国际宗教和外交中心(IRCD)(www. icrd. org)成立于华盛顿,在道格拉斯·约翰斯顿(Douglas M. Johnston)和辛西亚·萨姆普森(Cynthia Sampson)编辑的 *Religion*, *the Missing Dimension of Statecraft* (Oxford: Oxford University Press, 1994) 出版之后。

[2] Jean Bethke Elshtain, "Really Existing Communities", *Review of International Studies* 25, No. 1 (1999): pp.141 –46.

[3] Jean Bethke Elshtain, "Really Existing Communities", *Review of International Studies* 25, No. 1 (1999): pp.141 –46.

假如这一点成立的话,那么严肃对待宗教和文化多元主义就意味着在国际社会不同的共同体和国家之间发展一种深刻的多元主义。现有的多元主义道路尝试通过国际社会中的程序型(或薄弱的)惯例来承认文化多样性,从而促进一种有限的宗教和文化多元主义。与之相比,本文提倡的途径(基于麦金太尔社会理论)将走得更远,它将以促进秩序和正义的方式参与他者、参与厚重的世界主要宗教的社会惯例,而不是采纳威斯特伐利亚预设,忽视、边缘化甚至力图用一种宇宙城邦主义的伦理消灭它们。这种进路也可以为我们提供另一个前进的方向。它想通过"社群主义"的途径达到"宇宙城邦主义"的目标。

深刻的多元主义采纳了所谓的"德性伦理学"的进路,它是作为麦金太尔社会理论的结果而发展起来的。[1] 它聚焦于德性、惯例和共同体,而不是聚焦于个体或者作为一个整体的世界性的人类共同体。它或许可以提供一条途径,既能像布尔那样致力于把非西方的元素吸收到国际社会之中,也能像社会连带主义者那样既关心对文化的厚重理解也关心对全球社会的厚重理解。

---

① 这个群体包括彼得·克莱夫特(Peter Kreeft)、吉尔伯特·美兰德(Gilbert Meilander)、斯坦利·豪尔瓦斯(Stanley Hauerwas)、罗伯特·C·埃范斯(Robert C. Evans)、约那坦·威尔森(Jonathan Wilson)、大卫·W·吉尔(David W. Gill)和玛丽·安·格兰登(Mary Ann Glendon),最后一位是哈佛大学的法学教授,她带领了梵蒂冈代表团参加了1995年在北京召开的联合国妇女大会。当然德性伦理学的理论家们并非在所有问题上都是一致的。参见 Mary Ann Glendon and David Blankenhorn, eds. , *Seedbeds of Virtue* (New York : Madison, 1995) and Nancy Murphy, Brad J. Kallenberg, and Mark Thiessen Nation, *Virtues and Practices in the Christian Tradition : Christian Ethics After MacIntyre* (Harrisburg, PA : Trinity Press, 1997)。

　　德性伦理学的进路指出,发展世界主要宗教的人道主义惯例(如已经指出的,有救济穷人、热情对待陌生人以及军事协定和公平对待战俘的国际惯例)的最有效的途径,是使得它们在特定的、真实的、现存的共同体的道德生活中被讨论、维持和参与。与发展一种宇宙城邦主义的全球友善伦理(a cosmopolitan ethic of global hospitality)不同,认真对待宗教和文化多元主义意味着理解那些特殊的宗教和文化传统中的惯例(维持它们所必需的德性),并促进和支持它们。① 这是某一特定共同体——可以是基督教、伊斯兰教、犹太教、佛教或印度教——为了依据其宗教传统活出道德生活的一种集体性的努力。

　　由于威斯特伐利亚预设,"德性伦理学"与西方政府和发展机构的进路是相对立的,后者认为"宗教"妨碍了扶贫或发展。我们应该记住,在宗教自由和政治自由之间存在着紧密的联系,宗教宽容通常是政治宽容、市民社会和民主的开端。② 德性伦理学的进路表明,人道主义的惯例有助于在他们的信仰里面建立共同体,并且使这些共同体能够发展,也许,要想建立持久的政治稳定、民主和发展,这两个要素就应该走到一起。这甚至可以有助于我们所有人——西方和非西方的——认识到包容他者在国际关系中意味着什么。③ 假

---

　　① 　Michael J. Shapiro, "The Events of Discourse an the Ethics of Global Hospitality", *Millennium: Journal of International Studies* 27, No. 2 (1998): pp. 697 –713.

　　② 　Max Maddox, *Religion and the Rise of Democracy* (London: Routledge, 1996).

　　③ 　Miroslav Volf, "Forgiveness, Reconciliation, and Justice: A Theological Contribution to a More Peaceful Social Environment", *Millennium: Journal of International Studies* 29, No. 3 (2000): pp. 861 –77; Miroslav Volf, *Exclusion and Embrace: A Theological Exploration of Identity, Otherness, and Reconciliation* (Nashville, TN: Abingdon Press, 1996).

如威斯特伐利亚预设能够被克服,那么本文所能指出的仅仅是,认真对待全球宗教复兴和文化多元主义在这个自从冷战结束之后就已经出现的多元文化的国际社会中可能意味着什么。

第二章
文化多元主义的教义、实践
和宗教视野

塞西莉亚·林奇 撰

奚颖瑞 译　张新樟 校

"我是个穆斯林",她告诉我,"但在战争之前我可并不知道这一点。在战争以前,我们当然都是无神论者!"①

——阿米拉·穆哈莫维奇(Amira Muharemovic)

几天之后,我看到了那位毛拉纳(maulana,伊斯兰大学者的尊称),并告诉他,我觉得他的一些学生相信,恐怖主义在某些情况下是被古兰经所允许的。"你并没有理解我们所教的内容,"他说,同时皱了一会眉头,"在圣战和恐怖主义之间有着重大的差别。"他邀请我与他一起用餐,来讨论我何以不能理解这种差别,但是我谢绝了。②

——杰弗里·戈德伯格

---

① 引自 David Campbell, *National Deconstruction: Violence, Identity, and Justice in Bosnia* (Minneapolis: University of Minnesota Press, 1998), I。

② Jeffrey Goldberg, "The Education of a Holy Warrior", *New York Times Magazine*, 25 June 2000, p.36.

"统治者骑着,"神父用低沉而带威胁性的语气说,"一团迅捷的云,将会进入埃及。"

　　狂热的呼喊声! 他们都兴奋起来了,我却从心底里感到恐惧。哦,孩子,他正在接近他想要达到的目标,就像摩西从西奈山上下来,带着十条新的律法来毁灭你们的生活。

　　"进入埃及,"他用升高了的单调的布道式的嗓音喊叫,那声音时高时低,时而更高时而更低,反反复复地就像一把锯子在锯树干,"进入地球上任何一个,"神父停顿了一下,所有的人都盯着他看,"任何一个他的光芒能够照耀到的角落!"①

——芭芭拉·金索尔夫

　　上边第一段引文出自一篇学术论文,其内容是有关巴尔干地区所谓的种族政治中的它异性(alterity)和暴力问题的。这段引文指出了这样一个问题,即外界把宗教身份(identity,认同)强加于某些人或群体身上——这种强加不是来自宗教原教旨主义者(fundamentalist),而是来自于那些认为不变的它异性可以使冲突合理化的人(在这段引文中是指一些塞尔维亚领导人),以及另外一些试图调和并"消解"暴力的人(西方新闻媒体和外交使团,联合国)。第二段引文出自一位西方记者对巴基斯坦一所伊斯兰学校的相关报道。它表明了西方媒体和政府圈子里流行的对伊斯兰"原教旨主义"(这本身就是一个有争议的标签)的不信任态度,也表达了这位

---

　　① Barbara Kingsolver, *The Poisonwood Bible* (New York: Harper Collins, 1998), p. 26.

作者的东方学思维定势,他从他自己的立场而不是从对方的角度来理解他们学校的教学。① 第三段引文是一部小说的片断,讲述的是新殖民主义在刚果地区遭遇到的权力冲突和宗教冲突。这段引文还凸显了这样一个问题,即基督教在非洲的大多数传教活动都带有一种傲慢的姿态,即便在 20 世纪后半叶也是如此。然而,每段引文又都以不同的方式表明,我们关于世界政治中的宗教的争论在多大程度上体现了启蒙的假想(Enlightenment assumptions)。也就是说,它们都把宗教与危险、教条和僵化的他者(otherness)概念联系在了一起。

司各特·托马斯在他前一章中集中精力研究国际关系理论中的威斯特伐利亚预设,从理论上分析当前我们对宗教在世界政治中的重要性的误解,而我在这一章里则试图把这一分析扩展到与我们的启蒙假想联系在一起的那一些理论。启蒙对世界政治中的宗教的忧虑是多方面的。其中最为突出的就是对宗教所具备的创造"真正信仰者"的能力的畏惧,因为宗教致力于这样一些基本问题,如生命、死亡、拯救、正确和错误。这些"真正的信仰者"至少是一些心理失常的人,严重一点的话可以成为不宽容和暴力的煽动者。一旦他们成为群众运动的领袖,或者当他们的信仰在一个强有力的宗

---

① 根据爱德华·萨以德(Edward Said)的开创性研究,东方主义是一种西方的学术传统,一种思维模式,一种话语,"藉此在整个后启蒙时期,欧洲文化在政治上、社会学上、军事上、意识形态上、科学上以及想象上操纵——甚至是制造——东方"。参阅 *Orientalism* (New York: Vintage Books, 1979), 还可参阅 Fred R. Dallmayr, *Beyond Orientalism* (Notre Dame, IN: Notre Dame University Press, 1996) and Richard King, *Orientalism and Religion*, *Postcolonial Theory*, *India*, *and* "*The Mystic East*"(London: Routledge, 1999)。

教组织中被系统化,从而把组织以外的人看作是异端,认为理应对他们进行镇压甚至处死时,情况就会变得特别的危险。

另一方面,根据对卡尔·马克思的某种解读,许多人——特别是那些相信完美来世的人——通过教导人们在面对不公正时要忍耐和顺从,从而往宗教中注入了隐匿的政治欲求和为强者利益服务的企图。[①] 而无论是集权主义者还是世俗的自由主义者都在担心,宗教信仰在面对知识和进步时会助长浪漫主义、无知和退步,如同教育领域中的创世论和进化论之争所显示的那样。所有这些担心都假设,宗教信仰是教条的、不宽容的和顽固不化的。由于带上了宗教信仰这面有色眼镜,就一定会把其他宗教看成是低下的,从而力图改变他人信仰、甚至采取高压的政治和暴力,而不是为多元论和批判性思维提供理据。人们认为启蒙的观点已经克服了这些问题,这也是宗教之所以这么长时间被国际关系思想所忽略的部分原因。但是"种族"暴力的回归以及"9·11"后不断升级的对"恐怖主义威胁"的关注,使得人们重新激起了对宗教身份和他者概念的关注,并使它们的内涵在今天显得含混不清。

关于身份认同(identity)和它异性(alterity),以及宗教之作用的争论,在近几十年的政治理论、心理学和文学评论等领域里是非常普遍的。继爱德华·萨义德(Edward Said)于1978年发出警告之后——他揭露了欧洲对伊斯兰教的看法,

---

① 这当然是对马克思异化观的过分简单化。可以参阅 Daniel Pals, *Seven Theories of Religion* (Oxford University Press, 1996), pp. 137 – 38。

即把后者看作"通常是控制可怕的东方的一条途径"①——茨维坦·托多罗夫(Tzvetan Todorov)在 80 年代初提出了这样一个问题:对身处不同文化(和宗教)的人来说,"平等地体验差异"是否可能。② 通过关注一些探索者、征服者和宗教领袖(他们领导了从 15 世纪晚期到 17 世纪对美洲的征服,并使得这种征服正当化)的动机和世界观,托多罗夫生动鲜明地展现了在政治和宗教上被正当化的它异性观念所导致的恐怖事件。然而,在论及诸如哥伦布(Columbus)、柯特斯(Cortés)、拉斯·堪萨斯(Las Casas)、塞普维达(Sepulveda)、萨哈刚(Sahagún)和杜兰(Durán)等人的不同个性时,托多罗夫也阐述了他们在面对他者时所采取的一系列探究的策略以及宗教立场。尽管如此,他还是提出了这样一个问题:走向对多元文化的承认——拉斯·堪萨斯晚年在这方面特别引人注目——是否会成为"走向抛弃宗教话语本身的第一步"。③

撇开这些历史或哲学的批评(同时也在某种程度上撇开宗教这个主题),在 90 年代早期的北美,对它异性问题的担忧是与关于文化多元主义的争论结合在一起的。争论的首要问题是由魁北克的独立派和美国的土著居民共同体所提出的:如何在民主政体中容纳多元的文化认同;是否要满足

---

① Said, *Orientalism*, p. 61.

② Tzvetan Todorov, *The Conquest of America*: *The Question of the Other* (New York: Harper Collins, 1992), p. 249.

③ 因此,托多罗夫对"视角主义者"的能力提出了质疑,后者为了保护宗教信仰而假定真理必然是多元的,这种有争议的立场我会在后文加以考察。参阅 *The Conquest of America*, pp. 189 – 90。

民族主义者的愿望,如果是的话,在何种程度上满足。

正如查尔斯·泰勒(Charles Taylor)在他那业已成为经典的著作《承认的政治》(*Politics of Recognition*)中所指出的,文化团体需要(并应该得到)承认和尊重。然而这里存在一个巨大的危险,即那些坚守某种既定身份认同的团体或个人会拒绝给予其他团体和个人以承认和尊重。考虑到绝大多数的当代政体都显示出了对文化认同的重视(或者至少是对文化承认的重视),如此的缺乏宽容会造成严重的后果,对于那些被认为是民主的政体来说尤其如此。[1] 而且,从是什么导致了社群主义与宇宙城邦主义之争来看,宽容的缺乏起码来自两个方面:执著于某种共同体的身份认同,相信自己是"真正的"、高人一等的,或者是执著于一种普世的(通常是自由主义的)身份,企图包容所有的个体特性,但却无法避免把他自己的特性强加于他人之上。[2]

在这场争论中,"社群主义者"重视文化认同,并试图为其寻求表达的空间,他们把它看作是积极的:是一种好,是在自由主义内部的,是"为了"自由主义。然而,另外一些理论家们重写了身份和文化多元主义之间的关系,坚持身份的偶然性和可变性。这样,问题就不再是如何包容相对固定的、多元的身份,而是如何为身份和文化提供多重可能性。正如

---

① Charles Taylor with K. Anthony Appiah, Jurgen Hebermas, Steven C. Rockefeller, Michael Walzer, and Susan Wolf, *Multiculturalism: Examining the politics of Recognition*, ed. Amy Gutman (Princeton, NJ: Princeton University Press, 1994).

② 同①。关于国际关系学中对这一争论的复杂的处理,参阅 Nicholas Rengger, *Political Theory, Modernity, and Postmodernity: Beyond Enlightenment and Critique* (Oxford: Blackwell, 1995) and Chris Brown, *International Relations Theory: New Normative Approaches* (New York: Harvester Wheatsheaf, 1992)。

威廉·科诺利（William Connolly）所强调的："文化多元主义
……在其自身内部就包含了一个争论,是在同一领土内由国
家保护各种文化少数派呢,还是在国家内和国家间使存在的
多重可能性多元化。"①大卫·坎贝尔（David Campbell）吸取
了列维纳斯（Emmanuel Levinas）和德里达（Jacques Derrida）
的思想,运用这一思路来分析波斯尼亚地区的冲突,并谴责
了西方外交中那种排斥而不是鼓励存在的多重可能性的
做法。②

　　但是问题依旧存在,即宗教是否应该被视为一种特殊的
文化范畴。在包括性别、种族、民族、性在内的所有可能的文
化和身份的范畴当中,宗教通常被认为是最难穿透和最为本
质的,它需要最大限度地服从于既定的行为规则和习俗。例
如,K·安东尼·阿皮亚（K. Anthony Appiah）就宣称"宗教
不同于所有其他的东西,它要求在实践中忠于教义或承
诺"。③许多人害怕这种类型的忠诚会禁锢人的思想并削弱
其批判的能力。因此人们相信,身份认同和它异性的问题一
旦被赋予了宗教的形式,其出现的可能性就会更大。

　　但是,如果把宗教身份看成是僵化的、不妥协的,那么这
种看法从历史的角度来看也是不全面的,它忽略了发生在宗
教思想内部的重要而活跃的争论。就此而言,当代的神学在

---

　　①　William E. Connolly, "Pluralism, Multiculturalism, and the Nation-State: Re-
thinking the Connections", *Journal of Political Ideologies* I, No. I (1996): p. 61. 另
可参阅 Campbell, *National Deconstruction*, p. 161.

　　②　Campbell, *National Deconstruction*, esp. chap. p. 6.

　　③　K. Anthony Appiah, "Identity, Authenticity, Survival: Multicultural Societies
and Social Reproductions", in *Multiculturalism: Examining the Politics of Recognition*,
p. 150.

宗教多元论和文化多元主义的可能性这一问题上所持的看法颇具启发意义。宗教思想长期以来都在处理与多种信仰的共存相关联的问题。其中，基督教、佛教、印度教、伊斯兰教和犹太教的思想一直都在与这些问题作斗争：个殊主义（particularism）相对于普世主义（universalism），原真性（authenticity）相对于历史的复杂性（complexity of history），以及教条本位的身份相对于历史地偶然形成的身份。一些当代的宗教思想也超越了个人主义类型的身份，并提供了新的途径来思考当今世界上的多重信仰体系的社会政治意义。尽管它们无法形成一个统一的思想体系，可宗教争论还是有助于指出一条道路，来细致而可靠地理解文化多元主义，并因此理解宗教在世界政治中的地位。所以，虽然我同意本书的其他一些作者的观点，即我们需要理解宗教与现代化、世俗化、全球化之间的关系，可在此我还要指出的一点是，我们必须注意宗教思想家们自己表达的对宗教信仰的多重理解。

在这篇文章中，我首先引用了最近在学术、新闻报道和小说这三种不同类型的话语中出现的有关政治中的宗教的表述，来阐明人们对宗教和政治的主导态度。其次我要阐明的是可以在当代神学思想中发现的各种对待宗教间对话的态度：排外主义（exclusivism，这种立场意味着相信某人的信仰体系掌握着唯一可能的"真理"，因此也就比其他的信仰体系优越，其他的信仰体系是错误的和有害的），包容主义（inclusivism，这种立场意味着"我的真理包含着你的真理"，因此某人的信仰体系仍旧要比其他的优越，但却承认后者也包含着部分的真理），多元主义（pluralism，相信真理本身就是多重的，因此必须平等地接纳其他的信仰体系），还有混合主义（syn-

cretism,相信"真理是什么"的答案是由"生活所赋予的",总是
具有各种形式,因此有可能、也值得、并很有必要去融合各种不
同的信仰体系的观点)。① 我还讨论了护教学(apologetics)的
概念,它既是一种神学态度,又是一个对话过程。

这些态度应该被看作是我们研究的工具,可以拓宽我们
对宗教身份认同、它异性、宗教在政治中所扮演的角色等问
题的理解,而不应该被看作是彼此严格区分的类型。我认
为,虽然当代的政治论争继续把宗教和信仰看作一定是排外
主义的,但是神学的趋向在一段时间里会集中在包容主义和
多元主义的边界和可能性的问题上。虽然在宗教信仰和政
治实践的交叉点上,排外主义的存在是不容忽视的,而且那
些活跃在学院里的"研究宗教的专家"所关注的,的确是在世
界上很多地区所显而易见的宗教身份的僵化问题,但是宗教
思想也反映出了走向宗教信仰相互承认、争论和合法化的趋
向,其途径是护教学的话语,以及各种信仰与实践的混合主
义的交融。

一、新近的表述

波斯尼亚地区的冲突以及更近的科索沃冲突,为我们提

---

① 很多使用了这一区分的宗教学者主要关注的是前三者。可以参阅哈佛印
度学家和神学家迪安娜·埃科(Diana Eck)的 *Encountering God: A Spititual Journey
from Bozeman to Banaras* (Boston: Beacon Press, 1994)。混合主义能否作为一个合法
的种类受到了更多的质疑,特别是在基督教神学家当中。韩国的解放神学家郑景妍
(Chung Hyun-Kyung)倡导一种"幸存的解放中心的混合主义"(survival liberation-
centered syncretism)。可以参阅 *Stuggle to Be the Sun Again: Introducing Asian Women's
Theology* (Maryknoll, NY: Orbis Books, 1994)。

供了从外界(尤其是西方的世俗论者)构建宗教身份的有说服力的例子。例如,阿米拉·穆罕莫维奇是在外人把宗教身份特征强加于她身上之后才"发现"自己是个穆斯林,这些外人就是试图为种族净化辩护的塞尔维亚领导人,以及更令人不安的西方人,他们试图对她和其他成千上万的人的身份进行范畴化和实质化,从而使得发生于波斯尼亚地区的暴力变得可以理解。穆罕莫维奇的那段话意味着,无信仰是宇宙城邦主义的,而被认定为穆斯林则是不合时宜的。但是她和其他人似乎也意识到,他们无法摆脱其他人强加于他们身上的宗教身份,这种身份使得他们彼此成为侵略者和受害者、成为国际法的新的臣民。

在引用这个例子的时候,坎贝尔的主要目的不是为了指责伊斯兰教、东正教以及任何其他鼓动暴力的宗教,而是为了指出身份的可变性和偶然性,并强调,那些盛行于西方公共话语和外交场合中的、对巴尔干种族和宗教身份的僵化的理解,事实上是一种特殊的建构,它压制了那些可供选择的、相互依存和多元的身份。正如坎贝尔所展示的,战前穆斯林的身份是模糊而复杂的,"以至于许多穆斯林共同体的文化行为被他们的宗教导师认为是非伊斯兰的"。[1] 事实上不仅仅是穆斯林,所有的信仰都显示出了一种教义的缺失:"直至20世纪,对教派的不断变动的界定在波斯尼亚地区十分普遍。人种学的资料显示,波斯尼亚人对所有这三种教派都持有一种非教条化的态度。"[2]对坎贝尔而言,接下去的任务

---

① Campbell, *National Deconstruction*, p. 213.

② 同①,被透纳·布林加(Tone Bringa)所引用的,p. 213。

就是要提出一种"解放性的文化多元主义的理想",它"肯定文化的差异性",而当这种差异性压制了文化的相互依赖和多元性时,一方面承认差异性的存在,但另一方面又不会固执于此。①

如果说坎贝尔(有意识地)和戈德伯格(无意识地)展示了西方人在何种程度上构建了其他人的宗教身份,那么芭芭拉·金索尔夫则是公开谴责这种构建是新殖民主义。金索尔夫的小说《毒木圣经》(*Poisonwood Bible*)讲述了一位来自歧视黑人的亚特兰大地区的浸洗派原教旨主义传教士的故事,他在一个与世隔绝的刚果小村庄从事传教活动。小说是通过传教士的妻子和四个女儿的口吻来展开的。内森·普利斯(Nathan Price),这位传教士无法屈从于非洲生活的现实状况,更不用说是承认刚果信仰的合法性,而这一切又被设置在了20世纪60年代独立运动的开展、比利时人没有能够承认刚果的平等地位却反而突然地从这个国家撤军的背景之下②。

这部小说在某些方面给人留下了深刻的印象,比如它的广度(每个女儿对文化冲突的反应都不相同),以及它在描写比利时、美国以及后来联合国的政治、经济和文化干涉的麻木和残忍时所体现出来的刻画能力。除此之外,小说还展现了一种多面性的宗教观。尊敬的普利斯牧师,这位杰出的宗教发言人,披着耶稣的旗帜,如同超级英雄的斗篷。在他看

① Campbell, *National Deconstruction*, p. 208。
② 刚果于1960年6月30日获得独立。7月15日,国民军发生叛变,暴力和动乱致使大批比利时管理人员和技术人员离开刚果,从而使该国许多地区的重要服务部门瘫痪,重要的经济活动无法进行。

来,刚果充满着未获拯救的灵魂,而信仰基督教的上帝将会解决他们所有的问题。普利斯教条般的信仰显得不切实际、荒谬甚至危险。他决定种植一个花园,却从乔治亚州找来那些无法在丛林中被授粉的种子。他弄错了刚果字词的发音,使得人们弄不清楚他是在倡导洗礼,还是在鼓吹恐怖活动(或者根据书中所明显暗示的,两者都有)。他坚持在附近的河流里举行洗礼,一点也不顾及到这条河流里有大批的鳄鱼出没,不会有哪一位细心的家长会让他/她的孩子下水。而且他支持西方的政治权威和经济制裁,哪怕这种权威破产,而他自己也由于所有西方的资助来源都被切断而变得一贫如洗。

与此相反,当地的首领和伏都教(voodoo)①的牧师们却代表了一种更为务实的自然主义。但是,当原教旨主义的基督教和非洲传统宗教面对面相遇的时候,还是有问题存在。②只要基督教能够把它们那些令人讨厌的东西给剔除掉,当地的首领和牧师就会对其活动表示欢迎,但他们也会担忧,唯恐太多的基督教皈依者会败坏他们的村庄并冒犯众神灵。

---

① 据说伏都教起源于西非,西非国家贝宁是伏都教诞生的摇篮。在当地的语言中,伏都(Voodoo)是"神"、"精灵"的意思。在历史上伏都教曾不止一次遭到禁止,现在却是贝宁的法定宗教之一,其信徒仅在贝宁一国就有400万之多。在其他非洲国家、加勒比海、南美、新奥尔良和其他地区也存在各种各样的伏都教。伏都教信仰通过运输奴隶的船只从非洲海岸传到了美洲。

② 非洲的传统宗教(ART)是用来称呼非洲"本土"宗教(非伊斯兰教的和非基督教的)的一个混合的名称。ART,"基督教和伊斯兰教都强烈地要求非洲人的效忠,而非洲的传统宗教则继续作为人生意义的主要来源,作为一种活生生的宗教得到正式的承认。"参阅 Mercy Amba Oduyoye, *Daughters of Anowa*: *African Women and Patriarchy* (Maryknoll, NY: Orbis Books, 1995), p.110, and Emmanuel Martey, *African Theology*: *Inculturation and Liberation* (Maryknoll, NY: Orbis Books, 1993), p.39.

因此,首要的对立是不妥协的基督教教义和尚未被破坏的自然主义之间的对立。当普利斯的女儿们对她们父亲那呆板僵化的信仰丧失了信心时,她们就转而去信奉自然、不可知论或无神论。象征着更为多元的身份的一个角色是修士福勒(Brother Fowles),普利斯牧师的前任,一个"信奉教皇制"的天主教徒。福勒把当地宗教习俗的要素与基督教结合起来,但却被西方宗教机构当作一个叛徒而解雇。后来他留在了刚果。

二、神学态度与它们的政治对应物

前面这些新近的例子表明,我们大部分的公共话语都假设宗教态度和行为必然是排外主义的。但是当代的神学争论却主要是在从包容主义到混合主义的范围内展开的。[1] 鉴于这些范畴首先应该被视为研究的工具、在实践中一套既定的信仰体系可能包含不只是一个立场的因素,因此在它们之间作区分对于透彻地思考当前关于文化多元主义和宗教间对话的神学争论的政治意义是有帮助的。

1. 排外主义

排外主义的立场坚持某人自己的信仰体系的优越性,并

---

[1] 郑景妍(Chung Hyun-kyung)认为这些类型基本上是可以应用于"基督教和世界上其他宗教和文化的相遇"。参阅"The Wisdom of Mothers Knows No Boundaries", *Women's Perspectives: Gospel and Cultures*, pamphlet 14 (Geneva: World Council of Churches Publications, 1996), p. 30。在此我根据宗教间对话中的类型学的普及化,予以更广泛的应用。

认为有权利尽可能广泛地推广自己的信仰体系。这种立场在政治上的衍生物是国际政治学者最为害怕的——而且被认为是不言而喻的。从政治上来看,各种形式的排外主义使得以下事件合法化:十字军东征和对美洲的征服、西班牙的宗教审判、宗教改革以及殖民主义。它们还为世界上一些地区长期存在的并且似乎无法克服的冲突奠定了基础,其中包括中东、北爱尔兰、印度和巴基斯坦、尼日利亚、苏丹以及印度尼西亚。虽然很多学者把这些形式的排外主义——以及它们在政治行为中的暴力内涵——理解为仅仅是部分地依赖于宗教狂热和不宽容(或者有时把它们理解为仅仅是更为基本的经济和政治权力斗争的幌子而已),但是仍旧很难把宗教的动力从这些冲突的任何一个当中剔除出去,即便不是不可能。① 排外主义的立场还出现在一些末日邪教(doomsday cult)当中,成为这些教派的根基,例如在圭亚那、得克萨斯州或者近来的乌干达,那些具有非凡魅力的领袖们因为坚持主张效忠而导致了暴力,尽管这并没有在政治上造成多么严重的、范围广泛的后果。当排外主义是由强者所强制实行时,我们把它看作是压迫性的而且是不合法的;而当排外主义是由地方的教派所实行时,我们认为它是悲剧性的。

戈德伯格的文章既被伊斯兰的追随者认为是排外主义的,又被一部分非穆斯林的人认为是在鼓吹排外主义:

> 在任何特定的时间,学校里都会有几百个来自
> 阿富汗的学生,几十个来自于像哈萨克斯坦、塔吉

---

① 可以参阅 Todorov, *The Conquest of America* and Theo Théo Tschuy, *Ethnic Conflict and Religion*(Geneva: World Council of Churches Publications, 1997)。

克斯坦和乌兹别克斯坦等前苏联国家的学生,还有少数是来自车臣的。对于那些把诸如在车臣所发生的战争看作不单单是民族独立志向的表现,而且还是泛伊斯兰的志向的表现的人来说——对于那些认为在那场震惊世界的什叶派解放运动相隔一代人之后将会发生一场逊尼派解放运动的人来说——外国人在哈吉尼亚的登场并不让人愉快。①

坎贝尔则强调了宗教排外主义是以何种方式被西方政策制定者们用来证明种族隔离的正当性。而金索尔夫的小说则向读者展示了一幅很有说服力的画像,描绘了排外主义强势和悲惨的两面;内森·普利斯这个角色是基督教殖民主义统治的一个古怪的残余,不过普利斯本人已变得越来越无力、贫困和远离现实。在西方的军事、经济和宗教目的之间的关系已经崩溃了的时候,他仍然以一种极端教条的方式去行动,不愿意看到,从前的在赤裸裸的强力和排外主义式地改变他人宗教信仰之间的紧密联系现在已经不再可行了。②当这种对宗教的极端描绘还在盛行的时候,排外主义的思想在宗教学者、神学家和当今主要的世界性宗教中间已经受到了极大的质疑。著名的基督教大公组织(ecumenical organizations)主动地劝阻人们不要参与排外主义的团体,甚至戈德

---

① Goldberg, "The Education of a Holy Warrior", p.34. 然而,这个观点是有争议的。例如,我们可以把很多来自中亚的穆斯林在巴基斯坦和埃及的伊斯兰学校中学习这一现象看作是对西方安全的威胁,就像戈德伯格所做的那样,但是也可以把它理解为是分散的共同体或者散居习俗的一种表现。可以参阅 Pnina Werbner, "The Place Which Is Diaspora: Citizenship, Religion and Gender in the Making of Chaordic Transnationalism", *Journal of Ethnic and Migration Studies*, Vol.28, No.1: pp.119–33 (January 2002)。

② Kingsolver, *The Poisonwood Bible*.

伯格笔下的一些毛拉纳也拒绝承认排外主义的政治立场。①

2. 包容主义

在政治上,包容主义也坚持某人自己信仰体系的优越性。不同的是,它认可其他信仰方式存在的合法性或"权利"。尽管如此,它还是把其他信仰体系看作是不完善的或者落后的。包容主义在其政治衍生物中预设了一种自由主义的宽容。它仍旧相信,某人自己的宗教以及所有与宗教具有同等地位的东西都"应该"被普遍化,但是考虑到必须强制推广一种信仰是一种不切实际的和不道德的行为,人们必须允许乃至于承认,在其他信仰体系中存在着部分的真理。

20世纪上半叶的传教活动在神学的排外主义和另一种更为包容的立场之间来回摇摆。这种摆动以两种形式出现。有些传教活动反对欧洲中心主义的基督教,并试图通过各种文化融合的方式来整合他们的思想。这些努力导致了在20世纪20和30年代的世界传教大会上,人们就基督福音与其他宗教传统之间的关系问题展开了激烈的争论,这些争论最终并没有得到解决。更加引人注目的是由卡尔·巴特(Karl Barth)和后来的亨德里克·克莱默(Hendrik Kraemer)所引发的欧洲神学争论,这一争论在"上帝在圣经中、在福音书中达到顶点的自我揭示与一切以'不信'(unbelief)为特征的宗教生活形式之间作了极端的区分"。② 特别是,巴特对基督教没

---

① 参阅 *Guidelines on Dialogue with People of Living Faiths and Ideologies* (Geneva: World Council of Churches Publications, 1993), p. 22。

② S. Wesley Ariarajah, *Gospel and Culture: An Ongoing Discussion within the Ecumenical Movement* (Geneva: World Council of Churches Publications, 1998), p. 7.

能阻止世界大战的爆发做出了回应,并因此谴责新教(连同所有其他宗教一起)被人类的不完美、自负和罪恶所束缚。不过,尽管他们随后努力参与到与其他信仰传统的对话的当中,一些传教活动的领袖仍旧把巴特和克莱默的神学立场解释成为对福音信息的重申,并因此把基督教解释成"真理",而把所有其他的信仰传统降为仅仅是人的(而非神的)成就。①

3. 多元主义

这种类型的包容主义会激怒非西方的宗教领袖,甚至是当它试图促进宗教间的理解时也是如此。例如,甘地(Mohandas Gandhi)曾经抱怨,"有这么一些人,甚至在我告诉他们我不是一个基督教徒时,都不愿接受我这样断然的否认。"②第二次世界大战后,很多资助传教活动的教会成为了新创立的世界基督教会联合会(World Council of Churches,亦称世界基督教协进会,简称世基联)的成员,一群有影响力的、包括基督徒和非基督徒在内的后殖民宗教领袖,日益使排外主义非正当化,而赞同一种更为多元的立场。③

因此,世界基督教会联合会在 20 世纪 70 年代就宗教间

---

① Ariarajah, *Gospel and Culture*, pp. 4–7, pp. 14–15.

② 引自 Raghavan Iyer, ed. *The Essential Writings of Mahatma Gandhi* (Delhi: Oxford University Press, 1990), p. 149。也可以参阅 Mohandas Karamchand Gandhi, "Extracts from My Experiments with Truth," in *Christianity Through Non-Christian Eyes*, ed. Paul J. Griffiths (Maryknoll, NY: Orbis Books, 1996)。

③ 在战后,世界基督教联合会(WCC)试图去"界定教会对待其他宗教传统的正确态度",发起了一场有关"其他信仰中的神和人的言语"的研究。从这项研究中得出这样的观点:WCC 应该"把'对话'的思想作为与其他信仰传统中的人打交道的首要方式。"参阅 *Guidelines on Dialogue*, p. v。

对话问题形成了指导方针,认为基督教不应该

　　站在一个自认为优越的位置去评价其他宗教
体系;特别是,他们应该避免使用诸如"匿名的基督
徒"、"基督的临在"以及"不可知的耶稣"之类的概念
……以那些为了神学目的而提出这些概念的人所采
用的方式,或者以不利于基督徒和其他人的自我理
解的方式。①

这些类型的声明,与学院式的宗教研究一起,呼吁一种基于
多元主义途径的宗教间对话。多元主义,如同在其自由主义
的对应物中一样,要求承认真理的多重性。这就是相信所有
宗教在目的和功能上有着积极的类似性,就像甘地后期以一
种通俗的方式所表达的那样。对于郑景妍(Chung Hyun-
Kyung)来说,"多元主义在三种处理宗教间关系的立场中是
最为开明的一种,它尊重差异,并与差异一起生活"。② 因此,
多元主义所持的是这样一种立场,即某人自己的信仰不能代
表其他人的信仰;前者既不能吞并后者,也不能把后者当成
是实现自己的宗教目标的手段而囊括进来。

　　虽然有些神学家质疑多元主义的立场是站不住脚的(也
就是说,如果信仰需要忠于某种特殊的真理观,那么多重的
宗教真理又如何能够存在?),但是其他的宗教学者还是认为
探寻多元主义的可能性是必需的。例如,大卫·吉托摩尔
(David Gitomer)区分了宗教传统的"外在部分"(outside)和
"内在部分"(inside)。这两者并不是表示宗教的制度性表现

① *Guidelines on Dialogue*, p. 12.
② Chung, *The Wisdom of Mothers Knows No Boundaries*, p. 30.

◇ 第一部分　国际关系理论与宗教

和个体或私人表现之间的区分,而是

> 一种传统的"外在部分"是传统在向自己的成员和外人传授各种表述(formula)时展示自身的方式。而传统的"内在部分"则是在那些表述中所传达的关于实在的集体体验,而实在……在平常语言中是无法被完全表达出来的。①

作为一个印度学专家,吉托摩尔阐明了这一区分对于多元主义态度的重要性:

> 当我们开始领会宗教传统的内在部分时,我们就开始理解这种传统掌握想象力并塑造出关于世界及其意义之图景的力量。要是不能认可由其他信仰所表达的关于真理的断言,我们就无法理解其他传统为其追随者构建绝对意义的能力。既然如此,其他传统的独特的宗教见解可能会有助于我们自己。换言之,在一个人自己的宗教领地上领会体验性的真理,可以让人以一种开放的状态,面对与自己相异的宗教领地中那引人注目的独特的意义。②

同样,对世界基督教会联合会来说,

---

① David Gitomer, "Tell Me One Thing, Krishna: A Personal Reflection on Catholic Faith and Religious Pluralism", in *As Leaven for the World: Catholic Reflections on Faith, Vocation, and the Intellectual Life*, ed. Thomas Landy (Franklin, WI: Sheed and Ward, 2001).

② David Gitomer, "Tell Me One Thing, Krishna: A Personal Reflection on Catholic Faith and Religious Pluralism", in *As Leaven for the World: Catholic Reflections on Faith, Vocation, and the Intellectual Life*, ed. Thomas Landy (Franklin, WI: Sheed and Ward, 2001).

　　　　对话的目标不是把活生生的信仰和意识形态
化约为一种最低程度的共同特征,也不仅仅是对各
种符号和概念进行比较与讨论,而是促使那些灵性
的见解与那些只能在人类生活的最深层找到的体
验之间的结合。①

这种相遇基于对下边这一问题的重要性的认识,即信仰
是如何活跃于各种不同文化的日常经验当中:

　　　　对话应该就人而进行下去……而不是就神学
的、非人格的体系进行。这并不是要否定宗教传统
以及它们彼此之间关系的重要性,而是指,最重要
的是要去探究信仰和意识形态是如何给予个体和
群体的日常生活以方向,并实在地影响双方的
对话。②

　　人们对多元主义的好感在过去的几十年里被加强了,不
仅在学术界是如此,在后殖民时期的宗教思想家中也是一
样。从20世纪六七十年代开始,非洲和亚洲的神学家们开
始越来越多地批评西方传教活动的遗产,批评后者的文
化——包括宗教——帝国主义。为了"表达自我",菲律宾、
印度和肯尼亚的宗教思想家要求西方停止传教活动,并要求
传教士们离开:"在现存的体制下,一个传教士在亚洲所能做
的最有助于传教的事情就是回家。"③

---

　　① *Guidelines on Dialogue*, p. 12.

　　② 同①, p. 11。

　　③ Emerito Nacpil, quoted in Ariarajah, *Gospel and Culture*, p. 20.

4. 护教学

　　然而并非所有的神学都与多元主义的潮流合拍。例如，尽管护教学在当代神学中有着消极的意义，可保罗·格利菲斯(Paul Griffiths)还是重新提出了一种赞同护教学的论点。作为一位研究佛教的学者，格利菲斯承认护教学的观点——保卫传统信仰的教义——在如今的神学圈子里并不受欢迎。① 但是他赞同消极的护教学(当信仰受到来自外部的挑战时保卫教义)和积极的护教学(试图表明自己所信仰的教义与其他人的是相容的，而且还要比它们优越)，认为这些都是宗教间对话的必要形式。他批评了"普世视角主义"(universalist perspectivalism，相信所有的宗教对真理都持有不完全的见解)，认为这是精英主义的，并且从根本上讲是立不住脚的。例如，对于圭亚那的琼斯镇(Jonestown)的邪教②，视角主义者会说些什么呢？他们"必须创建标准，把那些有关终极实在的正确论断从不正确的论断当中分离出来。换言之，不管乐意与否，他们都必须进入到护教学的话语当中"。③

----

　　① 格利菲斯声明，他的护教学观点"是在宗教间对话的目标和作用问题上，针对一种潜在的学术正统观点而提出来的。这种观点认为理解是唯一合理的目标；认为评价和批判不同于自己所属共同体的信仰和习俗的做法总是不恰当的；认为积极地保卫这些信仰和习俗的真理性这种做法是应该避免的，而这些信仰和习俗明显是某个共同体所献身的对象"。参阅 An Apology for Apologetics: A Study in the Logic of Interreligious Dialogue (Maryknoll, NY: Orbis Books, 1991), p. xi。

　　② 1978 年美国一位患有妄想症的牧师吉姆·琼斯(Jim Jones)，带领 914 名追随者在圭亚那的琼斯镇(Jonestown)集体自杀，这是有史以来集体自杀人数最多的一次。

　　③ 参阅 An Apology for Apologetics: A Study in the Logic of Interreligious Dialogue (Maryknoll, NY: Orbis Books, 1991), p.49。

格利菲斯承认了护教学内在的政治问题,提议"适当的护教学"可以在其中进行的特殊的、非强制性的环境。① 他承认护教学总是在某种政治背景中产生的,而尽管存在着不可避免的政治问题,他还是相信合格的护教学在历史上还是有先例的。

> 在印度有着大量的有关印度教和佛教之争的记载——其中大多数可以被恰当地称为积极的护教学——时间是从公元 4 世纪到 11 世纪的基督教时代,它们所记载的大部分是印度的宗教和知性生活,而不是一个团体压迫另一个团体……甚至在 12 世纪,尊敬的彼得(Peter the Venerable)虽曾提出针对伊斯兰教的护教学——形成于十字军东征时期——可他本人却是反对东征的,他把后者看作是一次单纯的军事征服冒险。②

格利菲斯的护教学乍看之下似乎是一种包容主义,在继续保卫某种特殊教义的同时又拒绝排外主义的行为模式,只是这两者之间的类似性并不完全。就此而言,护教学或者包容主义最为明显的政治问题大体上是,在面对其他信仰模式时,它能否做到不让自己陷入到排外主义的反动和暴力当中。

---

① 护教学应该是宗教发言人偶然性的行为,而不是体系性的行为,只有在教义受到了来自外界的挑战时才会产生。它不应该威胁使用暴力,不应该成为"军事、经济或者文化帝国主义计划"的一部分,也不应该建立在"假想的种族或文化优越性"的基础之上。参阅 An Apology for Apologetics: A Study in the Logic of Interreligious Dialogue (Maryknoll, NY: Orbis Books, 1991), p. 78。

② 参阅 An Apology for Apologetics: A Study in the Logic of Interreligious Dialogue (Maryknoll, NY: Orbis Books, 1991), p. 79。

对此,格利菲斯回答说,相信自己的教义的真理性并不必然导致暴力或歧视其他的教义。[1] 而更为重要的是我们需要认识到,这个论点在哪些方面与包容主义相类似,却又并不完全是后者的重复。护教学首先是一个对话的过程,而不是一个伦理学的结论。因此护教的过程在逻辑上可以导向任何从排他主义到混合主义的针对其他的宗教的立场。此外,对格利菲斯来说,正是政治背景的存在才让护教学变得有必要:

> 对于身处某种背景之下的宗教共同体来说……要想理解某些事情,就必须参与到护教学当中,例如,为什么一些英国的穆斯林在布兰德福(Bradford)会感到自己不得不把反伊斯兰的书籍投入火中,为什么斯里兰卡的一些佛教僧侣会感到自己被号召起来去鼓励和怂恿反泰米尔(Anti-Tamil)的暴力活动,为什么美国的一些保守的天主教徒会希望炸毁诊所。[2]

格利菲斯并没有因为这些行为是恰当的护教学,认为它们没有过错,但是他指出,只有通过主动地参与和论证教义的合法性,我们才能理解潜藏在这些行为之下的信仰(以及与之相对立的我们自己的信仰)。因此,格利菲斯的方案指出了一条道路,使人们能够以一种新的方式去理解教义,包

---

[1]　参阅 An *Apology for Apologetics*: *A Study in the Logic of Interreligious Dialogue* (Maryknoll, NY: Orbis Books, 1991), p.62。

[2]　参阅 An *Apology for Apologetics*: *A Study in the Logic of Interreligious Dialogue* (Maryknoll, NY: Orbis Books, 1991), p.11。

括被普遍标签化的原教旨主义。

5. 混合主义

在世界宗教的背景下,为前殖民时期的惯例和信仰寻求合法性的斗争也促使神学超越了单纯的多元主义观念,走向了本土化、文化融合和混合主义。这些观念表明,与金索尔夫所勾画的那幅广为人知的图景相反,后殖民时期的宗教思想通过许多方式吸收、挑战并改变了宗教教义。[①]

混合主义承认并怀抱了宗教传统的多样性,这种多样性不仅存在于多元文化的社会当中,也存在于个体当中。当然,这种混合主义的产生通常是排外主义政治(例如那些经由殖民主义而得以实施的排外主义政治)的结果。尽管如此,排外主义在第三世界中所造成的影响并不一定就是大规模地采纳对基督教或伊斯兰教的本质主义理解。更恰当地说,各种世界性的宗教在其他环境下的传播已经对教义形成了挑战,在某些情况下还对教义进行了修改。例如,喀麦隆神学家让·马克·埃拉(Jean-Marc Ela)于 1970 年出版了《非洲的哭泣》(*African Cry*)一书来揭露"黑非洲的地方教会的危机",书中所质疑的不仅仅是基督教的传教史和现实,还有基督教的中心教义——圣餐礼。[②] 这种挑战在非洲发展成为了关于教会的中心任务应该是同化(enculturation)还是解

---

① 宗教学者和人类学家们就这个事实在何种程度上破坏了萨以德的东方主义观点展开了争论。关于这个主题的出色探讨,参阅 Richard King, *Orientalism and Religion*。

② Jean-Marc Ela, *African Cry* (Maryknoll, NY: Orbis Books, 1986). 此书最初是以 Le Cri de lHomme Africain 之名出版(Paris: Librarie-Editions LHarmattan, 1980)。

放(*liberation*)的争论。① 但是,特别是同化,它不仅仅是在面对其他信仰体系时的一种多元主义的姿态,而且还是把非洲传统宗教的元素(有时也包括伊斯兰教)整合到基督教当中。然而,当本土化在神学圈子里合法化之后,"混合主义"这个术语在 90 年代却逐渐获得了否定的含义。

在同化的呼声逐渐高涨的同时,世界基督教会联合会开始担心混合主义的"风险",并在 70 年代晚期提出,"混合主义是否意味着基督徒必须被改变的危险?"②,如果混合主义意味着"人们有意或无意地试图创建一个由取自各个不同宗教的元素所组成的新宗教",那么依照一些批评家所说的,这会造成两种危险:第一,在这条道路上"走得太远,并危及到了基督教信仰和生活的原真性";第二,不是以基督教自身的术语,而是使用其他的信仰或意识形态的术语来解释这种活生生的信仰。不管是就学术原则还是对话原则而言,这都是不合理的。以这样一种方式,基督教就可能会"被混合"到其他某种通往上帝的道路中去,被人视为其他某种通往上帝的途径的变种,或者另外的信仰可能会错误地被"混合"到基督教的道路中来,认为它们只是部分地理解基督教完全理解的真理。③ 类似地,教皇约翰·保罗二世(Pope John Paul Ⅱ)在位期间努力抑制他相信是混合主义危险的东西,认为混合主义不仅仅误解了"基督教信仰的神秘性",而且也"完全地违

---

① 伊曼纽尔·玛蒂在《非洲神学:本土化和解放》(*African Theology: Incultura-tion and Liberation*)一书中指出,两者是共同起作用的。

② *Guidelines on Dialogue*, p. 14.

③ 引自 Jeffrey Carlson, "Crossan's Jesus and Christian Identity", in *Jesus and Faith: A Conversation on the Work of John Dominic Crossan*, eds. Jeffrey Carlson and Robert A. Ludwig (Maryknoll, NY: Orbis Books, 1994), pp. 14 – 15.

背教会普世主义(ecumenism)"。①

相反地,一些神学家不仅仅把混合主义当作一种伦理学和神学的立场来宣扬,还把它作为一种人类学和历史学的过程而加以承认。在1991年的宗教间对话中,当郑景妍在堪培拉(Canberra)举行的世界基督教会联合会大会上作报告时,关于混合主义的争论走到了台前。② 对郑景妍来说,即便是多元主义的模式,也过于学术化、西方化和男性化。它过于学术化是因为,它用各种的标签把不同的宗教信仰当作排列有序的实体来加以对待:佛教、基督教、萨满教(Shamanism)、儒教,等等。但是这种形式的多元主义——各个种类之间的区别是清晰无误的,而且相互之间并没有交叉——仅仅存在于学术界中。当我着眼于普通亚洲女性的宗教信仰时发现,它们并不是以整齐的方式列于这些标签之下的。在不同的宗教之间存在着混乱而流动的交叉渗透过程……我想这种整齐划分的多元主义是为男性中心的制度化的宗教服务的,因为它们所关注的中心向来就是保持教义的纯粹性。但是当我着眼于亚洲女性那些基于日常生活的广阔的灵性生活时,我清楚地看到,对她们来说重要的不是教义的纯粹性,而是什么是解放性的,什么是治疗性的,什么是赋予生命的。因此学术界所使用的"多元主义"这个术语并不能真实地描述亚洲女性的宗教信仰。③ 就这样,郑景妍、埃拉(Ela)、伊曼

---

① 引自 Jeffrey Carlson, "Crossan's Jesus and Christian Identity", in *Jesus and Faith*: *A Conversation on the Work of John Dominic Crossan*, eds. Jeffrey Carlson and Robert A. Ludwig (Maryknoll, NY: Orbis Books, 1994), pp. 35 – 36。然而,天主教会最近关于天主教徒之优越性的声明似乎也会损害到"真正的普世教会运动"。

② Ariarajah, *Gospel and Culture*, x – xi, pp. 47 – 50.

③ Chung, *The Wisdom of Mothers Knows No Boundaries*, pp. 30 – 31.

纽尔·玛蒂(Emmanuel Martey)以及其他一些人指出了混合主义在何种程度上是后殖民生活的一个真实状况。① 郑景妍讲述了一位韩国女性的故事,在她的孩子被一个政府官员意外杀死后,她通过萨满教的仪式来取得公正。通过这个故事郑景妍向人们表明,不管宗教领袖们说些什么或做些什么,韩国人在他们的日常生活中会继续把萨满教、儒教、佛教还有基督教糅合在一起。② 就此而言,混合主义的确是存在的(而且会一直存在)。

此外,杰弗里·卡尔森(Jeffrey Carlson)把混合主义这个概念从后殖民时期的身份扩展为一切宗教身份的本质。卡尔森把下面这些人的表述放在一起:安塞姆·T·萨诺(Anselme T Sanon),一个非洲的天主教主教,雷蒙·潘尼卡(Raimon Pannikar),一个自称是"具有多元宗教本性"(基督教,印度教和佛教)的人,还有詹姆斯·克林福德(James Clifford),以此来证明,不仅仅所有的宗教都不可避免地是混合主义的一种形式,而且:

> 各宗教之间互相渗透的现象……是个人和社群的宗教身份的核心。拥有一种宗教身份就必然

---

① 在移民的比例不断增加的世界中,这也是生活真实的一面。例如,加利福尼亚奥伦奇市人口的种族构成在过去的二十几年内发生了非常大的变化,加利福尼亚欧文大学的学生就体现了这一变化。参阅 "Higher Education in Orange County," Orange County Profiles (Fullerton, CA: Center for Demographic Research, CSU,1998)。在我所开的国际关系课程中,许多学生证明了他们的宗教身份的混杂性(hybridity),这种情况源自于他们父母的殖民经历(主要是在亚洲)以及移民到美国的经历:有一个学生是在天主教学校受教育的穆斯林,另一个在佛教和基督教之间犹疑不定,还有一个学生的家庭"获得了重生",但他仍旧带有萨满教的行为特征,等等。

② Chung, *The Wistom of Mothers Knows No Boundaries*, pp. 28 – 29.

意味着去成为一个"混合主义的自我"，一个有选择性地占有过程的产物，把取之不尽的可能性之源泉的元素内在化。①

因此我们无法避免混合主义，无论是在个体的宗教身份的层面上，还是作为一个不可避免的社会和历史过程。此外，宗教混合主义无疑不是静止不变的，但是它在其中发展的那个历史的和观念的背景却是可以确定的。

为了理解混合主义思想的含义，我们应该注意到作为一种伦理学和神学立场的混合主义与作为一种历史过程的混合主义之间的区别和关联。② 例如，一些人类学家对于混合主义作为一个分析概念和作为解决宗教暴力的办法是否有用提出了质疑。如果所有的宗教从根本上讲都是混合主义，那么我们也必须把十字军东征、宗教审判、宗教改革以及其他宗教暴力的例子看作是混合的过程，而它们所导致的却是极度的排外主义行为。③ 这个进路也为我们理解所谓的伊斯兰原教旨主义提供了重要的洞见。正如奥利弗·罗伊

---

① Carlson, "*Crossan's Jesus and Christian Identity*", p.38.

② 我们不能把这两者和人类学中关于混合主义作为一种生物必然性的争论相混淆。不管是宗教身份特征必然是许多身份特征在历史上互相渗透的产物这一观点，还是为挑选那些被认为是"积极的"宗教和文化的信仰与习俗这种行为作辩护的伦理学立场，都不一定包含有任何对混杂性这一概念的生物学理解。关于人类学中的这一争论，参阅 William Maurer, *Recharting the Caribbean* (Ann Arbor：University of Michigan Press, 1997), pp.10 – 11, and Robert Young, *Colonial Desire：Hybridity in Theory, Culture, and Race* (London：Routledge,1995)。

③ 另外一些人类学家批评了混杂性和混合主义的概念，认为它们预设了一种潜在的、"本质的"关于宗教的看法。要想大致了解这一争论，可以参阅 Charles Stewart, "Syncretism and Its Synonyms：Reflections on Cultural Mixture," *Diacritics* 29, No.3 (1999)：pp.40 – 62。

（Olivier Roy）所指出的那样，在此主要的悖论是，"唯有恢复一种新的传统，回归经文才能成为可能"。① 换句话说，在持续混合的新时期，原教旨主义是对传统的反对，而不是对传统的接受。

　　像郑景妍和卡尔森这类的神学家已经尝试探讨这些疑惑之处，他们不只是承认混合主义在构建信仰的历史过程中所起的作用。他们都赞成把混合主义理解为宗教生活的一个真实的方面。但与此同时，郑景妍也在试图证明一种有意识的伦理学和神学立场的合理性，她称之为"以生存—解放为核心的混合主义"（survival liberation-centered syncretism）。② 类似地，卡尔森也注意到了混合主义的价值，不仅仅承认混合主义的历史作用，还把混合主义的理解当作"在这个'死亡时代'（death age）建设性地回应暴力"的一种方法予以促进。③ 对卡尔森来说，理解混合主义可以消解由自我和他者之区分所带来的暴力。"由于身份必然是混合的，我们又该在谁的旗帜下战斗呢？ 我们的敌人，他们又是谁呢？"④对这些神学家来说，混合主义伦理学中的反省和自我意识可以导向两个结果：一是从压迫性的神学中解放出来；二是由于支持"宗教的非地方化"（deterritorialization）而导致它异性这个具体化概念的失败，从而也就使得没有任何绝对的他者，可以成为我们做出排外主义反应的对象。⑤ 他们的观点并没有

---

① Olivier Roy, "Le réseau des madrasas", *Le Monde*, 7 May, 2002.
② Chung, *The Wisdom of Mothers Knows No Boundaries*, p. 33.
③ Carlson, "Crossan's Jesus and Christian Identity", p. 42.
④ 同上。
⑤ Chung, *Struggle to Be the Sun Again and Carlson*, p. 42.

假定单单混合主义本身就可以解决不公平和暴力的问题,确切地说他们是认为,混合主义的历史事实可以被用来驾驭一种自我意识型(也是潜在的自我批判型)的伦理学。

三、结论和更多的问题

宗教思想中的这些争论对于世界政治来说有什么意义呢?诸如让·贝斯科·埃勒斯坦(Jean Bethke Eashtain)、迈克尔·罗里奥克斯(Michael Loriaux)、法尔克(Richard Falk)和威廉·科诺利(William Connolly)这样一些国际理论家,已经开始打破启蒙的障碍来研究宗教,他们严肃地讨论奥古斯丁、路德以及其他人的神学伦理学,重新评价神学对正义与和解的理解,质疑现代主义对宗教信仰的忽略。① 尽管如此,国际政治的研究者们对于宗教态度、伦理和实践的分析一般说来还是不够的,就像本书的其他大多数作者所指出的那样。甚至许多当代的所谓"批判的"国际关系学仍旧为启蒙世界观所主导,以极度本质主义的术语来对待宗教信仰、思想和行为。正如司各特·托马斯和库芭科娃所论证的,这些世界观

---

① 参阅 Jean Bethke Elshthain, *Meditations on Modern Political Thought* (New York: Praeger, 1986); Jean Bethke Elsthtain, *Augustine and the Limits of Politics* (Notre Dame, IN: University of Notre Dame Press, 1995); Michael Loriaux, "The Realists and Saint Augustine: Skepticism, Psychology, and Moral Action in International Relations Thought", *International Studies Quarterly* 36, No. 4 (1992): pp. 401 – 20; Richard Falk, *Explorations at the Edge of Time* (Philadelphia: Temple University Press, 1992); William E. Connolly, *Why I Am Not a Secularist* (Minneapolis: University of Minnesota Press , 1999); and William E. Connolly, *The Augustinian Imperative: A Reflection on the Politics of Morality* (Newberry Park, CA: Sage, 1993)。

把宗教当作教条或非理性的情感(或两者皆备)来对待,从而禁锢了我们在国际政治中对宗教的涵义的理解。

然而,神学和宗教的思想有助于富有成效地重新构架有关文化在国际政治中的作用这一问题的争论。关于世界政治中的文化多元主义问题,本文已经分析了一些特定的神学观,包括宗教多元主义、护教学和混合主义。虽然它们彼此之间各不相同,但是每种神学观都对主导着大众的理解和国际关系的持久假说的排外主义的宗教观提出了挑战。每种神学观也都——像它们之前的其他观点一样——反映了历史的发展和政治哲学的走向。

举例来说,神学多元主义可以与自由主义有许多的共鸣,不过它比自由主义更为深入地探究了异类的信仰体系的意义,从而最终会挑战自由主义的启蒙预设。另一方面,护教学是为了克服与它异性相关的问题而提出来的众多可能的对话过程中的一种,尽管它达到这一目的的途径是坚定地保卫自己的信仰和身份。像很多解构主义哲学那样,混合主义的宗教伦理学所指向的是身份的偶然性和多重性。如果我们能够严肃地对待它们,就可以很好地与英国学派的许多观点产生共鸣,而且我相信也可以与建构主义的本体论产生共鸣。但是,除了断言宗教研究必须与任何一种特定的国际关系学进路联系在一起之外,我认为重要的是要仔细思考前文所罗列出来的各种神学观的含义。它们可以促使国际政治的研究者把宗教理解为不断发展变化的,而不是实质化的。它们还指出了有必要深思文化的宗教和神学视野的含义,以此丰富我们对世界政治中显而易见的伦理可能性的理解。

国际政治的研究者在评估神学伦理学的价值时,当然也不应该忽视自己向来对权力问题的关注。阐明权力的相似性和差异性(power similarities and differentials),包括宗教实践究竟是巩固了还是挑战了占统治地位的经济和政治的权力结构,这乃是研究政治的学者能够、而且应该对宗教研究作出的贡献。的确,对权力不均衡的承认在宗教争论中并不缺乏:解放神学的存在就是证据。关于混合主义的价值和合法性问题的争论很大程度上也是在这样一个背景下发生的:后殖民时期的宗教思想家向组织严密、实力雄厚的传统宗教势力的据点发起了挑战。① 因此,国际政治的研究者可以为宗教研究作出贡献,比如,他们可以详细地叙述,在没有不平等的权力差异性的处境中,护教学的话语或者多元主义伦理学难以实行的具体情形。但是对于宗教思想中的任何思潮的过分简单化,或者把它们的可能性还原为权力的差异性,这也是错误的。这样的进路会强加一种目的论,而不会让我们分析由这些争论所显明的偶然性和伦理可能性。

　　在分析宗教对于文化多元主义之争的贡献时,国际政治的研究者应该着眼于伦理学和实践之间的相互作用,而不是把信仰仅仅理解为教义。为了做到这一点,我们必须进一步探究宗教和哲学的身份概念与文化多元主义之间的联系。这无疑需要这样一个诠释立场,这个立场不仅赋予对"社会"

　　① 参阅 Talal Asad, *Geneologies of Religion: Discipline and Reasons of Power in Christianity and Islam* (Baltimore, MD: The Johns Hopkins University Press, 1993) 和 Asad, "Modern Power and the Reconfiguration of Religious Traditions", *Stanford Humanities Review* [http://www.stanford.edu/group/SHR/5－1/text/asad.html] (2 December, 2000)。

和"规则"的研究以特权,而且(特别是)还赋予对于"社会"和"规则"与宗教身份的变种和混合物之间的相互作用的研究以特权。此外,在分析宗教伦理学的可能性时,我们还需要把在这个世界中盛行的权力关系与不同的宗教立场所开启的机会结合起来。因此,把宗教对身份、教义和实践的理解重新融入关于世界政治中文化多元主义和政治共同体之构成和可能性的问题的争论之中,乃是十分要紧的。

第三章
走向一种国际政治神学*

库芭科娃 撰

奚颖瑞 译　张新樟 校

启蒙运动的政论家和哲学家们既没有挥舞任何类似于天主教宗教法庭的刑罚工具,也没有在新教的特赦之下焚烧异议者。但是在涉及宗教的一切方面的时候,这些人却凭借他们所强加的时尚所拥有的发号施令的力量,有效地扼杀了自由的探索。[①]　——爱德华·路特瓦克(Edward Luttwak)

国际关系学(IR)作为一门学科能否有助于研究世界范围的宗教复兴? 这个问题并非毫无价值,因为宗教复兴所赖以发生的国际背景正是 IR 专业的主要领域。

对于这个问题,我的回答是肯定的。在这篇论文当中,

* 我的很多同事和朋友在这项尚在进行的工作中给我提供了巨大的帮助。感谢拉尔夫·佩特曼(Ralph Pettman)和乔·波茨(Joe Potts)对我的英文写作方面的帮助,感谢亨利·哈曼(Henry Hamman)一开始就敦促我进行有关这一主题的写作,感谢弗雷德·弗罗哈克(Fred Frohock)赠送与我的他那本一流的小书,我从中受益匪浅。最后,我这篇文章是为尊敬的教士亨利·N·F·米尼奇(Henry N. F. Minich)而作的,我把它献给他。

[①] Edward Luttwak, "The Missing Dimension", in *Religion*, *The Missing Dimension of Statecraft*, eds. Douglas Johnston and Cynthia Sampson (New York: Oxford University Press, 1994), p. 8.

我将对我所命名的"国际政治神学"（IPT）的基础进行一番概述说明。国际政治神学的缩写 IPT 有意识地与 IPE（国际政治经济学）相对应,后者是国际关系较早的一个分支,而且在其创建之初也同样令人难以想象。IPE 起先是为了回应国际关系学科中对经济因素的忽略而创建的。与此相类似,IPT 也试图纠正国际关系学科中另一个体系性的疏忽:在对世界事务进行"社会科学式"的阐述时,忽略了宗教、文化、思想或意识形态等因素的作用。①

　　IPT 现在的整个情形与创建初期的 IPE 十分类似。后者的情形我们可以意译罗伯特·吉尔平（Robert Gilpin）的著名格言来形容:把追逐权力（作为国际关系学科的研究对象）与追逐财富（被国际关系学科遗弃给了经济学的研究者）分离开来的做法突然之间变得不可能了。而如今,类似的情形就像马克·尤根斯迈尔（Mark Juergensmeyer）所指出的那样:

　　　　1979 年在伊朗发生的伊斯兰革命对西方文化和世俗政治的至高无上的地位形成了挑战,在当时看来是一些反常的东西,却成了 90 年代国际政治的一个主题。新的世界秩序正在取代旧的两极对立的局势,其特征不仅仅是新的经济势力的兴起、

---

　　① 这一扩展并非是全新的举措。例如卡尔（E. H. Carr）对国际领域中政治力量的种类进行了划分:"军事力量、经济力量和观念层面的力量",同时强调不要忽视最后一个层面的重要性。参阅 E. H. Carr, *The Twenty Years Crisis* (London: Macmillan, 1962), p. 108。也可参阅 Vendulka Kubálková and A. A. Cruickshank, *Marxism and International Relations* (Oxford: Oxford University Press, 1989), p. 262, and Vendulka Kubálková, Nicholas Onuf, and Paul Kowert, eds., *International Relations in a Constructed World* (Armonk, NY: M. E. Sharpe, 1998), p. 37。

旧帝国的崩溃和集权主义的失信,还有基于种族和宗教忠诚的地区性身份认同的复兴。①

在这里,我是在框架的意义上来使用"神学"一词的,这是为了有意引起人们的震惊,同时也为了指出,我们有必要走向一个目标,这个目标被路特瓦克称为

反对在知性上排斥所有与宗教相关的东西……(基于)启蒙运动的错误预言:知识的进步和宗教的影响是相互排斥的。②

虽然政治神学家的立场与我的框架是可以相容的,但我在使用"神学"一词时却没有走得像他们这么远,他们主张政治的理论化应该在宗教启示上有其最终的基础。尽管如此,我在使用这个词时并不担忧。神学曾经一度与哲学和科学是同义的。我并没有在普通的世俗含义上——作为对超自然的、地外存在物的错误信仰——来使用 theos 一词,而是依据社会学家对宗教的理解,用"神学"和 theos 来表示这样一些系统性的研究,它们的研究对象是与国际事务相关的话语以及这些话语相互之间的关系,这些话语试图为人类对意义的渴求寻找——或者宣称已经找到——答案,不管这种答案是超验的还是世俗的。我的目标是要找到一条可以把宗教研究和国际关系研究联系在一起的道路,使两者之间的曲解最小化,并且促进它们彼此间的相互理解——这也许是一项

① Mark Juergensmeyer, *The New Cold War: Religious Nationalism Confronts the Secular State* (Berkeley and Los Angeles: University of California Press, 1993), pp. 1 - 2.

② Luttwak, "The Missing Dimension", pp. 9 - 10.

开创性的事业。IPT 可以在一个框架当中容纳那些试图理解宗教在国际关系中的意义的开创性的、但到目前为止还是片段的或细微或宏大的尝试。[1]

在此,我清晰地回想起了已故的苏珊·斯特兰奇(Susan Strange)的告诫:构建 IPE 的起点必须是一些第一原则,而不是从它的构成学科中抽取出来的概念的组合。我愿意把这一告诫铭记在心。然而,在实证主义的框架内部,在本质主义的宗教观依然盛行的情况下,"第一原则"的方法根本就无法应用。因此我不得不采用一种非实证主义的本体论来为 IPT 描绘一幅蓝图,这种本体论在尼古拉斯·奥努夫(Nicholas Onuf)于 1989 年首次提出的规则导向的建构主义框架(rule-oriented constructivist framework)中得到了体现。[2] 然而要注意的一点是,不要把我在文中所使用的建构主义与那些接近于实证主义的建构主义形式相混淆,后者通常被称为软建构主义(soft constructivism),它们被美国的主流国际关系学所征用,成为其两三个主要的理论方

① 例如,参阅 Adda B. Bozeman, *Politics and Culture in International History* (Princeton, NJ: Princeton University Press, 1960); Gerrit W. Gong, *The Standard of "Civilization" in International Society* (Oxford: Clarendon Press, 1984); Susanne Hoeber Rudolph and James Piscatori, eds., *Transnational Religion and Fading States* (Boulder, CO: Westview Press, 1997); Johnston and Sampson, *Religion: The Missing Dimension*; Daniel Philpott, "The Religious Roots of Modern International Relations", *World Politics* 52, No. 2 (2000): pp. 206 – 45; Jeff Haynes, *Religion in the Third World* (Boulder, CO: Lynne Reinner, 1994); Jeff Haynes, *Religion in Global Politics* (London: Longman, 1998); and Mark Juergensmeyer, *Terror in the Mind of God: The Global Rise of Religious Violence* (Berkeley and Los Angeles: University of California Press, 2000).

② Nicholas Greenwood Onuf, *World of Our Making: Rules and Rule in Social Theory and International Relations* (Columbia: university of South Carolina Press, 1989).

法之一。^① 就像斯蒂夫・史密斯(Steve Smith)所指出的,"社会建构主义所期许的激进的可能性"已经被"主流所劫持",而亚历山大・温特(Alexander Wendt)、彼得・卡曾斯坦(Peter Katzenstein)等人的日益流行的、处于主导地位的建构主义形式只是被赋予了"一种无足轻重的作用,只能用于辅助性地解释那些主流实证主义难以解释的东西"。^②

我所使用的框架则不同。它避免了实证主义(positivism)、"物质主义"(materialism)以及把国家当作 IR 中的一个单一的、主要的角色来对待的观点加之于国际关系理论身上的限制——主流的建构主义者,或者说软建构主义者,仅仅拒斥了这三者所共有的物质主义,却跟它们一样是实证主义和国家中心主义的。在实证主义看来,宗教是和理性尖锐地相抵触的,因而宗教没有得到他们的认真的对待。宗教或者是"个人的私事",国家的内部事务,或者是有阈限的(liminal);无论何种情形,它都避免了国家中心主义的国际关系研究所具有的疆界特征。主流的或者说是软建构主义者既有能力、也有意愿把观念,包括宗教观念,以及不断处于变化当中的身份认同和国家利益,纳入到他们的考察范围之内,但却使它们服从于理性选择理论(rational choice theory)。^③ 在实证主义、物质主义和

① Stephen Walt, "International Relations: One World, Many Theories", *Foreign Policy*, No. 110 (1988): pp. 29 – 46, and Peter Katzenstein, Robert Keohane, and Stephen Krasner, "International Organization and the Study of World Politics", *International Organization* 52, No. 3 (1998): pp. 645 – 85.

② Steve Smith, "Foreign Policy Is What States Make of It: Social Construction and International Relations Theory", in *Foreign Policy in a Constructed World*, ed. Vendulka Kubálková (Armonk, NY: M. E. Sharpe, 2001).

③ Philpot, "The Religious Roots of Modern International Relations".

国家中心主义的这些限制之内,主流的建构主义根据其定义就无法在 IR 中对宗教加以理论化。相反,规则导向的建构主义不是实证主义的,它把 IR 看作是社会现实的一个非常重要的组成部分,但它本身却并非国家中心主义的,也没有把所有其他的因素排除在外。规则导向的建构主义纠正了 IR 的物质主义倾向,同时又不滑向另一个极端——"理想主义"(idealism),如同一些主流的建构主义者所做的那样(例如温特,他宣称用结构理想主义来取代结构现实主义)。[①]

图 3.1 中列出了宗教变得更为可见的不同"层面"。这些层面代表着社会政治的现实被西方(现代)学术界分解成了许多不同的片断,这些片断由西方社会科学大厦的不同楼层中的各个不同的部门所保存和研习。在当今的世界中,宗教在所有这些层面上的可见性变得越来越明显,而且这些层面之间的连通性也变得越来越重要:从日渐突出的个人的宗教性(religiosity)和灵性(处在被社会科学家完全抛弃的"私人"领域中),到"国内"场景乃至于跨国甚至全球的背景中所扮演的日益重要的角色。为了解释这几个层面相互之间的关联性,必须有一种理论能够在这些层面之间穿梭,否则,大量的疑难将会被遗漏掉。而规则导向的建构主义可以很容易地在这些层面之间穿梭。

本文分为四个部分。第一部分通过导论的方式来讨论一个非常不确定的主题:IR 当中的"第三次争论"以及它对

---

① Alexander Wendt, "Identity and Structural Change in International Politics", in *The Return of Culture and Identity in IR Theory*, eds. Yosef Lapid and Friedrich Kratochwil (Boulder, CO: Lynne Rienner, 1996), p. 47. See also Alexander Wendt, *Social Theory of International Politics* (Cambridge: Cambridge University Press, 1999), p. 32.

"公共"领域　　　　　"私人"领域⑥
（个人的宗教性
或灵性）

在IR中①　　　　在国内政治中⑦

超国度的关系
只涉及宗教组织、团体、
非政府组织（NGOs）的
关系②

国家层面
（与宗教组织有或者没有
隶属关系）

国家（宗教的或世俗的）
与非国家的外国宗教团
体、组织(NGOs)关系，
这些非国家的团体和组织
在IR中从事针对"外国"
的活动之间的关系③

政治社会层面：
宗教组织试图利用政治党
派/政治运动，或者与它们
结盟

市民社会层面：
宗教行动者试图改变现状

国家之间的关系：
宗教国家之间的关系以④
及宗教国家和世俗国家之
间的关系⑤

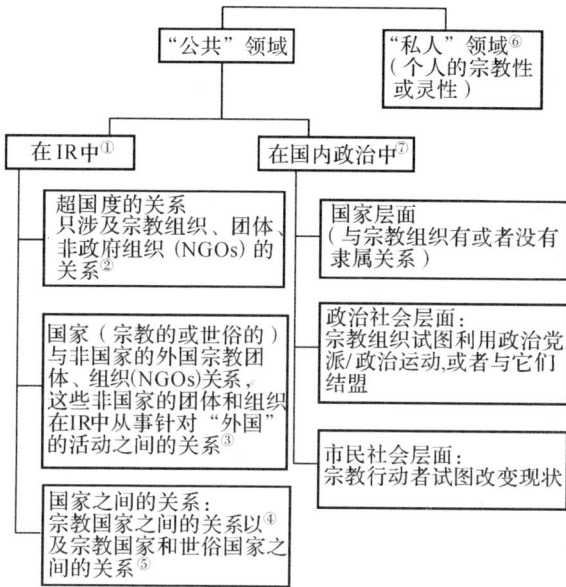

图 3.1　社会关系中的宗教

注释：① 最近开始得到研究，例如，Rudolph and Piscatori，Transnational Reli-
　　　　gion。
　　　② 例如，天主教教义，拉美天主教和新教，拉美的左翼解放天主教和右
　　　　翼福音派，梵蒂冈第二届大公会议，拉美主教会议（CELAM），世界天
　　　　主教青年大会，黎巴嫩、埃及、伊朗、阿富汗等国的宗教团体之间的关
　　　　系，合作或竞争。
　　　③ 例如，西非的苏菲派作为穆斯林在西非的传教士；西方对后集政主义
　　　　教会的干涉，欧洲和美国的慈善组织以及德国在中欧和东欧的主教
　　　　辖区。
　　　④ 例如，伊朗、黎巴嫩、伊拉克、沙特阿拉伯，中东地区泛阿拉伯主义势
　　　　力与其对手的对抗以及西方的卷入。
　　　⑤ 例如，美国对抗伊朗，西方干涉中东。
　　　⑥ 例如，通过梵蒂冈第二届大公会议从教会的解放(libertas ecclesiae)转
　　　　变为人的解放(libertas personae)而得到进一步加强。
　　　⑦传统上是由社会学/政治科学来研究。

宗教研究所造成的影响。第二部分讨论宗教基本的本体论特征。第三部分勾勒出了规则导向的建构主义的基本面貌以及宗教在这个框架中的地位。第四部分勾画了规则导向的建构主义使得我们在发展 IPT 时有能力处理的一些问题，以此作为本文的结束。

　　这篇文章是一本同名著作的导引。有必要强调一点，在写作的时候，我预设的对象是研究 IR 的学者，而不是社会学家、人类学家或者文化历史学者，虽然在行文中我会试着表明，我所给出的框架会使得他们的工作更容易被 IR 学者所接受。由于篇幅的限制，我所能做的仅仅是展示 IPT 的框架。在我看来，要研究 IR 中的宗教，首先必须为它寻找一个分析的空间，使得它与世俗的话语、信仰、意识形态和实证主义理论拥有一个平等的地位。这篇文章的一个主要目的就是建立这样一个分析的空间。

一、"第三次争论"（Third Debate）
和宗教：后现代的施洗约翰

　　历史看起来似乎又一次地重复了自身。用赫伯特·马尔库塞（Herbert Marcuse）著名的话来说：那本应该是后继而起的却变成了同时共存的。应该依次发生的事情却不知何故在同一时刻出现，就像白天和黑夜同时存在一样荒谬。如今，似乎就有这样的三者并存着：前现代、现代和后现代，或者说是它们的当代发言人在 IR 中碰面了。具有讽刺意味的是，"第三次争论"无意中却为现代的 IR 学者遭遇前现代的世界宗教做好了准备。如同一位基督教神学家所说的，后现代学者站在了施洗约翰（John the Baptist）的位置上。

当然，第三次争论的主角并没有明显地与宗教搭上干系。其中，一方是实证主义者的阵营，另一方是任何可以被贴上"后……"标签的人。第三次争论的参与者——现代世俗的 IR 学者和它们的后现代主义批判者——拒斥或者忽视宗教。如同詹姆斯·库斯（James Kurth）所注意到的：

> 后现代的视角可以包括"灵性的体验"，但也仅仅是那些没有宗教的（就其原初的"有约束力的"意义而言）限制的体验。新纪元运动（New-Age movement）可以被解释为是理想的、典型的、后现代的灵性表达。后现代主义者同样对某些东方宗教的肤浅的、美国化的版本感兴趣，特别是"轻飘的"（lite）佛教和印度教。他们还醉心于自然崇拜的一种美国化的版本，一种新的异教。然而，后现代主义在很大程度上是过于世俗主义化的，它预期并且热切地期盼传统宗教的消失，这是与现代主义一致的。①

对主流的"后"批判已经取得了成功，他们用看起来奇异而古怪的方法动摇了他们那些主流的同行。然而我们不应该忘记，美国的 IR 学科仍然在朝着科学的严格精确性这一目标努力，与此相比，对于英国和欧洲大陆的主导观点来说，这个目标就不那么显而易见了。主流的 IR 坚持严格"按照证据来判定何种主张是正确的"②，并把那些无法"检验"的理论交给"这一领域的边缘地带"去处理，因为"无法对他们的研究计划进行

◇ 第一部分　国际关系理论与宗教

---

① James Kurth, *Religion and Globalization*, The 1998 Templeton Lecture on Religion and World Affairs, Foreign Policy Research Institute, May 1999.

② Katzenstein et al. , *International Organization*, p.678.

评价"。① 后现代主义的话语从来不符合实证主义的标准,并且就此而言,它们无疑与某些前现代的思想更为接近。我们总是容易忘记,现代在整个思想史当中是多么的短暂。一直到大约两百年之前,宗教都一直是主导的思维模式,今天的许多观念,甚至都可以在宗教中找到它们的影子。

不管怎么样,那些顺着第三次争论的曲折道路前进的国际关系学者,通过使自己熟悉前现代的话语和宗教的话语所共有的一些概念,已经为宗教作为一个研究主题的出现做好了准备。这一点在很大程度上不被后现代学者所承认。据我所注意到的,只有一些后现代的女权主义者坦白地承认,她们受到了自己所汲取的宗教传统的影响。② 一些议题是经由后现代主义的话语而提出来的,并且这些话语总是没有能够意识到,它们在宗教的构建中也发挥着重要的作用,请允许我提一提有关这方面的例子。

我们在一些后现代的著作中可以发现一种注意力的完全转向,转向人的"内心"、"局内人的视角",转向感觉和"情感的认同",而在这个方面,宗教可以说是他们的先行者。在此我们无疑应该追溯浪漫主义的影响:这一运动产生于18世纪晚期,是对现代理性主义的一种反叛,是以中世纪的情感主义为基础的。在哲学和艺术中,浪漫主义关注反理性(irrational)和非理性(nonrational)的东西,关注感觉而不关注思维。例如,最初为了使信仰者感受到耶稣的痛苦,情感主义在爱(agape)的命令和概念中注入了情感的力量。然后,

---

① Robert Keohane, *International Institutions and State Power: Essays in International Relations Theory* (Boulder, CO: Westview Press, 1989), pp. 173 - 74.

② Arvind Sharma and Katherine Young, eds., *Feminism and World Relations* (Albany: State University of New York Press, 1999).

这又反过来被许多世俗的意识形态,如民族主义,当作情感力量的一个来源来使用。对身份认同、局内人的视角和内/外之分的强调,在许多后现代作家的著作中非常突出,而这些也总是位于宗教思想和习俗的中心。

后现代学者的另一个灵感的来源——现象学,同样也从宗教的影响中获益匪浅,特别是从关注外部现象转向关注意识、身体上的体验、直觉、洞察、需要移情的参与(engagement),以及细致的语言学文本和历史的研究。我们甚至可以说,现象学家倾听从内心深处发出来的"声音"。这种观念源自于宗教对内在意义的全神贯注。宗教和艺术是人类试图寻求生活的意义和价值的最初榜样。受法兰克福学派和西格蒙德·弗洛伊德(Sigmund Freud)的工作相结合的影响,对"解放"的关注也大量地存在于人们的心灵当中,知道并且理解,人类的困境即便不是解放的实现的话,也是解放本身的前提条件。

以古希腊司掌交流之神——赫耳墨斯(Hermes)——来命名的解释学把解释和反思增补为获取知识的途径。一点也不奇怪,解释学起源于一些神学派别,解释学的方法就是从对圣经的解释中发展起来的。而在保罗·利科(Paul Ricoeur)等一些学者手中,解释学成了寻找蕴含在"文本"当中的神性的途径,据称这种神性已经因为现代的人类中心论而丧失了。利科宣称,进入到一个多元化的"世界"之中有助于人们去中心化。他对隐喻的依赖——即一些女性主义者所强调的身份碎片的编织——类似于宗教实践。

利科的学生雅克·德里达(Jacques Derrida)用他的老师的"游戏"(play)的概念指出,由于语词是交互作用的,因此意义从来都是不确定的。像神学家那样,后现代主义者在"讲故事",反对现代主义者对"理论"的迷恋以及无止境的严格的现代主义追求。德里达的目标在于破坏和解构现代主义的世俗化文本。他把后者命名为"罗格斯中心主义",以此指出,这些文本中的语词和思想总是指向一个外部的实在。而总被忽略的一点是,德里达解构的目的是要为人们关注经文创造空间。德里达相信,在解构了西方世俗哲学的基础之后,西方人会更多地认识到其他文化和宗教的重要性。①

最后,第三次争论也提出了"不可通约"(incommensurability)这个问题——不同的理论进路指向不同的实在——甚至也提出了一个更加难以应付的反本质主义观点的问题——认为不存在实在,存在的只不过是读者头脑中对文本的不同解释。利奥塔(Francois Lyotard)的著名的反本质主义的"对元叙事的怀疑"乃是这样一种信仰,即在任何个体的理论之外,不存在任何基础可以用来充当一个中立的仲裁者,对那些彼此竞争的理论叙述进行裁决。② 后现代主义——像宗教一样——对实证主义的国际关系文本所表达的实在观提出了质疑。

当然,一个人可以是一个浪漫主义者、现象学者、解释学者,而与宗教没有任何干系。一个人可以活着,而无需沉思、祈祷或者从事任何为了研究自我以及自我与宇宙的关联感而创设的学科。对于很多人来说,现代理性主义加之于我们的知识模式之上的限制是完全可以接受的。为了补偿这种限制和填补这种空缺所做的许多努力是徒劳无功的。接下来这一部分将会论证,宗教对灵魂的关怀要比这些努力深入得多,而且,现代性和后现代主义都无法成功地取代它。

---

① Arvind Sharma and Katherine Young, eds. , *Feminism and World Relitions* (Albany: State University of New York Press, 1999). Ⅱ.

② Francois Lyotard, *The Postmodern Condition: A Report on Knowledge* (Manchester, UK: Manchester University Press, 1986), p. xxiv.

二、诸宗教(Religions)的本体论

我以本体论的分析为起点有两个原因:首先,作为 IPT 之基础的规则导向的建构主义其功用是建立在它的本体论性质的基础之上的。建构主义的框架被构思得如此宽广,以至于可以容纳本来相互排斥的本体论主张,例如宗教的本体论主张和实证主义社会科学的本体论主张。其次,我区分了 religion(宗教)和 religions(诸宗教)。对宗教本体论的忽视会导致人们把作为一种看世界的独特的方式的宗教(religion)与作为物质性存在的、为了追求宗教(religion)而组织起来的组织的"诸宗教"(religions)混淆起来。

为了分析的方便,"宗教"的含义已经失去了。诸宗教被还原为诸种组织,它们已经变得和其他非国家的社会政治组织一样容易讨论。在国际背景下,诸宗教或者被当作众多的知识共同体之一,或者被当作非政府的或超国界的组织而加以对待。① 这样一来,诸宗教就被落入了两种类型:或是好的宗教或是坏的宗教。它们或者是被归类为超国界的市民社会的要素,②成为界定诸如"文明"之类的更大范围的、国际的或超民族的实体的要素,③或者是被归类为国际法之外的恐怖集团,假如它们的信徒从事暴力活动的话。社会科学家

---

① Susanne Hoeber Rudolph, "Introduction: Religion, States and Transnational Civil Society", in *Transnational Religion and Fading States*, p. 2.

② 同①.

③ Samuel P. Huntington et al. , *The Clash of Civilizations: The Debate* (New York: Council on Foreign Relations, 1993).

们——至少是美国 IR 领域中的社会科学家们——认为宗教
组织的行动是遵从理性选择理论的。这样一种简单化导致
了对情感力量的极深的误解,其实,情感力量可以弥漫在宗
教组织之中,以各种方式补偿物质能力的匮乏——对物质能
力的考量乃是美国 IR 思想的另一根顶梁柱。因此,当宗教
组织的行为偶尔显得"反理性"或"非理性",并且拥有一种
与它们的物质能力不相一致的力量时,就会打乱实证主义者
的预期,让人们感到某种程度的惊讶。为了纠正这种简单
化,我区分了宗教和诸宗教,前者是理解后者的先决条件,后
者无法还原为前者。

在 IR 中谈论宗教时,我们不能不意识到,诸宗教和世俗
思想之间的差异是本体论上的差异,也就是两者各自"以之
为真的"东西是不同的。① 所有的灵性共同体,所有的宗教,
不管是东方的还是西方的,都区分了日常的实在和超验的实
在。这种本体论上的差异导致了诸宗教的和世俗的看世界
的方式在认识论上和方法论上都有差异。把宗教经验固定
在一个实证主义的框架之中的企图,只会削弱、歪曲、误解它
的意义,并且低估它的力量。认真思考宗教在 IR 中的地位
必须从考察诸宗教之话语的本体论基础开始。

在大多数的宗教思想看来,日常世界的结构——分开
的、互相区分的因果、客体的空间分布、线性的时间——并没
有穷尽实在。大多数的宗教都认为,展现于时空当中的世界
只是存在之等级中的一环。宗教思想家认为,当世俗的人文

---

① Fred M. Frohock, *Healing Powers*: *Alternative Medicine*, *Spiritual Communities*,
and the State (Chicago: The University of Chicago Press, 1995), p.47.

主义者以为自然是非人格的、缺乏一个能够解释和说明人类体验的意义的普遍设计时,他们所看到的仅仅是整幅图景中的一小部分。在这种观点看来,人类是物质世界和一个更大的宇宙之间的一个独一无二的连接点,这个更大的宇宙具有强大的力量可以塑造和构建实在。人类体验被视为仅仅是多重维度的实在的一个维度,这个多重维度的实在是根据某种设计来安排的,而不是偶然的。这个更大的实在要比人类体验这一有限的实在更为广阔,但日常的感性知觉无法进入其中。大多数宗教认为,这个外在的世界和日常的感觉和意念的世界是相互纠缠在一起的。①

所有的大宗教对于超验实在也都持有一个极为类似的看法。宗教社会学家们认为,创造和构建神灵是人类的普遍行为之一,这种行为至少可以追溯到 4000 年前的中东地区。② 当然,神学家们总是否认神(或众神)是人类的创造物。他们可能会承认人类是 homo sapiens(智力的人),但是他们一定会坚称,他或她同时还是 homo religiosus(宗教的人),需要去发现对于信仰者的自我界定——也就是我们现在所谓的"身份"(identity)——而言至关重要的信仰体系。③ 所有的宗教都是在信仰的基础上被组织起来的,这些信仰不仅对于实在而言是根本性的,而且对于人类的身份而言则更为重要。

---

① Fred M. Frohock, *Healing Powers: Alternative Medicine, Spiritual Communities, and the State* (Chicago: The University of Chicago Press, 1995), p. 47.

② Karen Armstrong, *A History of God: The 4,000 - Year Quest of Judaism, Christianity and Islam* (New York: Ballantine Books, 1993), p. 4.

③ Karen Armstrong, *A History of God: The 4,000 - Year Quest of Judaism, Christianity and Islam* (New York: Ballantine Books, 1993), p. xix.

　　西方的世俗主义和人类中心主义的"信仰"在人类历史上是没有先例的。学者们一致认为,自由的世俗主义对于我们来说并不是轻易而自然地出现的,而是必须经过有意识地培养和促进的。我们可以在人们用无神论和世俗的信仰来取代宗教的不懈努力中看到其间的张力。各种形式的异教、民族主义和其他的意识形态扮演了与宗教相似的角色,至少在它们的外部表现和其信仰的力量上是相似的。集权主义就被认为是一种世俗的宗教,特别是在它衰亡之后;人道主义也被描述为一种没有神的宗教,而自由主义则被视为没有神的基督教。

　　然而,名为"神"(God)的实在与其他种类的神(theos)不同。神学家们承认神这一实在是超越于人类的理解力之上的。哲学家们主张神是无因之因,"非因之果"。同样,神并非"在某个地方",等待着理性思考和科学观察去发现或观测。绝大多数宗教,如犹太教、伊斯兰教和基督教则可以肯定,都承认我们无法用通常的概念语言去描述神这一超验的实在——顺便提一提,这与后现代主义者对现代逻辑中心主义的元叙事的厌恶有一种讽刺性的类似——当然,对于宗教来说,那个超验的实在确实是存在的,虽然它既不能被常规的语言也不能被学术语言所表达,更不会屈从于社会科学的"检验"。尽管如此,归于神这一实在的意义还是通过社会习俗而得到了规定,并能够在日常语言中被表达。这种表达是不完美的,并需要加以反思、解释、阐明、重复、隐喻和仪式化。因此,基督教、伊斯兰教和犹太教从故事(经文)中衍生出神圣的意义,这些故事被不断地阅读、再阅读和注释。

　　我们现在正在进行的关于那难以描绘之物的描绘,对于为信仰者提供一幅关于实在的地图来说是必要的。这幅地图为个体确立了方向，并以本体论的术语确定他或她的身份。信仰者的身份只有在信仰丧失时才会丧失。许多心理分析学者和心理学家同意，现代性所导致的不安意识以及与此相伴随的身份之丧失，源自于现代性的世俗本质以及缺乏任何其他的东西来可以作为宗教的替代物。依据埃里克·埃里克松（Erik Erikson）——正是他使得"身份危机"（identity crisis）一词变得流行——的观点，对于绝大多数人而言，"拥有身份"是健康人生的一个重要部分，而"身份的丧失"则是产生严重的心理、精神和整体健康问题的征兆。[①] 宗教信仰和身份本身则迫使信仰者去行动、去奉献，甚至是为了信仰而牺牲自己。那些不能做到这一点的信仰者可能会感到极度的悔恨和自责。

后现代主义者的反本质主义无法与实证主义的本质主义主张相调和。类似地，也没有一种方法可以在本体论或认识论层面上解决超验和世俗之间的冲突。在此，比共同体之间的争端更成问题的是，存在着各种不同的而且相互排斥的美好生活观（visions of the good life）。两种本体论都坚持使用"合理的"这一术语，但是两者都通过控制由各自的观察和概念得来的证明标准和推理规则来界定合理性。后现代主义和现代主义学者否认有可能存在神意的证据的可能性，都不认为灵性事件或诸如天使之类的灵性存在物是真实的。宗教信仰者则把这种 prima facie（显然的）否认看作是世俗

① Erik H. Erikson, *Life History and the Historical Moment* (New York: Northon, 1975).

◇ 第一部分 国际关系理论与宗教

的反合理性。

在信仰者看来,宗教经验的起源存在于人类选择的领域之外,更是存在于绝大多数社会科学话语围着它转的那个"理性选择"的领域之外。在自由主义思想中被赋予了显赫地位的良心自由(freedom of conscience)在宗教话语中却处于完全相反的地位。在一个信仰者生存的最为基本的层面上,这意味着遵循良心的命令(而不是选择),因为良心除了遵从信仰之外没有选择的余地。① 历史叙事、神话、道德话语、祈祷、诅咒、忏悔、崇拜、隐喻、符号、类比、寓言突显在宗教话语当中,因为它想把超验的实在(不限于感官经验)和世俗实在——"实证主义社会科学的神圣领域"——两者都容纳进来。在实证主义的智囊当中没有任何东西可以与这种成就相匹敌,实证主义者从来就没有试图这么做,甚至也不认为值得这么做。无法成功地应付不可通约这一问题并非仅仅是实证主义的心病。就像弗雷德·弗罗霍克(Fred Frohock)所指出的:

> 自由主义……并不是一种合适的政治哲学,可以用来解决或者甚至于控制在人类经验的意义问题上的争执,这种争执有时候是在灵性—世俗之争的层面上展开的。②

因此,我现在转向规则导向的建构主义,为社会科学和IR寻求一个可以解决不可通约这个问题的框架。

---

① Frohock, *Healing Powers*, p. 163.
② Frohock, *Healing Powers*, p. IX.

三、从社会科学的"转向"到语言学 向建构主义的"转向"

实证主义对世界的理解和宗教对世界的理解之间的不可通约性,其影响的确深远。为了找到一条可以使意义概念化的途径,我们必须超越那些以追求社会科学、理性地理解大部分人类经验的名义来禁锢我们的现代的本体论和认识论。为了理解意义,我们不得不重新理解人类的行为、语言、理性和合理性。我们——社会理论和 IR 学者——必须从我们已经踏上的那条道路返回。我们必须至少返回到现代社会科学开始误入歧途的那个地方。

沿着现代知识的道路,特别是在经历了实证主义的认识论转向之后,我们就到达了这么一个地方,我们不再能够揭示人类生存的一些最为根本的特征。对人类的言谈、主体间性和行为的理解无法通过机械地划分主体和客体、行动者和结构(agent and structure)、自由意志和决定论而得到把握。调头转向是必要的;我们需要放弃把语言作为实在的镜子,以为语言的唯一目的不仅是精确地反映和记录事物,而且要反映和记录事物的行动这样一种狭隘的语义学的理解。意义不可能仅仅从镜子般的反映中寻得。

与此不同的另一条道路是一条漫长的道路。它带领我们穿越一些卓越的思想领地。在那里,我们找到了亚里士多德,找到了把人看作一种政治动物的观点——人拥有言谈的天赋,而不仅仅会发出动物那样的声音。言谈使得人们能够分享意义,能够就什么是好与坏、正义或不正义进行讨论。
沿着这条不同的道路,我们发现,我们还必须重新考察实践
(praxis)这个概念,以及如马克思所描述的理论和实践的统
一。然后我们就走到了这样一步,把人类世界理解为不是既
定的或自然的,而是通过人类的行动"创造"出来的。我们发
现这条道路偏离并且超越了经验论、自然主义和结构主义;
偏离并超越了关于人类行为的功利主义、动机论的说明;偏
离并超越了以归因为基础的(imputation-based)前因和后果的
模式。我们发现了一个同样卓越的学术传统,它重视"情感",
重视情感是如何可能、而且在很多时候确实越过了自我利益和
自我保存。我们发现,对一个行为的解释取决于这个行为所发
生的背景;我们发现,这条漫长而卓越的道路在语言学"转向"
中达到了顶峰。

1. 规则导向的建构主义和宗教

　　IPT 的创建存在着几个明显不同的进路。我们可以在刚
才所勾勒的这条道路上设置一些不同的停靠点。在我的建构
中,我主要倚赖的是尼古拉斯·奥努夫(Nicholas Onuf)的工
作。他是美国的一个 IR/社会理论学家,他阐述了他最为熟知
的美国 IR/社会理论。他的建构主义框架具有一定程度的严
密性,在北美,要是没有这种严密性,没有人会听取你的言论。
奥努夫的框架是世俗的,但它同时也不经意地为正确评价宗教
经验开辟了一片广阔的空间。虽然这个框架被称为是"规则
导向的",可它事实上是一种社会人类学,同样也展示了规则
如何影响人类生存的非语言学层面(nonlinguistic aspects)。
　　规则导向的建构主义宣称有能力为所有的社会理论提

供一个框架,因为它的本体论从最基本的层面上仔细剖析了真实的社会。它清楚地表明了人类的一般性,诸如使用语言的能力以及对于我目前的讨论来说至关重要的理性的能力。规则导向的建构主义的本体论是不断变化的社会行为领域中的一条共线,人们在社会行为中深入社会、塑造社会,同时又反过来被社会塑造。规则导向的建构主义指向语词、言语行为(speech acts)和规则,认为这些就是人类相互作用的关键的本体论因素,也是人类世界观的关键的本体论因素。借助于话语,人们消除了实证主义者如此钟爱的"事实"命题和"规范"命题之间划分。借助于话语,人们毫不费力地在这两种命题之间来回穿梭。规则导向的建构主义是"研究社会关系的一个途径",是一个"概念和命题体系"。它指出,一种规则的三重类型学渗透在社会生活之中。奥努夫解释道:

> 人们通过推测和仪式——断言的规则(assertive rules)——来理解他们的处境,通过运用破坏的技巧——指令(directives)——来对抗他们的对手,并通过搜索和收集——承诺的规则(commissive rules)——来供应他们的需求。①

不仅仅是言语活动和规则采取断言、指令和授权的形式,而且社会的非语言学层面在展示其独特性质时也是以这种或那种类型的规则为基础的。

到了这里,我们就进入到了本文的主要论题。如我将会表明的那样,宗教是断言的规则的一种可能的表现,而我们

---

① Onuf, *World of Our Making.*

一直倾向于认为断言的规则是非现代的、原始的和非理性的（即便不是反理性的），因而予以轻视。实证主义者对分析—演绎方法的专注成为我们当中许多人——当然包括美国的理性选择理论家——思考我们的思维方式的唯一途径。只有理性的—工具型的思维和言谈才能被认为是"合理的"。①然而，如果按照西方文化的这些标准的话，如果思考仅仅是指理性—工具型的思考的话，那么可以说这个星球上的大多数人是根本不思考的。

在接下来的这一节中，我将试着表明，即便是在西方社会中，我们也是多么地依赖于源于这些前科学的断言的规则的那些语言学的和非语言学的形式。我还将试图表明，倘若让人们在诸多断言的规则中做出选择，那么那些与强烈情感相联系的规则将会胜出，即便"理性选择"指向的是另外的规则。在此，存在着足够大的空间，可以重视从宗教这一人类最强烈情感的源泉中产生出来的情感的作用。正是在沿着这些路线构想出来的社会框架当中，才有可能把宗教和 IR 放在一起、把情感和理性—工具的思考放在一起进行理论化。我把这一节剩下来的分成了两个部分，先把诸宗教，然后把宗教，安置到这个建构主义的框架之中。

2. 建构主义和作为社会建筑的诸宗教

这个论点应当并不是太难接受：诸宗教作为组织（institutions）是被社会性地建构起来的，尽管是为了信仰者宣称已经被启示出来的一种目的。讨论教会和宗教组织，它们与国

---

① Onuf, *World of Our Making*, p. 102.

家和社会的各种各样的关系,以及它们彼此之间的关系的文献越来越多。通常有关宗教和 IR 的讨论并没有超出这样一种观点,即认为诸宗教不外乎是另外一种组织形式——假如它们与国界相一致,则是国家的组织,假如涉及好几个国家,则是国际性的组织,假如很难发现它们与国家的重合性,或者这种重合根本不存在,那么它们是超民族的组织。

建构主义澄清了这些区分,同时又超越了这种对于 IR 中的宗教的相当狭隘的关怀。与(基于断言的规则的)宗教相一致的社会组织就是那些非正式的网络和协会,它们强调祭司的地位并赋予他们很高的威望。正是这种形式为绝大多数自然而然地"自下而上"发展而成的宗教所采用。① 然而,宗教的政治化又引入了财富和权力这些"异质的"因素,它们是与指令或授权规则相一致的。这些因素的侵入通常会遭遇到来自宗教内部或外部的激烈抵抗,这一点可以由自宗教改革以来,无论是世界上的所有地区还是特定地区,特别是拉美,所经历的改教运动或者新教与天主教相对抗的历史经验得到证实。② 也有相当多的文献关注宗教人物的威望和他们促成或缓解国际冲突的能力。③

建构主义让我们注意滑入国家中心主义的危险——或者是由于把宗教和国家过于紧密地联系在一起,或者是把文

---

① Rudolph and Piscatori, *Transnational Religion and Fading States*.

② Daniel H. Levine and David Stoll, "Bridging the Gap Between Empowerment and Power in Latin America", in *Transnational Religion and Fading States*, and Edward A. Lynch, "Reform and Religion in Latin America", *Orbis* 42, No. 3 (1998): pp. 263 – 81.

③ Johnston and Sampson, *Religion*, *The Missing Dimension*.

明看作是由具有相同宗教倾向的国家所构成的拼图。① 类似地也存在着另一种相反的危险,即把宗教和国家看作是彼此完全独立的。例如,尤根斯迈尔(Juergensmeyer)把问题简单化了,他认为,为了理解当今的世界,有必要理解两个相互作用和相互竞争的社会秩序的框架:世俗民族主义(与民族国家相关)和宗教(与大的种族共同体相关)。② 我们不可能通过先验综合的方法,而只能通过仔细地考察各种规则以及它们的相互作用,来揭示这些关系的性质。

许多研究 IR 中的宗教的当代著作,都或多或少地陷入了上述的这两种危险当中。然而,正是下面的这个论题掌握着克服信仰和理性之分离、把宗教置于它们的 IR 背景之中的那把钥匙。

3. 建构主义、人的心灵和宗教(religion)

按照建构主义的术语,我所理解的(宗教)"religion"是:

一套规则——主要是指示型规则(instruction rules)——及其相关实践的体系,其运行是为了解释生存的意义,包括身份、关于自我的观念以及一个人在世界中的位置,从而激励和引导那些凭着信仰接受这些规则的有效性的人以及那些把规则完全内在化的人的行为。

与某些对宗教的阐释不同,我的定义有意地忽略了对神圣存在的任何直接的涉及,虽然可以在与定义不相矛盾的情况下假定神圣存在的存在。我也没有把其他一些元素囊括

---

① Huntington et al., *The Clash of Civilizations*.

② Juergensmeyer, *Terror in the Mind of God*, p. 30.

进来,诸如由宗教所产生的特殊的组织类型,也就是宗教的象征和仪式,因为所有这些都被包括在"相关实践"当中,并可以在建构主义的框架中作为社会组织而加以讨论。我不去涉及神圣存在的另一个目的是为了不把世俗话语和意识形态排除在外,它们能够展现出宗教的一切明显的特征,包括情感上的效验。毕竟,宗教及其组织所完善的许多特征被不同的意识形态或民族主义成功地复制了过去。

我在前面已经提到,良心是得到承认的规则和实践,它们在过去得到了遵守,并且已经内在化了。这一界定与阿达·波泽曼(Adda Bozeman)对文化和文明的看法是相一致的,他认为文化和文明包括这样一些价值、规范、制度和思维方式,它们在特定的社会中被后代们赋予了第一位的重要性。① 宗教是文化的关键组成部分,甚至于现代性及其后现代的批判者们(如我所试图表明的那样)也都有着在基督教里面的牢固根基。

我把宗教定义为绝大多数文化和文明的中流砥柱,这个定义的基础是建构主义所确认的人的两个共性:语言和理性。宗教由特殊类型的规则所组成,并且通过信仰得到接受,而且,这种接受——我认为——代表了推理的一种形式。第一个方面,即宗教是规则的体系,这一点并不难以接受。比较成问题的是后一个论点,即信仰是推理的一种形式。然而,要是这一论点得以证实,那么由现代性所引入的信仰和理性的分离,以及社会科学事业中拒斥宗教的倾向将难以成立。

① Bozeman, *Politics and Culture in International History*.

4. 诸宗教作为规则

让我首先来考察一下,在宗教中可以找到哪些类型的规则。宗教主要是由断言型言语活动和指令型规则所组成。虽然戒律似乎是一种命令(指令型规则),但细究之后我们就会发现,称呼它们为宣言(declaration)——奥努夫把它看作断言式言语活动的一种——可能更为恰当。尽管如此,通常也有这样的可能,正是由指令型规则和承诺型规则(commitment rules)支撑着宣言型规则和指示型规则(instruction rules),赋予宗教以一般的特征,虽然宗教规则携带着它们自身独特的"支撑"。对于一个信仰者来说,宗教的约束力源于神的权威,而宗教的本质概而言之就是信仰。被断言的真理——也即"超乎一切理解"者在日常语言中的正典化——乃是通过信仰被接受,并通常得到强烈的情感支持。① 一个人的身份、对世界的理解、价值观主要是被接受在由人类主体所阐述的断言式规则之中的,尽管它们是以启示为基础的,而且如同已经提及过的,当它们被内在化之后就构成了意识和文化的核心。

规则为人类的行为提供了指导,但是它们本身并不能够决定人类的行为。正是在这一点上,就规则和理性之间的关系而言,这一讨论对于宗教的意义将会变得明显。

人们凭借理性或判断来决定是否要接受或拒斥规则,以及采取何种行动路线。宗教也不例外。判断是从对特定处境所涉及的规则背景以及遵从或违背规则将导致的后果的

---

① 圣餐仪式I中的祈祷仪式(The Blessing in RiteI),《公祷书》*The Book of Common Prayer*,p.339,圣公会(Anglican)信徒每个星期天都会参加这一仪式。这是对《腓力比书》4:7 的释义。也可参阅《彼得书》1:2。

了解中得出来的。判断的形式与推理的过程紧密联系在一起,而言语活动可以被视为运用推理的一个场合,因为使用规则就等于进行判断。在进一步讨论与断言型规则相关联的推理形式之前,让我先来探讨一下断言型规则与宗教和现代性之间的联系。

作为运用推理的一种形式,断言型规则在它们对听者的直接要求中产生了一切规则中最基本的规则。断言型和指示型的规则陈述了一种信仰,这种信仰是与言说者试图让听者接受这种信仰的愿望或意图联系在一起的。孩童们首先是要学会重视这种规则,只有在他们足够成熟之后,才有能力对指令作出反应,然后承担起由选择所带来的责任,呈现出在许诺型规则(promises)和承诺型(commitment)规则中提供出来的相互性(mutuality)。断言型规则所需要的只是对某些信息,包括关于价值标准的信息的被动接受。教育所采取的基本上就是这种形式。断言型规则假设听者对于这些信息并不了解或没有能力了解,而同时他们又显然应该了解。他们抬高施行者、牧师或教授的地位,通过赋予他或她以特殊的地位、身份和巨大的引人尊重的光环。断言型规则也可能会在某个时刻面向某个个体,但是它们通常所采取的方式是把一个集体作为其听众。宗教采用的是断言型规则的形式。通过限制我们的需求和愿望,宗教在各种各样的观念中间培养起了一种集体观。

相反,现代性主要通行的是承诺式规则。这种规则是围绕个体而建立起来的,契约是其典型形式。这是西方和现代性的一个标志性特征。承诺型规则是自由主义的领域,其特点是基于对个体的权利和责任的具体规范。西方文化、自由主义、资本主义、个人主义、现代性和国际关系大体都是承诺型的。确实,为了提供处罚、强制等诸如此类的因素,承诺型规则也会与指令型规则和指示型规则相混合,而如何在这种混合中寻求恰当的平衡,是自由主义、个人主义、民主资本主义,当然也包括国际关系的卫道士们所关注的一个问题。

波茨曼(Bozeman)并没有使用建构主义的术语,但是很明显对于它们她是持赞同态度的,她认为,中世纪时诞生于中欧的国家体系的普及化之所以能够得到史无前例的成功,当时的许多帝国之所以欣然同意放弃自身的形式而成为这种国家体系的一部分,乃是因为国际体系的规则的本质是承诺型、非指令型以及非断言型的,如这条著名的格言所承诺的: cuius regio, eius religio(统治者主宰他自己的王国的宗教),让每个国家的核心信仰和价值不受干预。[1] 与这些发源于西方的规则和外交习俗之形成相伴随的,是政治象征的词汇的出现,它们同样也是形成于西方。那些向国家转型的社会采纳了规则、制度和"国家共同体"的治理惯例等观念。[2] 由于接受了这些观念,许多国家开始奉行西方的思想和物质成就的标准,并接受了西方的价值观,这个过程的高潮不是消灭本土宗教和文化,而是宗教信仰在世界范围内的复兴。

宗教占主导的特性就是断言性,这在某种程度上可以用来解释何以其在社会科学中受到忽略。我们已经习惯于把基于断言的宗教视为古老和陈旧之物,即便没有把它视为一种已经绝种了的社会行为形式。基于断言型规则和霸权的政治体系、它们的特有的统治状况,已经被视为是前现代的、不变通的、与西方的价值观为敌的了。

---

[1] Bozeman, *Politics and Culture in International History*.
[2] Gong, *The Standard of Civilization*.

事实上,奥努夫是用安东尼奥·格莱姆希(Antonio Gramsci)的话语把宗教描述成霸权的形式——对它来说断言型的规则是作为一种统治形式产生的——然而格莱姆希却是在一个全然不同的背景下使用"霸权"这个词的。在后一种情况下,霸权似乎是指价值观的统治(the rule of value),而不是人的统治(rule by people)。霸权指的是原则和命令的颁布和操纵,通过这个途径,地位高的人垄断了意义,而意义随后又被地位低的人被动地吸收。这些行为构成了一个稳固的统治布局,因为被统治者被塑造成为了这样一种人,他们没有能力理解自己作为附属者的角色,没有能力构想一些不同的行动方案,因为他们被反复地灌输着为统治者服务的意识形态——统治者垄断了那些构建意义的言论的制造和散布。①

这里的关键问题是,断言型规则绝不仅仅是前现代的和陈旧的社会关系形式所独有的领域。那些批判西方的人所使用的"霸权"一词并不是指宗教习俗,而是几乎被专门用来描述西方的统治方式,虽然后者的性质(在自由主义的学说中)总是被宣称为是基于承诺型规则。可以公正地说,任何社会,无论是何种性质的社会,它的核心的价值观和信仰都是包装在断言型命题的形式之中的,是不让人质疑的。我强调这一点的原因是,在我们急切地关注合理性的时候——有些人把这个词当作是现代或西方的同义词来使用——我们已经低估了我们自己的核心价值观和信仰所具有的霸权功能。②

5. "基于信仰的接受"和情感

我们所有从事社会科学的人在使用"假设"(hypothesis)

---

① Onuf, *A World of Our Making*, pp. 209 – 10.

② Ralph Pettman, *Commonsense Constructivism* (Armonk, NY: M. E. Sharpe, 2000).

这个词时,并非总是会重视它与断言型言语活动的关联。假设是用于指称直觉、臆想、相信、猜测、教条或思索的一个高贵的用语,这些直觉、臆想、相信、猜测、教条、或者思索,或者是要接受,或者是不接受基于"证伪"或"证实"原则的"真正理性"的进一步的探讨的。一般说来,不明推理(abduction)会导致三种可能的后果,它们都是规范性的。

第一种指向的是宗教。经由咒语和仪式,臆想具有了巨大的规范性力量。信仰者不被鼓励,甚至被禁止让他们的信仰接受适合"此世"的理性探究。然而,信仰还展示了宗教所特有的一种独特的推理形式。我在之前已经描述过,这是一种非线性的推理形式:它依据的是良心,避免演绎或归纳推理的方法及其推断和证据的规则。宗教经验是建立在一种类似于感官或感受的非推断型的认知模式之上的。在解释这种经验时,未知的因素至关重要。修辞技巧、明喻、隐喻、直觉(所有这些我都已经提到过)都需要被运用。信仰在这里是先于并控制着推理的,不像在世俗话语中,信仰虽被引入,但据称是从属于推理的。

第二种社会后果源自于不明推理(adductive reasoning),它与宗教没有关系,它是指向科学的。我们所有的人都会表达自己的假设、猜想或者臆想时,然后我们会按照实证主义的规则,通过归纳或演绎推理来对它们进行证实(或证伪)。基于归纳的研究或者会采取从部分到整体去"寻找和收集"线索的形式,或者会采取对于实证主义者来说更为典型的形式,基于演绎推理从整体到部分去对付问题。

第三种社会结果可能会引发一种世俗宗教的建立。集政主义遵循的就是这条道路,现代主义的文化则更为普遍地走上了这条道路。臆想从背景中突显出来,被当作科学真理向世人昭示,并通过大众媒体广为传播。不亚于宗教信仰,个人主义、自由主义、消费主义以及其他种种,都被 ad nauseam(无休止地)重复,出现在好莱坞式的故事、公开的展出和严格的行动规范中。在学术界,也有许多社会科学家坚信他们自己的科学客观性,然而他们的许多著作和谈话其实也是以一套共同的神话为基础的。他们就书而写书,就文章而写文章,就书而写文章。理论家们就他人的著作而写作,对理论进行理论化,并在仪式中创造出他们所崇拜的英雄。

我论述的结论是,在理性—工具性推理之外,建构主义也是向不明推理的思考形式开放的,是向基于信仰的接受开放的。它可以参与到基于信仰的话语当中,也可以参与到基于狭义理性的话语当中,而不会面临不可通约的问题。因此,建构主义并不会因此而惊呆了:某一天认知科学的进步一劳永逸地颠覆了理性选择理论的教条,并把它那过分简单化的结构转变为一幢远为复杂的建筑物,在每一层的每一种社会结构中不断地自我繁殖。哪怕是在自然科学的发现把这种"范式转换"强加在我们身上之前,建构主义也还是不难于包容影响个体选择的情感因素,把它看作人的推理过程的不可分割的一部分。①

---

① 最近的神经科学文献,"人类理性的神经生物学"(neurobiology of human rationality),有 Francis Crick, *The Astonishing Hypothesis*: *The Scientific Search for the Soul* (New York: Charles Scribner's Sons, 1994); Antonio R. Damasio, *Descartes' Error*: *Emotion*, *Reason*, *and the Human Brain* (New York: Putnam Books, 1994); and Antonio R. Damasio, *The Feeling of What Happens*: *Body and Emotion in the Making of Consciousness* (New York: Harcourt Brace and Company, 1999)。

四、结语:通往 IPT 的道路

我在这篇文章中勾勒出来的框架并不是建立国际政治神学的唯一途径。IPT 已经从许多角度和方向自发地发展起来了。许多研究宗教的专家沿着宗教的道路进入到国际关系,而 IR 学者也认识到需要认真调整它们的学科,以适应宗教因素的"入侵"。

许多作者,不管他们的学科背景如何,都得出了一些建构主义的结论,只是他们没有采用建构主义的术语而已。国际文化历史学家波茨曼以及 IR 理论家海利特·贡(Herrit Gong)、马丁·怀特(Martin Wight)甚至赫德利·布尔(Hedley Bull),都在建构主义被"体系化"之前就讲到了建构主义。建构主义常常只不过是简单的共识。正如实证主义那样,建构主义是一种思维方式,也正如我在其他地方提及过的,适应它是需要时间的。[①] 最后,一个人在运用建构主义时,没有必要每次都得检验所有的专业细节,就像人们在做以实证主义为基础的研究之前,没有必要详细地讨论奥古斯都·孔德(Auguste Comte)、维也纳小组(Vienna Circle)、罗伯特·基欧汉(Robert Keohane)或其他的实证主义信仰的思想之父那样。

规则导向型建构主义还有许多其他优于实证主义的地方。实证主义精简理论(theoretical parsimony)的目标把过多的因

---

① Vendulka Kubálková, ed. , *Foreign Policy in a Constructed World* (Armonk, NY: M. E. Sharpe, 2001), esp. chap. p. 3.

素从 IR 学科中排除掉了,并使得我们的工作变得过于简单。建构主义在揭示社会关系(不管我们称呼它们为环境、社会布局、文明、文化,还是游戏)的多重性以及它们的极度复杂性这个方面可能要更贴近实际。建构主义者主张,国际关系应该被设想为一个社会建筑(social construction),包含许多彼此相互作用的层面。其中的任何一个层面都不能被一个理论框架先验地排除在外。这就对 IR 研究中依旧流行的国家中心的聚焦所具有的排他性提出了挑战。我们强调,与远为精简的 IR 框架相比,建构主义引起我们对极度复杂性的关注,与此同时,我们也要注意到,尽管社会关系非常复杂,但是建构主义也能够支持细致的、经验性的案例研究。①

IPT 强调从局内人的视角进行研究,这对于建构主义来说是自然的,但是这个视角必须比西方的,特别是美国的教区主义(parochialism)所提供的更广大——所谓教区主义就是这个词的字面意义,即从一个人自己的教区的视角出发看问题。一旦我们要先验地判定行为者的合理与否,就不得不确立行动者在其中行事的那个社会背景。宗教常常处在行为者活动于其中的那个社会布局或结构的核心。正是在这个框架中,我们发现了在任何既定的情况下什么被界定为"合理的",而什么又没有被界定为是"合理的"。这就迫使 IR 的研究者们制定新的科目去整合(诸)宗教的研究,而不是脱离具体情境先验地给宗教贴上"好"和"坏"的标签。换句话说,我们应当利用现有的学术成就,将宗教和 IR 的话语

---

① Kubálková et al. , *International Relations in a Constructed World*; Kubálková, *Foreign Policy in a Constructed World*.

◇ 第一部分 国际关系理论与宗教

139

整合在一起,把这两者都看成是以规则为基础的,在诸如由我所提出的这样的框架内予以分析。

这种方法消除了许多简单化,最为明显的是取消了作为现代化理论之基础的那个观念,据称(在许多解释中都可以找到)对这个观念的反对乃是当代宗教复兴的根本原因。

的确,现代化的论题在建构主义的仔细审查之下是站不住脚的。在对建构主义和 IPT 的期望中,波茨曼指出,观念或规则并非总是畅通无阻,而且从来不会在未被改造的情况下被人们所接受。这些观念或者被拒绝,或者至多是以调和的方式被接受,以产生之初的原始形态被接受则是从来没有的。这就一劳永逸地驳倒了现代化理论基于其上的那个典型的北美观念(North American notion)——尽管招致了政策失败以及周期性的驳斥,这个观念似乎总是准备着以新的形式重新浮现。这也对这样一个观念提出了质疑——对现代化的反对在某种程度上导致了宗教的复兴。我们事实上可以证明一个相反的观念,即,宗教可以在社会的现代化过程中起到关键性的作用,尽管这些现代化过程也许是与宗教异质的。

波茨曼把西方对其他地区进行现代化、把自己的价值观普遍化的整个倾向与宗教影响联系起来了。她把这种现代化的冲动与基督教联系在一起,与基督教的传教热忱以及大多数其他宗教所没有的羞耻感和罪感联系一起。西方的这种固执的倾向表现在它对世界其他地区的关心以及使它们"现代化"和"发展"的冲动上。不过,她认为,地球上每一个角落的人都在继续保持他们传统的生活和思维方式,这些生活和思维方式常常要比西方的社会布局早好几千年。由规则和习俗所组成的文化是社会的首要的具有建构作用的观念；它们巩固了政治社会，并且象征着它在时间中的延续性。政治组织，无论是国家的还是非国家的，都是根植于文化之中的。

在建构主义者看来，那些被描述为全球化或者现代化的进程乃是行为者的身份的改变，是他或她的行为的改变，是社会结构的改变，所有这一切都是以对规则改变的理解为基础的，是通过对规则改变的理解得到实现的。规则必须得到其他规则的执行或者支持，这样一来，这些改变就在社会内部造成了反响，影响了作为个体的人们。在一个经历着明显的物质改变的世界中，权威的重新组合似乎都曾经是使整个世界不安宁的。

最为引人注意的反响来自于世界上的这样一些地方，在那里，新规则的涌入与物质生活的改变同时发生，从而似乎瓦解或者威胁到了这些社会本身的生存。在这个世界的不同地方、不同的社会阶层，有一些人对这些新规则的反应是不抱幻想、没有希望、怀着恐惧之情的，当现代性的承诺没有得到实现的时候尤其如此。随之而来的常常是身份丧失的感觉。因此，这些人就会很愿意回应任何试图保卫类似的确定性的人们。并非如理性选择理论所预期的那样，功利主义和物质享受将始终是不变的结局。世界上的任何一个地方都没能躲过理性选择预言的失败。例如，我们最近注意到，哪怕是在美国，尽管经历了十余年的经济繁荣和物质利益的普及，2000 年的"幸福指数"还是创历史新低。[1]

---

① Alexander Stille, "A Happiness Index with a Long Reach: Beyond G. N. P to Subtler Measures", *New York Times*, 20 May, 2000, A17, A19.

　　正如海内斯(Jeff Haynes)所指出的,在第三世界中,作为现代化的主体在行动的主要是那些世俗的国家,它们在国内舞台上担任着越来越广泛的角色。常常是出于缺乏理解,而不是出于设计,它们不必要地侵犯或者显得侵犯了"私人领域"。① 指令型规则的执行所带来的变化倾向于打乱个体的确定性和身份。换句话说,民主、资本主义的高贵的观念,以及这些观念从中得以达成的"友善待客"(user friendly)的承诺型规则,需要指令型规则才能予以实施,而这样一来就践踏了本土的断言型规则。尽管这个过程可能会带来一些物质利益,而且特别是在现代性关于普遍的物质进步的承诺没有实现时,国家——就是制定新规则、实施国际货币基金组织(IMF)或世界银行(World Bank)的指导方针的主体——的合法性就削弱了。国家的政治合法性——也即人民承认其行动是善的、道德上是正确的——也被破坏了,从而使得反对的力量有机会成为挑战现状、制造政局动荡的新的主体。

　　启蒙制度霸权式地散布着断言型规则、世俗意识形态和世界观,宣扬其普适性,并承诺基于理性和人类掌握自身命运的能力的进步,后现代主义的文献正确地回应了对这种启蒙制度的世界范围的失信。这些庞大的计划已经造成了社会和经济的瓦解,或者诸如家庭之类的社会结构的分裂。与这个过程同时发生的还有信息革命、新观念的涌入,也即一系列可供选择的断言型规则,比如那些涉及不受限制的权利——包括宗教活动的权利——的规则。这就给反对力量提供了更大的活动空间。

---

① Haynes, *Religion in the Third World and Religion in Global Politics.*

不管是在国内还是在国际领域,宗教力量都被放到了一个追求公共角色的位置上——常常采取一种极端的手段——并且成为社会结构的主体。对这些宗教力量的理解应当能够显示,由于它们所扮演的社会角色,它们仅仅与那些倡导相反主张的宗教团体不相容。基于断言型规则,它们异乎寻常地与其他的断言型规则体系相容,比如民族主义。它们事实上广泛地相容于任何政治组织的指令型规则,因而也异乎寻常地适合于被政治利用。

只有当一场内战牵涉到了外国,当国际冲突爆发,或当国际组织有必要卷入的时候,IR 学科才会语调一致。也只有当国际层面走到前台的时候,主流的建构主义者才会达成一致,并且必须承认,引用软建构主义者的话来说,国家可能会接受一些导致它们身份变化和随之而来的利益变化,也因此导致了他们主体间(国家之间)的协定的变化的观念。① 然而,主流的建构主义者将会让这个过程服从工具理性的逻辑。② 这种变化有其宗教根源,这一点可能会被认为是纯出于巧合。宗教本身仍然会被留在美国的主流的或软的建构主义者的考察范围之外。

无论我们认为宗教越来越引人注目是现代性的后果或者是对现代性的最后反抗,还是把它看作是现代性的潜在的同盟,不管怎样都仍然还有一个宗教的维度完全被 IR 排斥

---

① Peter J. Katzenstein, "Introduction: Alternative Perspectives on National Security", in *The Culture of National Security: Norms and Identity in World Politics*, ed. Peter J. Katzenstein (New York: Columbia University Press, 1996).

② Ibid., p. 27.

在外了,因为这个维度不适于进入到 IR 的国家中心主义的
视野。① 这个维度就是已被历史所证明的,人类永无休止地
对"超越于有限的、此时此地的经验性存在"的意义的寻求,以
及/或者对于这样一种寻求的途径的绝望的、非理性的执著。②
这种寻求可能会把功利的满足放到一边,却去选择一条其权威
基于祖辈的信仰与实践的道路。在这种背景之下,在个人生存
受到威胁的动荡时代,投靠宗教显然是完全可以理解的。

我用我最初的观点来结束本文。如果说自由主义、资本
主义以及全球化的早期阶段要求 IR 的学术改正其研究路
线,把经济因素考虑进来,那么到了现在,另外一个改正也已
经正当其时了。经济学家在首次拓展 IR 时所做的,也是社
会学家、宗教社会学家、文化历史学家以及人类学家在现在
扩展 IR 时所应该做的。IR 需要利用他们的专业知识。再次
回到吉尔平关于国际政治经济学的那句著名的格言——其
大意是,IR 是关于权力和财富的——对于这一句格言我要补
充说,随着当前世界对 IR 的日益强烈的关切,IR 已经不只是
关乎权力和财富,可能更多的是关乎价值和人类生存的意义
了。正因为如此,我们要倡导国际政治神学。

---

① Peter van der Veer, "Political Religion in the Twenty-First Century", in *International Order and the Future of World Politics*, eds. T. V. Paul and John A. Hall (Cambridge University Press, 1999).

② Haynes, *Religion in Global Politics*, p. 214.

第二部分　战争、安全和宗教

第四章
宗教的作用何在？

——信仰对政治冲突之影响的理论分析 *

哈森克勒夫　福尔克·里特伯格 撰

吴斌 译　张新樟 校

正像许多学者所说，一场宗教传统的复兴运动正在几近全世界的范围内发生。[①]与一度广泛流行的宗教作为政治力量行将在现代社会逐步消失的预期相反，过去二十几年间宗教团体在许多国家中变得越来越强大。宗教领袖们表达对宗教歧视的不满，主张国家和社会应该如何组织并动员信教的人们采取行动。诸如学校、慈善团体、医院这样的社会组织，正在以他们各自的宗教的名义进行运作。在许多穆斯林国家，有人主张将伊斯兰教法引入公共法律。在印度，印度教民族主义者正试图将印度教提升为国家的特权宗教。在

＊　本文的较早版本发布于 2000 年在洛杉矶召开的"国际研究协会"年会以及 2000 年 5 月 27 日在伦敦经济学院召开的"宗教与国际关系"会议上。笔者感谢在这些场合收到的中肯的评论。我们尤其要感谢 Martin Beck, Jonathan Fox, Peter Mayer, Mark Neufeld, 以及两位匿名的评论者, 感谢他们对于较早版论文的有益批评。

①　关于此主题的早期作品，参见 Jonathan Fox, "Religion as an Overlooked Element of International Relations", *International Studies Review* 3, No. 3(2001): pp. 53 – 74, 以及 Anthony Gill, "Religion and Comparative Politics", *Annual Review of Political Science* 4(2001): pp. 117 –38。

美国,"基督教右派"(Christian Right)①企图控制这个国家,在其中播种并实施他们所理解的永恒真理。

宗教团体的政治性复兴总是伴随着国家内部或国家之间的暴力冲突——比如发生在阿尔及利亚、波斯尼亚、东帝汶、克什米尔、尼日利亚、巴勒斯坦、斯里兰卡以及其他一些国家的血腥冲突。学者们根据他们各自的理论观点对这种相关性作出了截然不同的解释。原生主义者们(Primordialists)认为,在解释国家内部和国家之间暴力互动的时候,宗教传统的差异应该被视作最重要的自变量(independent variable)之一。在国家和国际层面,集体行为者都倾向于以共同的宇宙观为基础结成联盟,而紧张状态便在这些具有不同宇宙观的联盟间产生并升级。工具主义者们(Instrumentalists)承认宗教信仰分歧可能会加剧冲突,但是他们坚持认为这些冲突很少是由于宗教信仰的分歧而引起——即便曾经这样发生过。在他们看来,暴力冲突与古老宗教复兴之间具有相关性并不奇怪,但他们同时也认为这种相关性并不是必然的。总的来说,是由于国家内部和国家之间政治经济的不平等才导致了骚乱和战争。比较而言,温和建构主义者们(moderate

---

① 译者注:神学上有"基督教基本教义派",相信上帝创造论、撒旦的存在、世界末日。当"基督教基本教义派"转化成政治力量时,即成了"基督徒右派"。基督教右派是美国重要的政治力量,共和党内主要的政治派别,广义上包括了福音基督教派、反堕胎的天主教、正统犹太教、摩门教以及其他新兴小宗派如统一教等。这个派别控制了美国的大部分媒体力量,正是它的存在,才使得布什在零四年的大选中战胜了被普遍看好的克里。

constructivists)①相信,在许多情况下,真正的信徒和险恶的异教徒同时存在,这才使得政客们能够动员他们的支持者投入到暴力行动中。暴力行动需要合法性,而宗教和宗教领袖能够提供这种合法性。那么,他们也可以反过来否定暴力行动的合法性。宗教领袖可以拒绝为武器祷告,于是暴力冲突就可能不会发生,即使在社会内部或者社会之间存在政治经济的不平等。

在以下的一部分内容中,我们将简要地讨论关于信仰对于冲突过程之影响的三种相互竞争的观点——原生主义、工具主义和温和建构主义。接着,在第三部分里,我们将介绍一个以精英为基础的战略选择模式。这个模式在冲突和冲突的行为之间作了区分,冲突是依据引起争端的问题来界定的,而冲突行为则涵盖了从和平的迁就到侵略性的自助等各个层次。在第四部分中,我们将论证,虽然宗教信仰的不同很少成为暴力冲突的真正根源,但是在一定条件下它们具有加剧冲突行为的潜在力量。在第五部分内容中,我们将继续分析在对抗过程中,可供选择的三种有助于控制或减少宗教

---

① 我们应该温和地看待这派观点,因为其倡议者大都接受诸如权力和财富等物质因素对于政治决策以及由此导致的交互作用的影响。然而,这些物质因素却是根植于赋予其含义的主体间性的认知结构。关于温和建构主义的国际关系理论,参见 Emanuel Adler and Michael Barnett, "Security Communities in Theoretical Perspective", in *Security Communities*, eds. Emanuel Adler and Michael Barnett (Cambridge: Cambridge University Press, 1998), pp. 12 – 13, 以及 James Fearon and Alexander Wendt, "Rationalism v. Constructivism: A Skeptical View", in *Handbook of International Relations*, eds. Walter Carlsnaes, Thomas Risse, and Beth A. Simmons (London: Sage, 2002), pp. 58 – 60。

149

信仰对暴力冲突的升级作用的战略措施:(1)威慑和强制性否定(Repressive denial)的策略,目的是增加暴力反抗和起义的成本;(2)发展经济和政治民主化策略,以克服潜在的现代化危机;(3)对话策略,力图使那些为求得宗教扩张或者其他利益而运用暴力的行为不合法化。

在本文中,我们间或会谈到汉斯·昆(Hans Küng)等人的一些观点,这些观点目前在德国以及其他一些国家激起了广泛的争论。① 汉斯·昆建议设计一种旨在引发世界主要宗教之间的对话——或者加强正在进行的对话——的策略,从而建立并巩固一种宗教间的世界伦理。正如联合国教科文组织章程(UNESCO Charter)的前言中所说的,汉斯·昆的策略强调,"既然战争起源于人们的心灵,那么和平的维护也应当构建在人们的心灵之中。"②因此,加强人们心中的反暴力原则非常重要。反暴力原则可能源自宗教内部或者宗教之间的对话,但是也可能源自其他地方。总之,在发生社会危机或经济危机时,要扩大冲突管理的合作形式的空间,以防止政治冲突升级为武装对抗。

---

① Hans Küng, *Projekt Weltethos*, 5th ed. (München: Piper, 1992); Hans Küng, *Global Responsibility: In search of a new World Ethic* (New York: Crossroad, 1991); Hans Küng, *Weltethos für Weltpolitik und Weltwirschaft* (München: Piper, 1997); Hans Küng and Karl Josef Kuschel, eds., *Erklärung zum Weltethos: Die Deklaration des Parlaments der Weltreligionen* (München: Piper, 1993).

② *UNESCO Charter*, preamble {http://www. unesco. org/general/eng/about/constitution/pre. shtml} (10 December 2000).

一、信仰对政治冲突之影响的三种理论视角

前面,我们区分了关于政治冲突中宗教之作用的三种理论观点:原生主义、工具主义以及温和建构主义。采纳原生主义观点的学者有:塞缪尔·亨廷顿(Samuel Huntington)、吉尔斯·凯佩尔(Gilles Kepel)、基夫里·塞优尔(Jeffrey Seul)、巴塞母·蒂比(Bassam Tibi)等等。[①] 他们认为内嵌在各文明中的民族国家(nations)将是 21 世纪世界政治中的决定性因素,而构成文明之基础的宗教或者宇宙观则是每个文明的关键特征。所以,我们就有佛教文明、基督教文明、儒家文明、印度文明、伊斯兰文明、犹太教文明和道家文明。在冷战时代,超级大国能够控制住那些基于不同的信仰的、能引发冲突的力量;更一般地讲,东西方之间的全球竞争以及国际系统中军事力量分布的高度不平衡,极大地减小了特定文化特征在外交决策行为中的影响力。现在冷战已经结束,原生主义者预测,在世界新秩序出现的前期,文化间的相似性和差异性将在国际行为和国际互动中起到突出作用。

[①] Samuel Huntington, "The Clash of Civilization?" *Foreign Affairs* 72, No. 3 (1993), pp. 22 – 49; Gilles Kepel, *The Revenge of God: The Resurgence of Islam, Christianity and Judaism in the Modern World*(Cambridge: Polity Press, 1994); Bassam Tibi, *Krieg der Zivilisationen*(Hamburg: Hoffmann and Campe, 1995).

这种观点认为,文化上的相似性和差异性将相应地产生国家利益的重合和冲突。具有相同宗教传统和宇宙观的国家将组成联盟以对抗缺乏共同文化和宗教话语的国家。暴力行为很大程度上将被界定为发生在文明间的互动。同时,具有相同宗教传统和宇宙观的国家将努力调和他们的分歧以加强他们的联合力量,从而对抗其他文明的力量。

在原生主义者看来,全球政治力量的重组将伴随着国内动荡以及国际战争。国内层面上,非西方文明将洗净冷战时代留在他们身上的残迹。宗教好战分子面对并承担起这个责任——夺取西方化的政治精英的权力或者将他们改造成为狂热的宗教分子,使得他们放弃世俗主义、投身于建设新的政治制度,以保护和促进他们国家的宗教传统。关于多宗教社会,比如波斯尼亚、印度尼西亚、马来西亚、尼日利亚或者苏丹,原生主义者预测,由于不可调和的宗教理解,这些国家内部将出现不同共同体之间对于政权的激烈争夺。最终,这些国家不是陷于分裂,就是由一个共同体夺取统治权力并镇压其他信仰共同体。国际层面上,多宗教社会的国内动荡可能会引诱第三方以同胞的身份进行干预。如此一来,可能会导致冲突的横向升级并引发不同文明国家间的战争。

第二类学者,也就是被我们贴上工具主义者标签的那些学者,反对将宗教传统和宇宙观的区别看作是政治冲突的真正根源。① 工具主义者并不否认当今的宗教运动复兴。但是他们坚持认为,绝大多数情况下,这些复兴源自于国内和国家间不断加深的经济、社会和政治的不平等。因此,当我们分析信徒转变为战士的时候,我们不应该将这种转变归因于某种教条的争论,而应该明白它是各方之间不平衡的力量和财富分布导致的一种结果。在国际层面,工具主义者并不认为传统的国家行为模式会有大幅度的改变。在新世纪中,和以往一样,国家间的政治还将由国家力量和物质利益决定,而不是文化和宗教。② 许多观察者支持这个观点。其中有两个特别重要:

(1)在国内层面,宗教传统的政治化和宗教团体的激进化在经济停滞、社会分裂、政权垮台的时期特别容易发生。③ 绝望的人们陷于贫困、边缘化,生命受到威胁,这导致他们求助于他们的宗教传统、寻求另一种可供选择的政治秩序以满

---

① Mark Jurgensmeyer, *The New Cold War? Religious Nationalism Confronts the Secular State* (Berkeley and Los Angeles: University of California Press, 1993) ; Ted Robert Gurr, "Minorities, Nationalists, and Ethnopolitical Conflict", in *Managing Global Chaos*: *Sources of and Responses to International Conflict*, eds. Chester A. Crocher, Fen Osler Hampson, and Pamela Aall (Washington, D. C. : United State Institute of Peace Press, 1996) ; Thomas Meyer, *Identitätswahn*: *Die Politisierung des kulturellen Unterschieds* (Berlin: Aufbau, 1997) ; 以及 Dieter Senghass, *Zivilisierung wider Willen*: *Der Kinflikt der Kulturen mit sich Selbst* (Frankfurt: Suhrkamp, 1998) 。

② Harald Müller, *Das Zusammenleben der Kulturen*: *Ein Gegenentwurf zu Huntington* (Frankfurt a. M. : Fischer, 1998) ; Joseph Nye, "Conflict after the Cold War", *The Washington Quarterly* 19, No/1 (1995) : pp. 5 – 24.

③ Mahmud A. Faksh, "The Prospects of Islamic Fundamentalism in the Post-Gulf War Period", *International Journal* 49, No. 2 (1994) : pp. 183 – 218; 以及 Ibrahim A. Karawan, *The Islamist Impase*, *Adelphi Paper* 314 (Oxford: Oxford University Press, 1997) , pp. 14 – 17。

足他们在福利上、认知上和安全上的需求。在这样的情形下,宗教团体首先就成为共同的避难所、文化再认同的源泉和安全的天堂。于是,寻求权力的政治精英就试图——通常是成功地——利用这种宗教上的复兴的兴趣,并以此扩大自己的政治权力。[1] 当他们将政治对手重新塑造为信仰敌人的时候,他们就得到了那些将信仰视为最后希望的人的支持。但是,重要的是,那些宗教团体的政治动员往往是跟随在它的成员的经济和社会水平下滑之后发生的。那些繁荣的、受尊敬的社会团体之间发生暴力冲突的情况是非常少见的。对比而言,当宗教团体遭受经济、政治匮乏的时候,这些冲突发生的几率就相当大。就像特德·罗伯特·葛尔(Ted Robert Gurr)在谈到民族政治冲突时所指出的:

> 民族政治冲突产生的根源和动力高度复杂。某些理论强调某一假定具有关键作用的因素,比如历史仇恨或者宗教分歧,这是应该避免的。这些因素之所以常常变得重要是因为它们通常被当时的民族政治领袖利用,以动员那些遭到威胁和陷于不利境地的人们,而不是因为宗教的或者历史的分歧

---

[1] Michael E. Brown and Chantal de Jonge Oudraat, "International Conflict and international Action: An Overview", in *Nationalism and Ethnic Conflict: An International Security Reader*, eds. Michael Brown et al. (Cambridge, MA: Massachusetts Institute of Technology Press, 1997), pp. 254 – 55; Dieter Senghaas, "Schluβ mit der Fundamentalismus-Debattel! Plädoyer für eine Reorientierung des Interkulturellen Dialogs", *Blätter für Deutsche und International Politik* 40, No. 2 (1995): p. 187.

本身产生了一种原初的冲突动力。①

按照工具主义者的描绘,政客们以古老的神话和神圣的传统为工具扩大自己的政治权力的能力简直是无限的。按照安东尼·D·史密斯(Anthony D. Smith)的说法,每个国家的上面都漂浮着无数个文化的、种族的和宗教的制造者,他们可以被称作自私的领袖,其目的在于构建群体认同并动员他们的成员进行集体行动。② 显然,创造一个具有战斗能力的团体需要一些业已存在的原始材料,比如共同的神话、共同的语言以及共同的宗教传统。但是这些原始材料是充裕的。换个说法:如果一个国家存在严重的政治、经济分裂,那么政客们应该很容易将这些分裂赋以文化的、种族的和宗教歧视的含义。这样一来,在宗教和暴力之间所观察到的联系就被归结为一种伪关联性,于是,对于宗教复兴所产生的政治后果的探究也就到此为止了,任何更进一步的研究都已经没有意义。

(2)在国际层面,工具主义者没有发现那种以宗教的或者文化的断层线为界结合成新的联盟的一贯倾向。比较而言,力量和物质利益的分布仍然可以有效地解释国际互动。尤其是在安全领域。譬如,当一个地区性国家——比如伊拉

---

① Gurr, "Minorities, Nationalists, and Ethnopolitical Conflict", 74. Gurr, *People versus States: Minorities at risk in the New Century* (Washington, D. C.: United States Institute of Peace Press, 2000), pp. 3 - 13, 他的研究局限在对种族政治群体的行为的分析之上,而与本文关注的核心——多数宗教运动——不同。尽管如此,我们的分析重点相似,正如戈尔一方面关注持久的政治经济歧视,另一方面关注群体领袖及其策略选择。

② Anthony D. Smith, "The Ethnic Sources of Natinalism", *Survival* 35, No. 1 (1993): p. 53.

克——的军事潜能上升的时候,它的邻国就开始寻求外部支持,并不顾及它与这个正在上升的势力之间的共同宗教联系,也不顾及它与那个潜在的盟国在宗教文明上并不兼容。①分析的最后结果是,均势应该被重新建立才是重要的。

另外,他们认为,即使在最近的过去,宗教同质区域内发生的战争也太多了,以至于原生主义的预测缺乏说服力。②比如,索马里(Somalia)部族间的暴力冲突、卢旺达(Rwanda)的种族大屠杀或者第一次海湾战争。这些冲突、包括其他许多国内战争的共同点是国内精英之间为保持或者得到政治权力而不择手段地展开激烈竞争。在回应这些发现的时候,约瑟夫·奈(Joseph S. Nye, Jr)认为,我们没有看到一个新的、连续的世界秩序的形成,只看到了一个不断分裂和地区化的进程。这个进程并不是按照亨廷顿的"文明冲突"逻辑进行的,而是为一种"微小差异的自恋"(narcissism of small differences)所推动。③ 类似地,丹尼尔·帕特里克·莫尼汉(Daniel Patrick Moynihan)写道:"种族冲突并不需要巨大的不同点,小小的差异就足够了。"④换句话说,宗教理解上相当微小的差异——比如在逊尼派和什叶派之间、天主教徒和新教徒之间所存在的——在国内和国际冲突升级过程中都是极其重要的,而冲突双方之间存在的、许多应该是更为重要

---

① Müller, *Zusammenleben der Kulturen*, pp. 44 – 46.

② Errol A. Henderson and Richard Tucker, "Clear and Present Strangers: The Clash of Civilizations and International Conflict", *International Studies Quarterly* 45, No. 2(2001): pp. 317 – 38.

③ Nye, "Conflicts after the Cold War", p. 17.

④ Daniel Patrick Monynihan, *Pandaemonium*: *Ethnicity in International Politics*.

的共同点却被丢在了幕后。

因此,经验上的证据并不支持原生主义的假设——宗教分歧具有自动引发冲突的力量(autonomous conflict-generating power)。对于神性真理的信念似乎只有在经济、社会和政治动荡时期才能获得更大的政治意义。除此之外,宗教团体的政治动员还要取决于具有权力意识的政治精英们的偶然的利益(contingence interest)。在国际层面,至今仍然没有证据表明将会出现这样一个稳定的格局——在文明内部结成联盟,各联盟之间展开安全竞赛。但是,工具主义者们也承认宗教信念对冲突行为的影响。政客们不时地利用宗教以动员他们的成员进行暴力活动。但是在当今的工具主义者们看来,这种因果路径是确定的:宗教的政治化导致特定争端的升级,绝不会缓和这些冲突。

在本文中,我们希望提出一种处在原生主义和工具主义之间的某处的第三种立场,并且为之辩护。他们的代表可以被称作温和建构主义者。① 温和建构主义者认为社会冲突根植于认知结构,诸如意识形态、民族主义、种族划分或者宗教。这些结构——由“共同的理解、期望和社会知识”组成——为行为者提供了价值负载的(value-laden)自我和他人

---

① Emanuel Adler, "Seizing the Middle Ground: Constructivism in world Politics", *European Journal of International Relations* 3, No. 3(1997):pp. 319 - 63; Ted Hopf, "The Promise of Constructivism in International Relations Theory", *International Security* 23, No. 1(1998): pp. 171 - 200; 以及 Alexander Wendt, *Social Theory and International Politics* (Cambridge University Press, 1999),pp. 20 - 21.

概念,进而影响了他们的战略选择。[1] 举个例子,认知结构帮助人们在任何特定争端中独立地作出敌我判断,并且,根据温和建构主义者的进一步推断,这种鉴别方法在人们处理其他的类似冲突行为中经常起着至关重要的作用。

温和建构主义和工具主义在两个主要的方面是一致的。在两个学派的思想中,权力和利益在解释政治时都扮演着重要的角色。即便经常被他们的批评者忽视,在这一点上温和建构主义并不比工具主义强调得少。[2] 事实上,前者从来没有否定自私动机和物质因素在人类以及社会生活中的重要作用。就像亚历山大·温特(Alexander Wendt)最近写的:

> 建设性和破坏性的关系是由共享观念构成的,这一事实并没有改变另外一个事实,——他们所面对的行为者是具有真实的、客观的"物质"作用的客观社会事实。不平等和剥削是存在的,即便它们是由观念构成的。[3]

温和建构主义观点的特别之处在于他们认为权力和利益是根植于认知结构的,是认知结构赋予了权力和利益以意义。用温特的话来说,我们不能将主体间理解的建构的后果等同于现存的(existing)"建设性与破坏性关系"的因果关系

---

① Alexander Wendt, "Collective Identity Formation and the International State", *American Political Science Review* 88, No. 2 (1994): 389.

② Adler, "Seizing the Middle Ground", p. 333; Hopf, "Promise of Constructivism", p. 177.

③ Wendt, *Social Theory*, p. 95.

的后果。① 如此一来,温和建构主义者就不太会反感工具主义的这个观点,也就是认为当前绝大多数冲突都是权力和财富的冲突而不是宗教冲突。②

温和建构主义和工具主义所共同持有的第二个观点是对于政治领导人的重视。③ 两个学派都认为战争并不是自然发生的。由这两个学派的学者所组成的预防致命冲突的卡耐基委员会(The Carnegie Commission on Preventing Deadly Conflict)这样宣称:

> 大规模暴力发生于政治领袖将它视为达成其政治目标的唯一途径、并且他们能够动员群众以实现他们的战略之时。没有确定的领袖,群众可能会发生暴动,但是他们不会发动有系统的、持续的暴力斗争以实现他们的目标;没有可动员的群众,政治领袖也不能够组织一场斗争。④

类似地,劳斯特森(Laustsen)和维夫(Waever)提醒我们,理解作为一种精神建构和一种社会的宗教本身从来就不是冲突

① Adler, "Seizing the Middle Ground", p. 330.

② Harvey Cox, "World Religious and Conflict Resolution", in *Religion, the Missing Dimension of Statecraft*, eds. Douglas Johnston and Cynthia Sampson (Oxford: Oxford University Press, 1994), p. 266; Douglas Johnston, "Review of the Findings", in *Religion, the Missing Dimension*, p. 263.

③ R. Scott Appleby, *The Ambivalence of the Sacred: Religion, Violence, and Reconciliation* (Lanham, MD: Rowman and Littlefield, 2000), pp. 54 – 57, 以及 Jack Snyder, "Nationalism and the Crisis of the Post-Soviet", *survival* 35, No. 1 (1995): pp. 17 – 18.

④ *Carnegie Commission on Preventing deadly Conflict*, (New York: Carnegie Corporation of New York, 1997), p. 30.

的当事者:"在那里冲突着的并不是作如此理解的宗教。这些运动是某些政治领袖运用战略手段在特定的政治环境中发动起来的,战略手段的纲领形成于政治和宗教的交界面上。"①

因此,在工具主义者和温和建构主义者看来,政治领导人在武装冲突的爆发过程中扮演着重要角色。当领导人认为武装冲突对他们有利时,他们就会鼓动群众支持他们的计划,并试图利用他们社会的宗教传统合法化他们的策略选择。

但是,在这里,温和建构主义者和工具主义者存在分歧。工具主义者认为,最终,起决定作用的领导人能够随意地操纵宗教传统,而且暴力的正当性最多只是一个言辞(rhetorical)问题,而并不是一个实质性(substantial)问题;而温和建构主义者坚持认为宗教传统是具有自我生命力的主体间的结构,它们有赖于社会实践和社会话语,而这些实践和话语,如温特所说的,"是与行为者带入到行动之中的理性和自我理解不可分的"。② 因此,政客们的言辞力量远非无限。他们必须让基层百姓(the rank and file)相信他们对于特定形势的解读,并且,这些解读大体上总是容易受到相反意见的攻击,这些相反意见不仅可能会破坏这些解读的正确性,而且也会削弱提出这些解读的人的威信。譬如,当一位政治领袖声称一场特定战争是为了上帝的利益并因此是正当的时,别人可以站出来质疑这个言论,指出他们的圣经阅读并没有支持在

---

① Carsten Bagge Laustsen and Ole Wæver, in this volume, p. 162.

② Alexander Wendt, "The Agent-Structure Problem in International Relations Theory", *International Organization* 41, No. 3(1987):p. 359.

所涉及的那场冲突中(或者在任何冲突中)采用暴力行为的正当性。最终,是听众自己决定谁的主张更可信。

于是,温和建构主义者建议将宗教看作一个中介变量(intervening Variable),也就是介于特定的冲突与选择冲突行为之间的一个因素。这样一来,宗教传统对冲突行为的影响就相当模糊了:它们可能增大暴力的可能性,只要使武装斗争合法化的一种经典解读占上风;另一方面,它们也可能减小暴力的可能性,只要一种削弱在特定的、甚至一般的情况下使用暴力的合法性的经典解读占上风。到此为止,走向温和主义的建议就只有一步之遥了。温和建构主义的建议就是:设计对话策略,以强化人们对暴力的出于审慎的或者出于原则的不认可态度。

在我们按照温和建构主义者的这些观点来建立一个冲突模型之前,先做两点初步的评论是合适的:第一,对于政治冲突过程中宗教信仰的影响,很少有系统的研究。对于和平解决包含宗教维度的冲突的恰当策略,也没有多少系统的研究。因此,这篇文章首先应该被视作是对于正在进行的关于宗教信仰对政治冲突的影响这个大辩论的一项理论贡献。本文试图为这个领域的更深层次的调查研究打下一个基础,但并不力求预见这些研究的最终结果。第二,我们的分析背景是和平与冲突的研究。也就是说,我们的兴趣在于搞清楚和平地处理和解决冲突的条件。换句话说,我们关心的是以一种心想事成的维和手段,防止暴力的发生,或者,使已经发生的暴力尽早终止。

表4.1　分析信仰对政治冲突之影响的三种理论进路

	原生主义	工具主义	温和建构主义
基本冲突	文化	社会经济	社会经济
宗教因素的地位	自变量	伪关联性	中介变量
预测	以文化为基础的,宗教之间的重新结盟和战争	社会经济分裂以及内战	社会经济分裂、政治冲突以及可能发生战争和暴力

二、政客之策略选择的四个决定性因素

在资源匮乏和价值多元主义的条件下,群体间的冲突是社会生活的一个普遍特征。它们不可避免,必须被当作是人类本性的一种必然结果。但是,对待冲突的方式却可以是多种多样的。当事方可以对暴力的使用保持节制,也可以选用暴力为他们的利益而战斗;如果他们决定使用暴力,那他们仍然具有从有选择地破坏和平到全面的战争之间的许多选择。是否以及如何使用暴力则取决于许多因素。① 这些因素中特别包括:冲突的本质、分歧的强度、等效策略的相对可行性、当事方的性格、他们相互之间关系史、他们对于用暴力处

---

① Jacob Bercovitch and Richard Jachson, *International Conflict: A Chronological Encyclopedia of Conflicts and Their Management* 1945 – 1995 (Washington, D. C.: Congressional Quarterly, 1997), pp. 21 – 22; Louis Kriesberg, Social *Conflicts*, 2nd ed. (New York: Prentice-Hall, 1982), pp. 87 – 90.

理冲突的模式所持的一般态度、当事各方更广泛的社会环境，也就是冲突背后的国内和国际环境。为了使这个特别的原因复合体具有可操作性，理论的简化是必要的，也是合理的。这个模型建议聚焦于社会冲突中精英们的策略选择。① 麦克·布朗(Michael Brown)清晰地阐述了分析简化的基本原理：

> 尽管大众层面的因素很重要，是导致一些地方比另一些地方更有暴力倾向的潜在因素，也尽管邻国总是干涉别国的内政，但是，政治纷争究竟是走向战争还是和平常常是由国内的精英们决定的。②

精英们被理解为理性的行为者，他们对备选策略进行成本和受益分析以最大化他们的效用。他们总是关注于保持并提高他们相对于他们的内部普通成员以及其他群体的特权地位。在社会冲突中，他们不仅寻求胜利，而且也寻求尽可能少地作出高成本的妥协。为了使对手屈从他们的要求，他们既非自然倾向于使用暴力，也非排除使用暴力。他们知道，暴力是一种危险的政治手段。使用暴力以追求某一群体的目标可能会导致遭受暴力者的敌对反应。对抗的时间可能超出原先的预计，而这可能引起自身群体的分裂。此外，武装对抗常常涉及重大的机会成本。为了有效率地开展武装对抗，需要投入相当大的组织资源和物质资源，而这些资源

---

① 在著作中，关于精英在社会冲突中的重要性是没有争议的。参见，Gurr, People versus States, pp. 78 – 90; Kriesberg, Social Conflicts, pp. 87 – 90; 以及 Jeffrey Z. Rubin, Dean G. Pruitt, and Sung Hee Kim, Social Conflict: *Escalation*, *Stalemate*, *and Settlement*, 2nd ed. (New York: McGraw-Hill, 1994), p. 20 and 24。

② Michael Brown, "The Causes of Internal Conflict: An Overview", in *Nationalism and Ethnic Conflict*, p. 17.

本来可以用来实现其他目的。

在精英们看来,暴力策略的有用性部分取决于他们对于成功的预计。而对于对手力量的控制、对于成功的预计则是一个至少包含两个主要变量的函数:第一,对普通成员的动员;第二,本群体的目标以及策略得到更广泛的社会支持。

为了使一个暴力策略的成功有较高的预期,必须让普通成员准备投入时间和资源到集体行动之中,并准备承受更为激烈的对抗期。如果精英们对于群体成员能否服从他们的领导心存疑虑,那么,他们在公开宣布、甚或是挑起武装斗争之前就会三思而后行。因此,我们可以采取以下经验法则:在其他条件不变的前提下,在一个特定的冲突中对普通成员的动员程度越高,群体的精英采取暴力策略的可能性就越高。另外,社会冲突中的敌人从来都不是孤立行动的,暴力总是倾向于激怒旁观者。第三方加入受害者一方就可能最终导致这个群体的失败。因此,我们可以预期,精英们的决策将受制于他们能够在多大的程度上唤起更广泛社会对他们的事业和策略的支持。这意味着成功预计下降的程度将和他们的目标以及实现目标的手段被重要社会群体所拒绝的程度相一致。这种社会支持度的降低则又会在普通成员的可动员性程度上引起反应:随着卷入冲突却无所得的危险性的增加,群体成员为某项涉及暴力的冲突策略投入时间和资源的意愿也会随之降低。

总的来说(图4.1),精英们选择暴力策略以追求他们的目标的可能性随着对群体成员的动员(程度)和更广泛社会环境的支持(程度)的变化而变化。接下来,我们要辨别出三个被普遍认为会影响群体成员的动员的决定性因素。随后,我们将转而分析那些在社会冲突中采用暴力策略的精英们获得社会支持的可能性。这些思考将形成一个分析框架,以备更好地思考宗教信仰对冲突过程的影响。

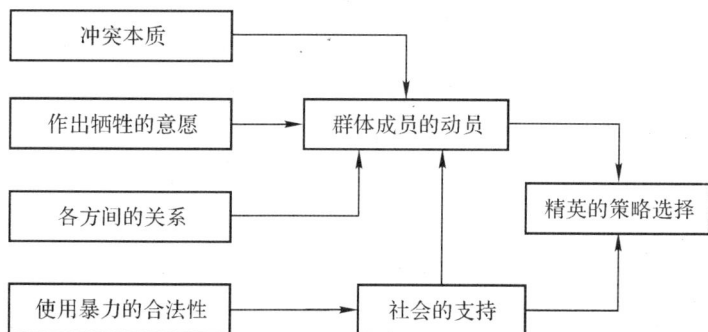

图 4.1 精英的策略选择的决定性因素

1. 动员程度取决于冲突的本质

在学者中间,关于利益冲突和价值冲突的区别多有共识。[1]利益冲突涉及好处或社会职位的分配——这些东西供应不足但却是竞争性群体所明确欲求的。因此,冲突处理的核心挑战是稀缺性,而不是帮助行为者区分物品有无价值、主张有无合法性、行为是否恰当的主体间的参照系(frame of reference)。但是,在价值冲突中,行为者之间争论的却恰好是这

---

① Vilhelm Aubert, "Interessenkonflikt und Wertkonflikt: Zwei Typen des Konflikts und der Konfliktl? sung", in *Konflikt und konfliktstrategic: Anszetze zu einer Soziologischen Konflikttheorie*, ed. Walter Bühl (München: Nymphenburger Verlagshandlung, 1972), pp. 180 – 84; C. R. Mitchell, *The Structure of International Conflict* (London: Macmillan, 1981), p. 35.

个参照系。他们论争各自的道德取向以及相应的对于正义、公正的社会秩序的理解。举例来说,对于政府职位的竞争可以看作是利益冲突,而与此相对,关于一国之国体之争就属于价值冲突。前一种情况涉及稀缺职位的分配,而第二种情况涉及国家组织和国家行为的最高的原则。因此,价值冲突触及政治社会的核心,它们动摇特定社会秩序的基本原则,并且能够带来深远的社会变革。

通常,价值冲突比利益冲突更倾向于暴力,这并不奇怪。[①] 之所以这样,至少有三个原因:第一,个人视自己与他们的群体或社会的价值为一体。如果后者遭受危险,就会被视作是一种生存性威胁。于是,如果其他条件不变,群体成员动员更多资源以保卫这些价值并在必要的时候使用暴力的意愿就会增加。第二,在价值冲突中使用暴力被认为具有道德上的正当性,因为这是在保卫一个群体用以识别对或错、正义或非正义标准,是在保卫这个群体的身份。在这种情况下,所对付的敌人就不仅仅是损害群体利益以求得个人利益的某个人,而是破坏基本的社会规范的违法者。这种人在做了这样的事之后,就丧失了被公平地、非暴力地对待的权利。最后,也由于人们相信价值冲突中的妥协是不可能的,失败就等于他们的信念被完全颠覆,这一点也加强了价值冲突中使用暴力的意愿。这种冲突逻辑是一种全胜或全败逻辑(all or nothing)。

[①] Kriesberg, Social Conflicts, pp. 30 – 35; Mitchell, Structure of international Conflict, p. 87 and 94; Rubin, Pruitt, and Kim Social Conflict, p. 15 and 85.

2. 动员程度取决于群体成员的自我牺牲的态度

影响群体成员动员程度的第二个决定性因素是成员个人的牺牲意愿。在其他条件不变的情况下,他们越是愿意投入时间和资源,群体领袖执行暴力策略的可行性就越大。刚才已经提到,暴力的使用是昂贵而危险的。群体成员以及他们的在更广泛社会环境中的同情者必须估计到敌对方的镇压和反击。因此,当对使用暴力进行决策时,精英们必须确定他们的普通成员已经准备为实现他们的目标而付出高昂代价。群体成员的牺牲意愿的缺乏将导致精英们推断认为使用暴力策略是不明智的。因此,即使关系到核心价值,精英们诉诸暴力策略以追求他们的目标的可能性也会降低。[①]

3. 动员程度取决于冲突各方的关系

采用合作策略实现群体目标的可能性显得越小,在冲突中使用暴力的意愿就越大。这取决于敌对双方之间的关系。以合作策略处理冲突的先决条件是敌对方之间一定程度的信任。当向对方作出让步或与对方进行合作时,每一方都必须先确信这是无害的或者不会遭受双重损失。如果连这最低程度的信任都没有,那么双方采取不合作策略的几率就会非常大,也就是说,在冲突处理中采取自助策略。这样的策略只关心实现自我目标,而不考虑他人的选择偏好。因此,这些策略容易导致冲突行为的迅速升级并趋向于发展为暴

---

① 牺牲意愿则取决于许多因素。Kriesberg, Social Conflicts, p. 134. 其中的观察者就发现青少年相当容易被危险的策略所动员。

力自助行为。① 举个例子,雅各布·贝尔科维奇(Jacob Bercovitch)和理查德·杰克逊(Richard Jackson)提供了一些数据资料表明,如果涉及争端的国家之间具有一段长期的敌对竞争历史,双方之间的冲突就很可能升级为战争。相反,"很少有友好国家⋯⋯会以武装冲突决一生死"②。

4. 社会支持度取决于使用暴力的公开理由

在我们的模型中,精英们的策略选择不仅取决于对普通成员的动员,而且还取决于更广泛社会环境的真实的和预期的反应。这是因为在一个特定的争端中,胜利的前景部分地取决于没有直接卷入到冲突焦点中去的那些人的行为。③ 领袖们必须要对以下两者进行权衡——对目标群体行使暴力手段的预期效果以及能否向更广泛的旁观者说明施行暴力的理由。否则,他们就会面临对抗旁观者、疏远盟国从而增强对手力量的危险。因此,我们认为精英们在考虑使用暴力的时候,他们会仔细考虑特定情形之下暴力的合法性。至少,他们会花时间和精力用词语设计一场冲突,使得他们的关于暴力不可避免的主张显得可信。相反,当暴力策略找不

---

① Kriesberg, *Social Conflicts*, pp. 186 – 89; Rubin, Pruitt, and Kim, *Social Conflict*, pp. 84 – 87.

② Bercovitch and Jackson, *International Conflict*, p. 14.

③ Gurr, "Minorities, Nationalists, and Ethnopolitical Conflict", p. 69; Kriesberg, *Social Conflicts*, p. 147; Mitchell, *Structure of International Conflict*, pp. 134 – 35. 为了简化复杂性,在本文中我们将只考虑各方的国家社会环境。但是,应该注意到,有研究表明,当精英们考虑冲突处理策略的时候,他们给予国际和跨国行为者的支持以充分重视。比如, David R. Davis and Will H. Moore, "Ethnicity Matters: Transnational Ethnic Alliances and Foreign Policy Behavior", *International Studies Quarterly* 41, No. 1(1997): pp. 171 – 84。

到正当理由时,外部支持重新分配的危险性就会非常高,好战的冲突一方就要付出代价。于是,好战一方实现其目标的几率就会下降。作为侧面效应,这也将对群体成员和同情者的动员程度造成负面反应,从而再次降低了它在特定对抗中的成功预期。

三、宗教信仰和冲突升级

　　到这里为止我们已经说明了,政治精英们使用暴力的决策取决于对他们的成员的动员以及重要的第三方的支持。如果群体成员并不准备进行武装斗争,更广泛的社会环境认为暴力使用非法,那么政治领袖们就不可能采用这种政策手段,因为被国家当局否决或者受到惩罚的风险显得太大了。现在第二步,我们把那些在位的精英和在野的精英的策略选择动态化。精英们不会只是对环境限制作出简单的反应,他们会试图操纵它们从而将其转化为自己的优势。譬如,如果政客们认为在某一特定政治环境中使用暴力能够增进他们的利益,那么他们就会试图提高普通成员的意愿以认可并支持一种更加好战的途径。另外,他们会试图说服更广泛的"听众",使其相信他们的策略选择和普遍被接受的道德原则是一致的。在此情况下,利用宗教分歧将会特别便利。相反的,如果政治精英对其成员的动员失败并且没有在更广泛的听众面前合法化暴力的使用,按照我们的分析模型,如果其他条件不变,他们将会避免使一场特定冲突升级。

1. 抬高自己的主张,贬低敌人的主张

将社会冲突解释为宗教对抗将会导致冲突的转型和激化。将一方的主张说成是上帝的命令或是宇宙的秩序使得他们的主张与对手相比具有毫无争议的优越性,而后者就显得是亵渎神灵、毫无正当性的了。[①] 极端情况下,对手会被描绘成恶魔。比如,在前南斯拉夫内战期间,塞尔维亚总统和他的同事的命运被等同于耶稣的命运,而波斯尼亚穆斯林就被比作是决不可宽恕的叛徒犹大。在这样的冲突中,似乎没有什么手段是不合法的,对手没有被宽恕的权利,因为他们已经将自己排除在"上帝想要的秩序"之外。相对的,某方自己的事业是神圣的,他们的目标是为了实现真正的和平。而要完成他们的目标就要消灭他们的对手,使真正的信徒能再次以共同的信仰生活在一起。

2. 增加牺牲的意愿

从西塞罗(Cicero)的《神性论》(De Natura Deorum)开始,服从神性的完美的无私被看作是真正信徒的一个特点。就像斯科特·阿普勒拜(Scott Appleby)指出的,通过将信徒安置于奖赏殉道行为的神圣宇宙之中,可以使信仰释放出巨大的能量。[②] 那些为神性所征服的人们愿意无所畏惧地献出一切,即使他们不得不为他们的忠诚付出不幸或死亡的代价。宗教所激发的自杀性袭击——比如基地组织——显示

[①]　Juergensmeyer, *New Cold War*, pp. 22 – 23, 以及 David Little, "Religious Militancy", in *Managing Global Chaos*, pp. 82 – 83.

[②]　Appleby, *Ambivalence of the Sacred*, p. 91.

了这种信念的强大力量：他们相信，通过这些行动，他们将作为殉道士走入天堂。通过理想化在此世遭受的苦难并应许在另一世界得到奖赏，信仰可以使行为极端化（the margin of action），而这正是政治精英们所喜欢的。他们知道他们可以要求并期待群体成员作出巨大牺牲，甚至长期如此。[1]

3. 信任的丧失

在一场圣战中，各方之间有可能深刻地互不信任：人们不可能期望从邪恶的化身那里得到真诚。相反，他们认为对方将运用一切对方的让步以实现自我扩张。敌人被看作是狂热的——他们将试图使用一切手段以实现他们的目标。换句话说，各方之间陷入了一场零和游戏。每一方都确信另一方将无情地抓住每个有利条件为自己争得霸权。因此，每一方都试图利用每个机会以增加自己在冲突中的优势。这样一来，他方作为敌人的观念被加强，以和平方式解决冲突的前景变得渺茫。期望和实际行为以这样一种方式不断再生，变成一种自我实现的预言。最后，一个敌对状态的恶性循环以及由此导致的暴力冲突就不可避免。[2]

4. 宗教机构的使用权

最后，政客们通过巧妙地利用神圣标志合法化他们的策略选择，从而有可能进入宗教机构并使用其中的资源。就像

① Little, "Religious Militancy", p. 87, 以及 Smith, "The Ethnic Sources of Nationalism", p. 57.

② Renée de Nevers, "Democratization and Ethnic Conflict", *Survival* 35, No. 2 (1993): p. 33.

◇ 第二部分 战争、安全和宗教

巴里·鲁宾(Barry Rubin)所观察到的,在许多社会,这些宗教机构是除政府之外唯一(有效)运转的社会组织。① 当极端主义群体试图超越他们的追随小组、获得其他支持的时候,赢得神职人员(或者部分神职人员)的心是相当关键的。而当宗教权威对政府抱有长期怨愤、或者对政治现状不满的时候,这就可能特别简单。乔纳森·福克斯(Jonathan Fox)最近的发现指出了这个趋向:

> 当因宗教歧视产生的怨愤较高时,宗教机构倾向于促进抗议的政治动员。当政治歧视和因不能自治而产生的怨愤很高时,当事的宗教机构也会倾向于促进叛乱的政治动员。②

四、缓和冲突的三种策略

至此为止,我们已经论述了政治领袖经常利用宗教以实现他们的自我扩张。这并不是说他们认为利用宗教论据和宗教象征支持他们的事业总是很方便。在一些情况下,种族的或意识形态的说教可能更适合于他们对普通成员的动员以及暴力策略的合法化。此外,我们不应该忽略宗教中谴责压迫、号召信徒武装反抗的主张有着先验的恰当性和可靠性。

---

① Barry Rubin, "Religion and International Affairs", in *Religion*, *the Missing Dimension*, p. 24.

② Jonathan Fox, "Do Religious Institutions Support Violence or the Status Quo?" *Studies in Conflict and Terrorism* 22, No. 2(1999) :p. 131.

大多数世界宗教都承认在某些情形之下,求助于暴力是合法的。为了区别出这些情形,他们已经详细阐述了广泛的标准框架,比如基督教的正义战争理论。举个例子,南非种族隔离制度就制造了一个情形,许多学者和实践家提出了好的理由以表明在那个特定的种族歧视的情形下,使用暴力反抗在基督教传统看来是正当的。[①] 类似地,在 20 世纪七八十年代,解放神学理论(liberation theology)的著名倡导者,如迦迪纳(Ernesto Cardinal)、古提尔列斯(Gustavo Gutierrez)、司衮道(Juan Luis Segundo),他们认为拉丁美洲贫困的人们,至少在一定条件下,拥有暴力反抗的权利。[②] 如果没有其他可选择的方法以改变造成巨大苦难和人口过早死亡的、不公正的政治经济系统,那么,穷人为了穷人使用暴力就是一种反暴力行为,因而也是实现迟到的社会变革(overdue social change)的合法手段。正如黑人解放神学的代表威廉姆斯·琼斯(William Jones)所说:

　　　　解放神学为之代言的那个被压迫的群体所采取的暴力行动乃是对先在的、"原先的"暴力的回应。正是这种先在的、原先的暴力,造成了、并且维

---

　　① Austin M. Ahanotu, "Religion and the Problem of Power: South Africa", in *The Terrible Meek: Essays on Religion and Revolution*, ed. Lonnie D. Kliever (New York: Paragon House, 1987), pp. 230 – 34, 以及 Appleby, *Ambivalance of the Sacred*, pp. 34 – 40.

　　② Especially Clive Henry Afflick, *The History and politics of Liberation Theology in Latin America and Caribbean* (Ann Arbor, MI: University Microfilms International, 1989), pp. 119 – 25; Gustavo Gutiérrez, *Theologie der Befreiung*, 8th ed. (Mainz: Kaiser, 1985), pp. 103 – 04; William R. Jones, "The Legitimation of Counterviolence: Insights from Latin American Liberation Theology", in *The Terrible Meek*, pp. 189 – 216.

持着解放神学所反对的那种压迫。因此被压迫群
体的暴力具有反暴力的、自卫的、正义战争的道德
合理性。①

因此,当我们看到信徒转变为战士的时候,它并不必然是精
英操纵的结果。

但是,考虑到本文的目的,我们将集中讨论设计相应的
对策以控制或减缓任何导致冲突升级的宗教传统力量。② 我
们认为一方求助宗教以对付另一方经常在政治冲突进程中
起到重要作用。这里我们依据的是阿普勒拜(Appleby)、尤
根斯迈尔(Juergensmeyer)以及拉波波特(Rapoport)等人阐明
的一个观点,他们认为当涉及宗教信仰分歧的时候,政治对
抗会相当快地升级并且会特别残酷。③ 或者换个说法,求助
于宗教将关系到冲突的处理方式。如果政治精英没有用宗
教词语设计冲突,那么,在其他条件不变的情况下,敌人不使
用武力实现他们的主张的可能性较大。

这就是说,我们再次强调宗教信仰很少是国内和国家间
暴力冲突的真正原因——即便曾经是。并且,我们赞成工具
主义者的理论,认为多数情况下宗教言辞背后都暗藏着狭隘
的自我利益。争夺权力的政客们热衷于利用一场特定的社

---

① Jones, *Legitimation of Counterviolence*, p. 192.
② 因此,我们的论述明确偏向于用和平手段进行政治变革。
③ Appleby, *Ambivalance of the Sacred*, p. 104; Juergensmeyer, *New Cold war*,
p. 153; 以及 David C. Rapoport, "Comparing Militant fundamentalist Movements and
Groups", in *Fundamentalisms and State: Remaking Politics, Economics, and Militance*,
eds. Martin E. Marty and R. Scott Appleby (Chicago: University of Chicago Press,
1993), p. 446.

会经济危机或者政治歧视以实现自我的扩张。而且我们发现,只要社会是统一繁荣的,宗教团体的生活通常就是和平的——理解为没有内乱或内争——这进一步证实了以上的推测。① 因此,政客们能成功利用宗教实现他们自身的目的的现实正好反映了那个特定社会的财富和权利分配高度不平等。

当然,权力和财富分配的不平等——或者更准确地说是不公平——并不是离开宗教传统以及受尊敬的宗教监护者的权威解释而独立存在的。② 比如,解放神学的倡导者提醒我们,在拉丁美洲,贫穷和压迫——起码在1968年哥伦比亚的麦德林(Medellin)召开的具有历史意义的拉丁美洲主教大会之前——在罗马天主教会的官方教育中是被看作是自然秩序的一部分、因此最终是基于上帝的意愿的。③ 于是,解放神学家们花了大量的时间和精力来论证并宣扬与之相反的观点。按照他们的观点,所有的基督徒——包括穷人——都有神圣的义务创造一个更美好的社会,纠正在拉丁美洲或者世界其他地区权力和财富集中在少数精英手里的严重的、害人的处境。更概括地讲,国内的和国家间的不平等和不公正从来就不是一个残忍的事实,不平等和不公正只不过是知觉和评价,是取决于主体间对于共同经验的共同解释的。

下面我们来勾勒主体间对不平等、不公正的建构。我们

① Appleby, *Ambivalance of the Sacred*, p. 119. 这个发现对于温和建构主义的理论框架也是很有意义的。

② 我们非常感谢一位匿名的评论者质疑我们并阐明了这里的观点。

③ Gutiérrez, *Theologie der Befreiung*, pp. 61 – 62；以及 Jones, "Religious Legitimation of Counterviolence",pp. 201 – 205.

从这个现象开始分析(在我们看来是可行的)——在多数案例中、在世界多数地区,宗教传统的复兴以及新宗教运动的涌现都伴随着严重的社会经济危机和政治危机。[①] 其中,20世纪六七十年代解放神学的极大成功也不例外。古铁雷斯(Gutiérrez)注意到,政治家和经济学家都认为20世纪50年代拉丁美洲的经济增长潜能非常高。[②] 这片大陆的社会气候是乐观的,居民们都期盼着高速增长期的到来。但是到了60年代这些愿望却基本落空了——至少广大的穷人如此。他们的经济份额没有增长,反而恶化了。正是在这种条件下,解放神学经历了它的起飞,成功地宣布现有的政治经济秩序是"制度化的暴力",是与耶稣的真理不符的。[③]

当我们研究国内和国家间可以觉察的权利、财富分配以及与这种分配相应的合法性话语这两者之间的关系的时候,我们倾向于将这种关系描绘成一种静态的均衡。也就是说,国内和国家间的历史统治格局往往伴随着意识形态的、宗教的或者道德合法性之支持的格局。但是,当国内和国家间的权力和财富的集中大大超出主体间可接受的不平等限度时,当富人和穷人间的鸿沟变得越来越大时,当穷人的数量不断

---

① 要看杰出的全面评述,参见,Keddie, *The New Religious Politics*。

② Gutiérrez, *Theologie der Befreiung*, pp. 74 –77.

③ "制度化暴力"这个词以及相应的"集体罪行"(collective sin)、"穷人的优先选择"(preferential option for the poor)这些概念可以在官方的教会文件里找到。参见,Afflick, *The History and politics of Liberation Theology*, pp. 120 –25, 以及 Christiano German, *Politik und Kirche in Lateinamerika: Zur Rolle der Bischofskonferenzen im Demokratisierungsprozeß Brasiliens und Chiles* (Frankfurt: Vervuert, 1999), pp. 96 –100. 然而,在拉丁美洲的天主教徒中,关于什么才是进行政治变革的恰当方法仍然处于争论之中。

增加并且不断被边缘化时,现有的、对物质和非物质利益的任何不平等分配的合法性解释就会面临压力。这个时候,新的观念往往会及时涌现、旧的传统通常会被重新解释。而正是在这样的社会危机之中,政客们可能会求助于宗教来扩张他们的野心,甚至动员他们的成员进行暴力活动。

在本文余下的内容中,我们将讨论三种不同的(应对)策略,期待这些策略能够控制,并且有可能的话减少宗教信仰在政治冲突中对暴力的激化作用。这三种策略是:第一,威慑和压制性否决策略,以增加暴力起义的成本;第二,发展社会经济和民主化策略,以控制现代化危机;第三,对话策略,以削弱在冲突中使用暴力的合法性。(图4.2)在本部分内容的最后,我们将简要讨论成功应用对话策略的两个条件。

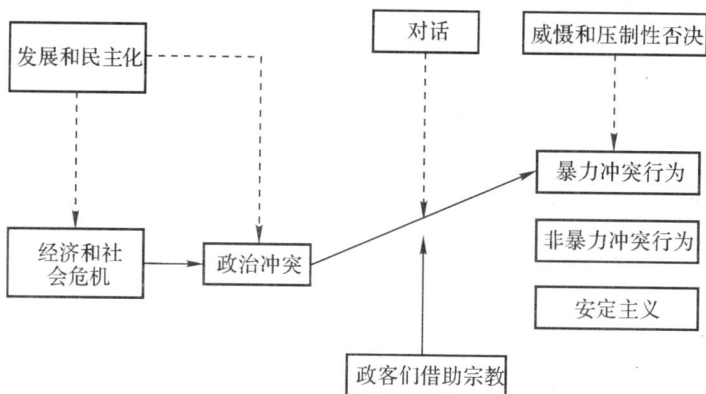

图 4.2 缓和冲突的三种策略

1. 威慑和压制性否决策略

威慑和压制性否决策略从属于另一种更大的政治传

统——实力政治(realpolitik),或者叫权力政治。① 这种政治
传统关注的冲突处理方式是通过压制变革要求来维持政治
现状。不管他(她)的动机如何,都要使这个对手意识到在可
接受的成本内他(她)不可能在对抗中成功。在这里,它意味
着要用强力的冰水扑灭宗教憎恨的火焰。乞灵于宗教的政
治冲突要运用武力的炫耀——有必要的话——运用世俗的
压迫予以平息。要使追求权力的政客以及修正主义的民族
意识到,或者他们不能成功,或者将为成功付出高昂的代价。
同样地,对那些普通成员以及更广泛的社会环境的威慑要达到
这样一个地步,以至于高度动员起来的激进分子和支持者也不
再指望用武力完成他们的目标,从而最终放弃使用武力。

　　我们观察那些受内部冲突威胁或者陷于内部冲突的国
家,比如阿尔及利亚、埃及、伊拉克或者叙利亚,我们发现他
们的在位的精英通常求助于威慑和压制性否决的策略,以控
制武装反对派并且安抚更广泛的社会。② 在许多发展中国
家,因为长期的经济发展危机,分配的余地(distributive mar-
gin)变得如此之小,以至于这些民族精英的合法性被腐蚀。
似乎只有待遇良好的军队——"禁卫队"——才能够防止或
者镇压叛乱。他们消灭好战的激进分子(有时甚至是旁观
者),并且通过大规模逮捕和以破坏生计的方式威胁一部分

---

　　① Jack Donnelly, "Twentieth-Century Realism", in *Traditions of International Eth-ics*, eds. Terry Nardin and David R. Mapel (Cambridge: Cambridge University Press, 1992), pp. 85 – 93; 以及 Mitchell, *Structure of International Conflict*, pp. 263 – 65.

　　② Gabriel A. Almond, Emmanuel Sivan, and R. Scott Appleby, "Politics, Eth-nicity, and Fundamentalism", in *Fundamentalism Comprehended*, pp. 499 – 500; Gurr, *People versus States*, p. 127; Juergensmeyer, *New Cold War*, p. 24.

人口,从而胁迫他们停止对武装反对派的支持。这些大规模的威胁提高了支持反对派所需的成本。他们设计这些策略以压倒对方精英求助于宗教所形成的潜在动员效果以及由宗教激发的牺牲意愿。因此,威胁和镇压的目标是建立压迫的优势,从而保证对社会的心理控制。公开的反抗就成为绝望的行为并要承担极高的风险。

为了使威慑和压制政策在那些政权崩溃的多种族和多宗教社会起到作用,柴姆·考夫曼(Chaim Kaufmann)建议把不同种族和不同宗教信仰的人口按地理分开。① 他认为一旦使用暴力的禁忌被打破,那个混杂的居住的格局就会制造持久不断的武装冲突的动机。② 从战略角度看,地理上分散的人们实际上是无法防守的。他们在面临致命袭击时非常脆弱,而这又会反过来引发反击,从而陷入了永无休止的暴力循环。为了避免这样一种结果,考夫曼倡议建立具有通向外界的安全通道的同质区域(homogeneous regions)。设计这些区域以加强对于外部进攻的防御能力,从而通过排除轻易取胜的可能性来减少攻击性行为的动机。正如考夫曼所说:

> 最安全的格局(对于那些分裂国家)是用清晰的界线划定基本同质的人口区域。这个界线是可以用组织起来的武装力量予以防御的,如此一来人

---

① Chaim Kaufmann, "Possible and Impossible Solutions to Ethnic Wars", *International Security* 20, No. 4(1996), pp. 136 – 75.

② 关于具有种族纽带分歧或宗教信仰分歧的混杂人口中的冲突升级作用的类似论述参见,Barry R. Posen, "The Security Dilemma and Ethnic Conflict", *Survival* 35, No. 1 (1993): pp. 27 – 47; Stephen Van Evera, "Hypotheses on Nationalism and War", in *Nationalism and Ethnic Conflict*, pp. 38 – 41。

179

们就可以摆脱危险——除非防御被打破。①

如果分割策略不能奏效,考夫曼预测多宗教社会中的暴力冲突就会导致自发的难民潮和可能的种族清洗。② 在冲突升级之前转移人口的社会成本当然是很高的,但是如果在敌意上升时,宗教的和种族的群体仍然居住混杂,那么将要付出的生命代价将会更高。

类似的,塞缪尔·亨廷顿(Samuel Huntington)建议世界新秩序中的核心大国(major powers)放弃干涉其他文明的内部事务。③ 文明之间的关系应该以相互尊重为方针,而这建立在每个核心大国有能力阻止其他大国取得任何重要的军事胜利的基础之上。各个文明的领导者们应该就如何划分势力范围达成协议,然后通过传统均势行为保持这个体系的稳定。就像在冷战时代,只有那样一个稳定的力量均衡才能阻止恐怖的第三次世界大战的爆发——而现在,这场战争可能以竭力争夺宗教霸权的形式发生。

将威慑和镇压武装反对派的策略作为维持或恢复和平的社会秩序的手段,这是相当令人怀疑的。我们承认有这样的情形——合法的国家行为者使用武力对付有组织的好战的激进分子在道义上和法律上都具有正当性。但是,前提是这些好战的激进分子已经对国家的武力垄断构成挑战并且公开地、蓄意地违反了文明社会的冲突行为原则,比如对平民进行自杀式攻击。此外,任何国家的武力反击都必须继续

---

① Kaufmann, "Possible and Impossible Solutions", p. 149.
② 同上, pp. 170 – 71.
③ Huntington, *The Clash of Civilizations*, pp. 513 – 14.

尊重基本的人权和人道主义原则。不幸的是,在世界许多地方,这些条件并没有被国家行为者所尊重。

进一步讲,威慑和压制性否决策略能否成功——如果一场武装镇压能被说成是成功的话——是不确定的。就如阿尔蒙德(Almond)、斯万(Sivan)和阿普勒拜(Appleby)注意到的,即使叙利亚政府对原教旨主义运动采取了极端的压制措施,它仍然不足以"完全根除这些运动。一有松动,这些运动就又浮出水面"①。戈尔(Gurr)和哈夫(Harff)以及考夫曼(Kaufmann)在伊拉克也发现了同样的形势。② 在安法儿(AL-Anfal)战役过程中——当时许多村子的全部人口都被毒气杀死——伊拉克军队的野蛮行动并没有消除库尔德人自治或者永远独立的愿望。类似的,阿尔及利亚政府对伊斯兰拯救阵线(the Islamic Salvation Front)③的不妥协政策至今仍然是很失败的。④ 相反的,阿尔及利亚政府的行动引起了暴力和反暴力的螺旋升级。许多学者担心阿尔及利亚的内

---

① Almond, Sivan, and Appleby, *Politics*, *Ethnicity*, *and Fundamentalism*, p. 502.

② Ted Robert Gurr and Barbara Harff, *Ethnic Conflict in World Politics* (Boulder, CO: Westview Press, 1994), p. 105; Kaufmann, Possible and Impossible Solutions, p. 151.

③ 伊斯兰拯救阵线(Front Islamique du Salut,简称伊阵):1989 年 3 月 10 日成立。主张以《古兰经》和圣训为基础,建立伊斯兰国家,实行伊斯兰法。1990 年 6 月在地方议会选举中获胜,成为第一大反对党,并在 1991 年底的第一轮议会选举中获得压倒多数议席。议会选举被中止后,伊阵表示强烈不满,组织大规模示威游行,导致流血冲突。1992 年 3 月 4 日伊阵被取缔。主要领导人阿巴斯·迈达尼(Abbasi Madani)和阿里·本·哈吉(Ali Belhadj)自 1994 年 9 月起被软禁,部分领导人流亡国外。1997 年 7 月 15 日,阿当局释放了迈达尼。

④ Milton Viorst, Algeria´s Long Night, *Foreign Affairs* 76, No. 6 (1997): pp. 86 – 99.

战会和其他许多内战一样，一直打到冲突双方精疲力竭为止。

最后，如果有效地运用威慑和压制性否决策略是以从地理上分割至今仍然混杂在一起的不同种族和不同宗教信仰的人口为前提（正如倡议者们所认为的那样），那么这就为成功地运行这个策略造成了一个几乎不可克服的障碍。布朗（Michael E. Brown）和奥扎特（Chantal de Jonge Oudraat）简洁地写道："种族地理和人口格局……不是特别可操作的因素。"[①]考夫曼和亨廷顿的诊断可能非常准确，但是他们的药物却似乎明显不切实际，在伦理上也是成问题的。

2. 发展社会经济和民主化策略

前面已经提到，工具主义学者的核心观点是：当前宗教在政治上的复兴是世界经济危机和发展危机的结果。如此一来，他们推论认为，降低宗教团体对绝望的人们的吸引力并控制他们升级冲突的潜力的最好办法是克服潜在的社会经济危机。这样，宗教信念被利用来动员普通成员的可能性就会消失。满意现状的人们将会增加，而武装团体就会失去社会支持。大多数人们就会反对把暴力作为一种政治冲突的合法手段，转而支持温和的宗教领袖和政治领导人。简单地说，随着社会中分配性冲突（distributional conflicts）的减轻，暴力形式的抗议就基本失去了它们的吸引力。

为了说明这个因果机制，布朗指出，在20世纪70年代以

[①]　Brown and de Jonge Oudraat, *International Conflict and International Action*, p. 252.

及 80 年代初的中东,"当时高昂的油价、从美国和苏联那里获得的强有力的国外援助使得这些政府可以更慷慨地分配(利益)。潜在的反对派力量被安抚了,本质上是被收买了"①。类似的,阿尔蒙德、斯万以及阿普勒拜也注意到,"在20 世纪 80 年代末、90 年代初的突尼斯,实质性的社会经济进步导致了(原教旨主义运动的)同情者们的陆续退出"②。

从这个观点看,显然,追求和平的国内外政策制定者应该促进经济发展并公平分配,从而改善那些容易受社会经济萧条甚至崩溃影响的社会弱势群体的经济、社会条件。比如,桑格哈斯(Senghaas)主张,当前在许多发展中国家的危机可以通过仿效 OECD(Organization for Economic Co-operation and Development,经济合作与发展组织)国家的成功模式得到消解。③ 为了这个目的,发展援助应该被用来激励好的政府、建立运行良好的市场以及人民教育。中长期来看,结果会是繁荣。更重要的是,经济发展将会促进发展中社会逐渐地多元化、民主化。这将进一步减少宗教信仰的政治特性。④就像在 19 世纪至 20 世纪的欧洲,世俗化进程届时应该获得动力,信仰问题将转入私人领域。如此一来,宗教分歧就不会——或者很少会——转变为政治分歧。

实行发展经济和民主化策略的核心问题是他们预设了

---

① Brown, *The Causes of Internal Conflict*, p. 22.

② Almond, Sivan, and Appleby, *Politics*, *Ethnicity*, *and Fundamentalism*, p. 500.

③ Senghaas, *Zivilisierung wider Willen*, pp. 185 – 86.

④ Robert Bartley, "The Case for Optimism: The West Should Believe in Itself", *Foreign Affairs* 72, No. 4 (1993): pp. 15 – 18, 以及 Senghaas, "Schluβ mit der Fundamentalismus-Debatte!" pp. 187 – 90.

一个可行的政府。① 比如,森格哈斯认为,如果离开了作为现
代化力量的政府,欧洲和东亚的积极经验将是不可思议的。②
但是,在多数发展中国家以及许多前苏联地区,政府却不能
够作为一个"危机处理者"进行运作,因为它本身就是当前危
机的一部分。③ 此外,在这些地区,宗教机构常常是唯一正在
运作的、可以集合人们忠诚的、成为政治交流的可靠网络的
社会组织。④ 因此,期望经济发展和民主化能够平息经济、社
会冲突在许多情况下乃是靠不住的。那么,如何抑制追求权
力的精英将宗教信仰工具化呢? 它仍然是个问题。

3. 对话策略

对话策略有利于寻求降低政治冲突中使用暴力的合法
性。这种策略试图提高人们参加——或者支持——武装斗
争的内部阻力。和前面论述的两种策略相比,前面两种策略
主要对行动的外部动机进行操纵,而对话策略则依靠有说服
力的论证内在地改变人们的心思。他们必须出于原则性的
理由放弃使用暴力,把暴力看成是不正当的、不正义的。因
此,对话策略的支持者就卷入了众所周知的争取人心的斗
争。而这正是阿普勒拜和汉斯·昆所看到的一个机会——
世界各大宗教团体以及他们的领袖推动建立和平解决冲突

---

① Jose Campos and Hilton L. Root, *The Key to the Asian Miracle*: *Making Shared Growth Credible* (Washington, D. C.: The Brookings Institution, 1996).

② Senghaas, *Zivilisierung wider Willen*, p. 186.

③ Robert Jackson, *Quasi-States*: *Sovereignty*, *International Relations*, *and the Third World* (Cambridge: Cambridge University Press, 1990).

④ Rubin, "Religion and International Affairs", *Religion*, *the missing Dimension*, p. 24.

的原则与手段,解决他们的成员所生活的社会的内部或者社会之间的冲突。

　　尽管阿普勒拜和汉斯·昆自己有和平解决冲突的偏好,但是他们对于那些响应自命为信仰的守护者的人的号召而拿起武器的人们的宗教动机也是认真对待的。不过,两位学者都深信,暴力运动的普通成员以及更广泛社会环境的支持者经常被他们的宗教热情所误导,并错误地赋予世俗的权力斗争以灵性层面的源头。正如阿普勒拜所说,普通信徒在特定冲突中使用暴力的倾向通常是一种"宗教的盲目性"所导致的。[1] 因此,既定的宗教权威要消耗相当的知识和组织资源来抵消政客或受到威胁的政府官员的煽动性言论。

　　宗教研究领域的学者们普遍认为世界各大宗教都包含了大量的源头(source)和传统。[2] 这些源头和传统都是在特定的历史格局中兴起并反映了当时的时代精神的。因此,一般的宗教团体和特定的宗教权威都面临将已接受的"信仰宝藏"(depositum fidei)应用于新的社会和政治环境的挑战。在不断重读和编排这个受尊敬的传统的经典的过程中,"宣称的"(professed)信仰和"实施的"(operative)信仰两者之间的

---

　　[1]　Appleby, *Ambivalence of the Sacred*, p.69. 劳森(Laustsen)和维夫(Wæver)在本书中用后结构主义分析冲突中的宗教得出的相似结论并没有多少价值。简而言之,他们呼吁宗教的"非安全化",即意味着"尊重宗教如其本身"而并不将其当作一种意识形态。于是,如果按其字面意思,就是反对任何一方在冲突中野蛮地将宗教话语工具化。

　　[2]　Appleby, Ambivalence of the Sacred, pp. 30 – 34; Cox, *World Religions and Conflict Resolution*, p.267; William Vendley and David Little, "Implications for Religious Communities: Buddhism, Islam, Hinduism, Christianity", in *Religion, the Missing Dimension*, pp.309 – 12.

鸿沟是不可避免的。当一些传统在特定的历史条件下得到
重视的时候,另外一些传统却被推入了这个宗教团体的集体
潜意识之中。在这里,号召对非信徒进行武装斗争的好战领
袖对于神圣经文和教义的解读只是其中的解读之一。而且,
这种解读经常是他们这个团体中相当边缘化的一种解读。
在某些情形之下,(宗教经文和教义)可能会被用来合法化暴
力行为、号召为战争作出牺牲、谴责不同宗教信仰的人们,但
是人们会发现,在所有的伟大宗教之中都能找到大量的源头
是教导信仰与暴力的不相容、号召人们为了和平作出牺牲并
尊重不同信仰的人们的。① 按阿普勒拜的说法,宗教的文明
化维度不应该被低估,它们具有建设和平的潜力,而这种潜
力在今后的几十年中可能会愈发重要:

> 在每个伟大的传统中,尽管它们之间有大量的
> 差别,但是人们还是能够寻找到一条促使其信徒更
> 加热情、宽容、顺从的道德轨迹。那些不断要求正
> 统的宗教表达地位、带有仇恨和报复的竞争性声音
> 逐渐被看成是"魔鬼的"声音。②

按对话策略倡议者的说法,全世界的宗教权威都逐渐意
识到保护他们所在共同体的神圣传统的职责,以避免它们被
一些人利用、成为他们自我扩张的工具。就此而言,他们能
够采取许多有创意的方法来对付我们前面提到的精英决策

---

① 这对于伊斯兰教也是、尤其是真实的,西方公众经常怀疑这一点,认为它总
是无情地推动穆斯林和非穆斯林的暴力对抗。但是,伊斯兰教和其他所有的世界宗
教一样,都是多面的;参见本书中 John L. Esposito 和 John O. Voll 的那篇杰出的
文章。

② Appleby, *Ambivalence of the Sacred*, p. 31.

的四个决定性因素。

（1）首先,既定的宗教权威可以驳斥将一场特定的冲突定性为信仰冲突。① 正如我们反复强调的,宗教上的理解分歧很少成为暴力对抗的真正动因。进一步讲,所有伟大的世界宗教都为合法使用暴力对付个人和群体订立了严格的标准,而很少有敌人符合这些标准。通过驳斥政客或受威胁官员的煽动性言辞,宗教权威能够在很大程度上降低具有暴力倾向的好战运动所需的成员动员度和社会支持度。

另外,汉斯·昆和库斯切尔(Kuschel)提醒我们,各种伟大的世界宗教都有一套共同的道德价值和道德原则——保护个人和团体不受暴力侵害并对抗强者的物质剥削。② 汉斯·昆将这种教义之间的"舆论重合区域"称作正在呈现之中的全球伦理。③ 它的核心由黄金律和四条诫命构成:一是倡导非暴力的文化和对生命的高度尊重的责任;二是倡导团结的文化和公平的经济秩序的责任;三是倡导宽容的文化和诚实的生活的责任;四是倡导男女平等和和谐的文化的责任。

加在一起, 这些诫命肯定了"人类大家庭根本联合、全

① Appleby, *Ambivalence of the Sacred*, pp. 72 – 80; Küng, *Projekt Weltethos*, p. 86. 类似的观点参见, Scott M. Thomas 在本书中的文章。

② Küng and Kuschel, *Erklärung zum Weltethos*, pp. 9 – 11. 这套普遍的道德价值和标准于1970年在京都召开的第一届世界宗教与和平大会上得到阐述,并且,在1993年的芝加哥世界宗教全球大会上,又以略微不同的方式阐述了这套道德价值和标准。最后,2000年8月27日,在美国纽约召开了世界和平千年峰会。为期四天的会议汇集了来自世界一百多个国家、几十个宗教团体、超过一千名的精神领袖,规模空前。参见, Jane Lapeman, "World Religious Leaders Hold First Summit", *Christian Science Monitor*, 28 August 2000, A1; 以及 Colum Lynch, "U. N. Summit Hears Plea For Religious Tolerance", *Washington Post*, 30 Agust 2000, A16。

③ Küng, *Weltethos für Weltpolitik und Weltwirtschaft*, p. 154.

人类平等和尊严的信念"以及"个体的人及其良心的神圣感"
等等——正如 1970 年在京都召开的第一届世界宗教与和平
大会（World Conference on Religion and Peace）已经阐述的。[①]
如果这些原则为在位的宗教权威认真对待并发扬光大，那么
在冲突中非人道地对待敌人的任何企图都会因此受到全球
伦理的制约——全球伦理使世界宗教自然而然地联合起来、
追求政治冲突的和平解决。事实上，我们可以期待，具有不
同信仰的既定的宗教权威对于共同伦理基础的强调能够大
大改变敌对精英宣扬暴力手段解决冲突的倾向。正如鲁宾
（Rubin）、普路特（Pruitt）以及科姆（Kim）所认为的，阻止暴力
升级最重要的资源之一是普通群体成员之间形成的社会纽
带。[②] 这正是全球道德致力的方向。

（2）既定的宗教权威有能力引导信徒的意愿，使他们为
旨在解决他们的不幸的和平行动作出牺牲。社会运动并不
总是主张激烈的政治改革，有时也会将他们的追随者的活动
严格限制在非暴力活动范围之内，这在世界宗教中间屡见不
鲜——比如，印度国大党的独立运动、柬埔寨真理朝拜运动
（Cambodian Pilgrims of Truth）、巴基斯坦西北部的帕什顿改
革运动（Pashtun reform）、美国的民权运动。[③] 这些运动的核

[①]　Vendley and Little, "Implications for Religious Communities," in *Religion*, *the Missing Dimension*, p. 314.

[②]　Rubin, Pruitt, and Kim, *Social Conflict*, pp. 127 – 28.

[③]　关于国大党的运动, 参见, Cox, "World Religious and Conflict Resolution", p. 270. For the Cambodia Pilgrims of Truth, 参见, Appleby, *Ambivalence of the Sacred*, p. 123. 关于帕什顿改革运动[0], 参见, Robert C. Johansen, "Radical Islam and Non-violence: A Case Study of Religious Empowerment and Constraint Among Pashtuns", *Journal of peace Research* 34, No. 1 (1997): pp. 53 – 71。

心人物,"圣雄"甘地(Mahatma Gandhi),柬埔寨的佛教首领马哈·哥沙纳达(Samdech Preah Maha Ghosananda),"穆斯林的圣弗朗西斯"阿普杜尔·贾法儿·可汗(Abdul Ghaffar),马丁·路德·金(Martin Luther King Jr.),他们对他们的政治要求以及源自他们宗教信念的对非暴力反抗策略的严格坚持深信不疑。在相当和平地结束南非种族隔离政策的过程中,基督教会的缓和影响也起了作用,即便不是决定性的作用。[①]其中的领袖们——最主要是德斯蒙德·图图(Desmond Tutu)——设法使暴力手段丧失合法性,他同时也强调了基督教的调解职责。

类似地,在20世纪七八十年代,拉丁美洲的罗马天主教会的杰出人物坚决主张对他们各自国家的军事派的滥用权力进行非暴力抗议。[②] 他们之中的主要人物是:累西腓(Recife,巴西东北部港市)的主教,多姆·赫尔德·卡玛拉(Dom Helder Camara);圣保罗(Sao Paulo)的大主教,多姆·保罗·伊瓦雷斯多·阿斯(Dom Paulo Evaristo Arns);萨尔瓦多(El Salvador)的大主教奥斯卡·罗梅罗(Oscar Romero)。另外还有许多在拉丁美洲国家的活动家,他们公开谴责政府对人权的公然侵犯;严厉谴责酷刑并要求释放政治犯;协助反对派,为他们提供避难所和组织资源;支持他们国家的民主运动。许多主教、牧师以及修女为了他们的道德和政治斗争付出了高昂的代价。比如1980年,奥斯卡·罗梅罗公开劝阻士兵们不要执行上级屠杀平民的命令,不久以后便被右翼敢死队

---

① Douglas Johnston,"The Churches and Apartheid in South Africa", in *Religion, the Missing Dimension*,pp. 177 – 207.

② German, *Politik und Kirche in Lateinamerika*, pp. 412 – 207.

暗杀。

（3）前面已经提到,宗教权威如果尽力宣扬世界各宗教之间的道德上的共同基础,这至少在理论上能够阻止特定争端之中的反对及其成员的非人道行为。但是,实际的政治冲突经常升级到对手之间产生强烈敌意的程度。在此类暴力冲突中,通过协商从而永久地解决冲突——至少——是相当复杂的。在冲突方的互动中,信任成了一种罕见的美德。他们陷入了自我实现预言的循环之中,使得停止对抗似乎是不可能的,除非有一场彻底的胜利或者一方的失败或者有第三方霸权的强行解决。在这种情况下,宗教领袖可能会使用——至少有时候确实会使用——他们的权威来调停冲突双方。① 由于他们的名望——作为世界上受尊敬的宗教的代表,宗教权威们能够责成冲突双方尊重基本的宗教价值、促进敌对双方互信的重建。他们能够重开交流渠道,提供协商场所,并帮助提供解决冲突的体面说辞。此外,他们也能够监督协议的执行,并对任何的进展或违反作出可靠的评估。这样,他们能推动冲突以协商方式解决——即使是在十分紧张的情况之下。如此一来,宗教权威就能够起决定性的作用,避免冲突行为日益陷入到永久性地采取攻击性自助方式的境地之中。

（4）最后,既定的宗教权威拥有道德名望和必要的资源,

---

① 案例研究见 Religion, the Missing Dimension, esp. fn. 71。另外一个例子是宗教 NGOs 提供的服务,比如 the Buddhist Peace Fellowship, Menonite Central Committee, the Muslim Peace Fellowship, Oz veShalom-Neticot Shalom, the Roman Catholic Community of Sant'Egidio, Thich Nhat Hanh's Tiep Hien, The World Conference on Religion and Peace, 等等。参见, Appleby, Ambivalence of the Sacred, pp. 121–65。

他们不仅能够谴责政客和受到威胁的政府当局的言辞(rhetoric),而且也能够为那些在社会中遭受严重的社会经济不平等以及政治、文化歧视的穷人和受压迫者说话。1970年,在京都召开的第一届世界宗教与和平大会上,支持国内或国家间不利一方的普遍一致原则已经被确定下来。1993年9月的世界宗教议会再次重申了这一原则,并且这一原则也被列入了2000年8月召开的世界和平千年峰会(Millennium World Peace Summit)的议事日程。一方面,站在这样一个批评的、改革者的位置直面政治集团,宗教权威可以避免被处于统治地位的精英工具化——在许多国家,处于统治地位精英有强烈的兴趣,要依赖宗教传统来抑制绝望者的起义、确保贫穷和受压迫一方保持寂静(quietism)。① 另一方面,宗教权威能够表达冤屈,从而起到安全阀的作用,以免不满的人们投入暴力行动或者同情暴力行动。多数学者认为,缺乏疏导抗议、回应怨愤的有效的社会和政治机制正是导致冲突升级的最重要的根源之一。② 反之,以可靠的、有效的渠道表达冤屈就能够削弱暴力冲突的合法性。

---

① 宗教因此将成为"人们的鸦片剂"。这是宗教传统中值得注意的一个方面,然而却经常被工具主义学者忽视。解放神学的倡议者与之相反,认真对待宗教作为人们的鸦片剂的角色。参见 German, *Politik und Kirche in Lateinamerika*, pp. 71 – 75, pp. 84 – 87; Gutiérrez, *Theologie der Befreiung*, pp. 61 – 62; 以及 Jones, "Religious Legitimation of Counterviolence", pp. 201 – 05。类似的, Senghaas, *Zibilisierung wider Willen*, pp. 175 – 84, 谴责东亚和东南亚的统治当局对所谓的"亚洲价值"的利用。

② Brown and de Jonge Oudraat, *International Conflict and International Action*, p. 253; Rubin, Pruitt, and Kim Social Conflict, p. 133; 以及 Van Evera, *Hypotheses on Nationalism and War*. pp. 53 – 54.

4. 成功实施对话策略的两个条件

尽管受宗教激励的和平促进者(peacemaker)零星地取得了成功,也尽管在多元教义中达成一致的规范的努力也取得了相当大的理论进步,但是要想创立一种真正能影响人民和他们的行为的全球伦理,这条路还是很漫长。在我们看来,至少有两个重要问题阻碍了这样一种伦理的形成,也阻碍了从这种伦理出发的社会实践的实施。

第一,有一个经常被探讨的、存在于不同宗教团体之间的两难困境:在他们加强自身团体对暴力的抵制之前,他们必须首先确定对方团体也会这么做。如果事实不是这样,那么和平的一方将是愚蠢的,这也正是保守的学者们所担心的。[①] 因此,必须找到在宗教团体之间建立信心的方法以避免这种两难困境的发生。对彼此间行为的有效监督将最小化被欺骗、遭受相对损失的风险。也就是说,任何利用对方的合作的行为都能被及早发现,因此使其失去吸引力。在这里,如果绝大多数国家都有一种宗教少数派,那将是十分有益的。多数派对待少数派的方式就可以视为大宗教是否愿意彼此合作的指示灯(indicator)。

如此一来,我们就可以期望世界各大宗教团体之间的信任可以增长到这样一种程度——他们会支持在自己的影响范围之内的持不同宗教信仰的人们。这样一来,他们就会表现出他们对前面提到的最基本的道德标准的普遍有效性是

[①] Kaufmann, *Possible and Impossible Solutions*, p. 147, 以及 Posen, *Security Dilemma and Ethnic Conflict*, pp. 27 – 34。

真正相信和认可的。于是,一种相互尊重的文化就会在相关社会发展起来。这将有助于防止妖魔化社会冲突中的另一方。为了加快对少数派的保护进程,宗教团体将同意建立共同的非政府法院(nonstate court),接受受歧视的少数派的申诉,而这些少数派则可以自由地向这些非政府法院提起上诉。后者将被赋予审判宗教歧视的权力,并公开地作出它们的判决。

在和平促进者(peacemaker)走向宗教间承认的道路上,还有第二个障碍,那就是罪行问题。所有大宗教团体都或多或少地曾经被、或者正在被卷入暴力政治冲突。在这些冲突中,它们曾经明显地偏袒某一方,或者没有防止它们的信仰被利用,或者被用于使暴力合法化,或者被用于战争的动员。按照上述方式对宗教进行基本的重新定位,就相当于承认那些罪行。那些既定的宗教领袖将会发现那是难以接受的,因为这会危及到他们的最宝贵资产:他们的信誉。他们必定害怕他们会失去追随者并损害到他们所理解的他们的使命。因此,什么才是能够被他们承认并遵守的共同的全球道德,这个问题就值得进一步深究。

人们预计,只有当继续按照原有方式运作所造成的损失大于重新调整计划所造成的损失时,宗教领袖——包括其他社会精英——才会试图重新评估他们的纲领并改变他们的行为。在这种形势下,如果他们仍然顽固地坚持当前立场,他们就有被其他更有革新思维的领导集团所替代的危险。所以,进一步强调宗教间共同基础的一个重要动力将取决于宗教内的革新运动是否得势。

阿普勒拜、埃斯波西托(Esposito)、杰根斯迈尔(Juergen-

meyer)、李特尔(Little)以及沃尔(Voll)等人认为,如今在每
个世界宗教内部都有对宗教煽动和宗教不宽容的温和批
评。① 这些批评者指出,只有与不同信仰的人们合作、而不是
对抗,和平才有可能;以武力的手段推广自己的信念是违背
宗教本质的。随着好战的原教旨主义者的计划被证明是反
生产性的或者是自我破坏性的,不同宗教内部的革新运动将
会得到他们各自信徒的支持。因为,我们不要忘记宗教的政
治复兴源于现代性的弱点。现代化精英关于增加福利的诺
言的破灭导致了人们的失望,正是这种失望给古老的教条注
入了新的可能性,并且将它们的代表的声望和权力提高到一
个新的高度。这也是何以后者也会失去支持,以至于被看作
是问题本身的一部分,应当为暴力和苦难承担部分罪责的原
因所在了。换句话说,如果宗教信仰不能够实现他们承诺的
未来,那么它也将面临与世俗现代性诺言同样的命运。②

表 4.2 处理社会冲突中信念冲突的三种策略

	威慑和镇压	发展和民主化	对话(＊)
关注点	冲突行为	社会经济冲突	冲突态度
对策	警察和军队	物质福利	道德教化
目标	使暴力行为显得不理智	使暴力失去必要性	使暴力失去合法性

---

① Appleby, *Ambivalence of the Sacred*, pp. 140 – 43; Esposito and Voll, "Islam and the West", in this volume, pp. 465 – 70; Juergensmeyer, New Cold War, p. 195; Little, "Religious Militancy", pp. 83 – 86.

② 这一点也已经被关于阿拉伯国家的近期发展的研究所证实。参见,特别是 Faksh, "The Prospects of Islamic Fundamentalism", p. 215, 以及 Karawan, The Islamist Impasse, p. 31。随着伊朗和苏丹政府的失败表现,原教旨主义者的口号——"伊斯兰就是解决方案"(Islam is the solution)已经丧失了其中的大部分力量。

	威慑和镇压	发展和民主化	对话（*）
作用机制	运用军事力量浇灭取得成功的希望；运用军事力量遏制增长的牺牲意愿	福利降低对宗教团体的认同感；福利降低暴力策略的动员度和公共支持度；政治参与增加了非暴力的抗议形式的预期有效性	揭露宗教传统的政治工具化；强调一切人的内在价值；通过增进互信、监督协议执行从而促成合作

在表4.2中,我们概括了我们在前面的论述。我们在对话策略旁边加了个符号,因为温和的建构主义者明智地意识到,单靠宣传热爱和平的态度是不足以保证长久和平的。对话策略必须尽可能地得到经济和政治发展策略的辅助以及偶尔得到——作为最后手段——武力手段的补充。尽管如此,归根结底,这些策略的成功还要取决于大部分人口的意愿——尊重少数派的权力并反对把暴力作为解决冲突的手段。此外,这个多数派必须愿意支持民主化以及具有广泛包容性的宪政政府体系。

五、总结

约翰斯顿(Johnston)和考克斯(Cox)提醒我们,宗教团体在政治和政策上的影响真的不可以被高估。① 冲突的根源和

---

① Johnston, *Review of the Findings*, p. 263; Cox, *World Religions and Conflict Resolution*, p. 266.

进程往往是高度复杂的。作为冲突的根源,宗教因素经常只
扮演次要的角色,但是它也是冲突的进程中一个重要的因
素。因此,在处理短期暴力对峙时,宗教的和平展望可以起
到重要的现实作用,正如基督教会在南非或者圣雄甘地在印
度独立运动中所扮演的角色。所以,问题不在于宗教信仰是
否能够影响政治进程——这是毫无疑问的——而在于什么
时候宗教信仰具有升级冲突的作用、什么时候具有缓和冲突
的作用。对于和平和冲突的恰当的研究刚刚开始。尽管如
此,我们希望在不久的将来,对话策略的前景和局限都能被
完全发掘出来。至今仍然不能预见,当前的社会和政治危机
能够单靠经济发展和民主化来消除。我们不希望、也不认为
一国的统治精英可以通过对一部分人口使用武力就能控制
或者将能控制社会危机。这就是为何我们不得不想方设法
为和平的调停政策——如果不是和解政策的话——留下空
间的原因所在了。旨在降低暴力的合法性、并引起民众对暴
力的抵制的对话策略可能就是这样一项事业的一个行之有
效的开端。

第五章
保卫宗教
——宗教指涉对象的安全化*

劳斯特森　奥利·维夫 撰

吴斌 译　张新樟 校

这是一个被广泛认同的假设——随着冷战的结束,冲突和战争较少地为政治意识形态体系所推动。它们的发生也不是出于经济动机、甚或是将领土和权力这些传统因素作为自身目标。冲突的根源越来越多地与文化和认同联系在一起,各种冲突广泛地被打上了"种族的"这样的标签,或者(有人)用"文明冲突"这样的范式对全球政治进行宏观解释。①对塞缪尔·亨廷顿而言,文明最终在很大程度上是由宗教来

* 原题为 *In Defense of Religion: Sacred Referent Objects for Securitization*, Carsten Bagge Laustsen&Ole Wæver。我们要感谢 Ulla Holm, Vibeke Schou Petersen, Mikkel Vedby Rasmussen, Stefano Guzzini, Pertti Joenniemi, Lene Hansen, Barry Buzan, Birgitta Frello, 以及 Katalin Sarvary, 以及 2000 年 8 月丹麦社会学家大会上关于"现代全球社会中的神圣宫殿"讨论会的参与者,另外还有两位匿名的杂志评论者,感谢他们的有益的批评和建议。

① Samuel P. Huntington, *The clash of Civilizations and the Remarking of World Order*(London: Simon and Schuster, 1997); Douglas Johnston, "Introduction: Beyond Power Politics", in *Religion, the missing Dimension of Statecraft*, eds. Douglas Johnston and Cynthia Sampson (Oxford: Oxford University Press, 1994); and Barry Rubin, "Religion and International Affairs", in *Religion, the missing Dimension of Statecraft*.

◇ 第二部分　战争、安全和宗教

197

定义的。① 此外,他认为,后冷战时代的一个趋势就是"世界大部分地区的宗教复兴",这个趋势加强了各文化之间的差异。② 从20世纪70年代开始,"宗教衰退"这一希望或者恐惧开始受到了挑战——不是因为现代化的匮乏,而是因为现代化所带来的一个意外的侧面效果——"上帝的复仇"、"世界的非世俗化"。③

在国际安全领域,人们在所谓的"原教旨主义"威胁的形式中非常敏锐地感觉到了这一效果。④ 这主要是指伊斯兰原教旨主义,但是福音派原教旨主义在美国外交政策中不断增加的影响是另外一些人担心的原因。⑤ 甚至,在观察家们对原教旨主义的评论言辞(以及研究)中——比如彼得·L·博格(Perter L. Berger)——也重点强调指出,"在分析当前事务的过程中忽视宗教因素是非常危险的。"⑥

国际关系学科因此被打乱,其中有一般的和特殊的原

---

① Huntington, *The Clash of Civilization*, p. 47.

② Ibid. , 28f.

③ Ibid. , 95ff. "The revenge of God" is aphrase borrowed from Gilles Kepel, *The Revenge of God: The Resurgence of Islam, Christianity and Judaism in the Modern World* (Cambridge: Polity Press, 1994).

④ Martin E. Marty and R. Scott Appleby, eds. , *The Fundametalism Project*, vols. pp. 1 – 5 (Chicago: The University of Chicago Press, 1991 – 1995).

⑤ Bernard Lewis, "The Roots of Muslim Rage", *Atlantic Monthly* 226, No. 3, (1990): pp. 47 – 54; Abdullahi A. An-Naîm, "Political Islam in National Politics and International Relations", in *The Desecularization of the World: Resurgent Religion and World Politics*, ed. Peter L. Berger (Grand Rapids, MI: William B. Eerdmans Publishing Company, 1999); and Willam Martin, "The Christian Right and American foreign Policy", *Foreign Policy*, No. 114, (1999): pp. 66 – 80.

⑥ Prter L. Berger, "Secularism in Retreat", *The National Interest*, No. 46, (1996/97): p. 12.

因。和其他现代社会科学一样,国际关系学科具有世俗化的一般假设,假设传统世界让位于现代性、迷信和宗教让位于科学和理性。[①] 更具体地说,许多国际关系思想广泛认为,威斯特伐利亚和平的"奠基行为(founding act)"已经结束了一个以宗教为核心的国际关系和战争的时代。比如,卡尔·郝斯蒂(Kal Holsti)这样描述 1815—1914 这段历史时期:"国际政治的世俗化开始于 1648 年、基本完成于西班牙王位继承战结束之后,自此之后一直持续未变。"[②]

我们不想评估国际冲突开始向受宗教驱动的冲突转变这一主张的准确性。我们是想探究以宗教名义发生的安全行为的动力特性(the dynamics characteristic)。由宗教构成的指涉对象的安全化是如何发生的? 甚至,那个"为什么"的问题在某种程度上也是可以被回答的,因为通过发掘界定宗教对象的威胁的话语结构,我们可以说明是什么使得这种形式的安全化特别有吸引力以及在什么条件下发生。对明确的宗教对象的安全行为进行研究,然后在这个基础上,我们将观察更加广泛的安全实践领域——这些安全实践被普遍地看作是"纯政治的",但是实际上它们包含了重要的宗教维度。最后,在文章的第三部分,我们将探讨这种对宗教与安全化的探究对于国际关系理论和安全研究的广泛意义。

在此过程中,我们将求助于安全化理论(哥本哈根学派),这一理论探究这一过程——"某种事物"(一个指涉对象)被认为受到了威胁,于是旨在保卫这一事物的安全行为得到了实

---

① See Edward Luttwak, "The Missing Dimension", in *Religion*, *the Missing Dimension*.

② Kalevi J. Holsti, *Peace and War*: *Armed Conflicts and International Order*, *1648—1989* (Cambridge: Cambridge University Press, 1991), p.149.

施。安全化理论的一个核心观点是指涉对象的特性非常重要。作出安全言语行为时,以"国家"的名义不同于以"民族"的名义,更不必说以"鲸鱼"的名义或者以"自由的国际经济秩序"的名义。生存(survival)因不同的指涉对象有不同的含义,并且,取决于指涉对象的构成,保卫某一事物的诉求也会引发不同的动力。因此,在宗教领域,第一个任务就是界定宗教信仰以及由某种宗教话语构成的对象的特性。这意味着我们需要转移目光去看一看基尔凯郭尔(Søren Kierkegaard)和巴塔耶(Georges Bataille)的著作。在这个基础上,第一步的分析是探究那些纯粹是宗教性质的对象的安全化逻辑,这里主要运用来自原教旨主义问题的事例。这部分分析主要是试图搞清为什么总是特别试图安全化宗教,是怎样做的(这一领域的安全化的特别形态),还有做什么的问题(何种连锁反应经常被引发,比如牺牲、神话、仪式的功能)。第二步的分析将关注,一些被当作是宗教特性的东西怎么会出现在许多政治意识形态之中。因此,许多开始被当作属于政治领域的安全化问题如果能够将宗教领域的机制特性考虑在内的话,它们就能够更好地被理解。这一部分的论述引用齐泽克(Slavoj Žižek)的著作,并推动分析进入第三步:宗教对于安全化理论(由此推论包括许多国际关系理论)的元理论(meta-theoretical)意义。

由于没有把宗教简化为一种返祖的怪物,而是把它看作是整合于大部分政治之中,并且随着后结构主义哲学最近几年转向于思考对西方哲学传统中的宗教维度进行反思的必要性,宗教已经重新成为国际关系理论(主要是后结构主义)的一个维度。虽然本文开头只着眼于思考当你保卫宗教指涉对象时发生了什么——这显得相当狭隘,但是当它把宗教作为一个重要的国际关系理论的维度来保卫,并且要求国际关系领域对宗教进行反思的时候,这个题目就蕴含了更加激进的含义。文章的这部分内容还引入了——除后结构主义哲学家之外——一些更加古老的,特别是古典现实主义和早期英国学派,关于宗教和国际关系的联系的理论。

文章三部分内容的联系是非传统的。在某些方面,它们是以彼此为基础建立起来的,就像任何累计分析所做的那样。但是当各部分产生冲突时,也有一些有意的角度转换。看上去就像这样:在第一部分内容中,宗教作为几个部分中的一部分被包含在安全化分析框架之中;在第二部分内容中,宗教和安全化是并列的;作为一个极其重要的后果,在第三部分中,宗教成了相互关联的问题群,由于它的缘故,安全化,连同原来的分析框架,都受到了质疑。

一、安全化和宗教

安全化(securitization)是所谓的哥本哈根学派在安全研究中的定义要素之一[另外的关键要素包括"领域"(sectors)和"地区安全复合体"(regional security complexes)]。[①]传统安全研究是在与主要的安全政策主体相同的框架中展开的——讨论威胁是否客观存在,试图衡量其严重性并设计最佳对策,安全化理论建立了一个次一级的体系来观察安全研究范围中的主要行为主体的行为。它研究安全事件是如何被行为主体制造出来的——这些行为主体提出某种事物

---

① "哥本哈根学派"是由 Bill McSweeney 提出来的,见:"Identity and Security: Buzan and the Copenhagen School", *Review of International Studies* 2, No. 1 (1996): pp. 81 – 94。也见 Barry Buzan, *Ole Wæver, and Jaap de Wilde, Secutity: A New Framework for Analysis* (Boulder, CO: Lynne Rienner, 1998)。

(一个指涉对象)遭到了生存威胁并因此宣称有权使用非常
手段来保卫它。

在讨论安全时,一个极其关键的问题就是将一些事件提高
到常规政治之上以便使其具有特别的紧急性和必要性。于是,
安全就具有一种特殊的修辞形式(rhetorical form):一些指涉对
象(referent object)被看作具有生存的需求并且其生存遭到了
威胁;这个威胁非常迅速、非常严重,以至于不容置疑——如果
不及时处理,就会太晚了——因此,这些事件不能作常规处理。
试图这样来定义事态的行为主体,也就是安全化行为主体,于
是宣称具有权利采取非常手段,然后,安全化运动能否成功发
动就最终取决于相关听众是否决定接受这种做法。如此一来,
安全就既不是客观的(威胁本身),也不是主观的(一种感知),
而是主体间性的(intersubjective)和政治的:谁能够安全化,什
么是安全化以及安全化具有什么效果?

安全化的过程是一种言语行为(speech act)。符号的旨
趣不在于指向某种更真实的东西:讲话本身就是行动。在讲
那些话的时候,某些事情就已经做了(比如作出一个承诺、打
赌、命名一艘船)。讲"我为我的行为表示道歉"的时候,讲话
者实际上在作出道歉,他并没有将自己描述为正在为自己的行
为道歉。一个句子比如"X 是个安全问题"并不是一个"恒常
句"(constantive),而是一个"施为句"(performative)①,因此,

---

① J. L. Austin, *How to Do Things with Words*, 2nd ed. (Oxford: Oxford University
Press, 1975); John R. Searle, *Speech Acts* (Cambridge: Cambridge University Press, 1969).
Jacques Derrida, *Limited Inc.* (Evanston, IL: Northwestern Universtiy Press, 1988); Judith
Butler, *Excitable Speech: A Politics of the Performative* (London: Routledge, 1997); John For-
rester, *The Seductions of Psychoanalysis: Freud, Lacan, and Derrida* (Cambridge: Cambridge
University Press, 1990).

它并没有真实(truth)状态,而只有恰当(felicity)状态。某种事物成为一项安全事务是因为被标志为(labeling)安全事务。安全性是一种自我参照的(self-referential)实践。因此安全化的严格的定义和判断标准是主体间确认一种生存威胁,这种生存威胁的显著性足以引起实质性的政治影响。

这个研究方法并不追求在使尽可能多的问题安全化的意义上扩大安全事项。恰恰相反,安全化研究方法的理想在于——其他条件不变的情况下——非安全化(de-securitiza-tion),也就是不要把一些事件以紧急和"必需"的名义提到常规政治之上——把一些事件以这样的名义提到常规政治之中常常是具有反民主的效应的。

这个理论的一个重点在于说明安全化的效应。当一个事件被安全化时,它通常同时具有"国内"(比如抑制言论和民主)和"国外"意义,如引发冲突、安全困境、冲突升级。但是,不同的指涉对象产生不同的动力(dynamics)。这是这个研究方法经常低估的一点。因为这个理论试图说明"安全的安全性"(The securityness of security)——是什么使得一个安全事件成为一个安全事件——它存在这样一个倾向,就是强调在不同领域中关于不同指涉对象的安全的共性。然而,什么指涉对象被安全化是非常重要的。政治领域中所谓的对国家主权的威胁其含义不同于社会领域中对民族认同的威胁。

为了有助于避免冲突升级和安全困境并且有可能创造出一个建设性的动力,这个理论应当能够理解并且在某种程度上预测到由不同类型的指涉对象和不同的领域所塑造的各种安全化模式。理解认同的本质能够帮助我们找到社会领域的各种特殊模式。① 现在的任务是在宗教领域做同样的工作。因此,以下部分的内容将从"什么是宗教"这个问题开始,以便进入到下一步的问题——当宗教对象被阐述在一套安全话语(discourse)中时会发生什么。

在这之前,我们需要论及安全化理论以说明一个理论问题,即领域问题。迄今为止,在哥本哈根学派,宗教一直被当作社会领域的一部分来处理。② 在社会领域,最普遍的具有认同基础的社会共同体是族裔民族(ethnonational)共同体——民族和"少数民族"——但是还有那些基于区域性认同的社会共同体,比如部落、延伸家庭以及宗教。问题在于这对于宗教而言是不是公平的,或者仅仅将宗教当作社会共同体而不是将宗教当作宗教对待是不是公平的。因此,必须思考宗教是否能够或者应该被当作一个独立的领域。特别地,我们将聚焦于这样一些安全话语的实例,在其中指涉对象被建构在宗教话语之中,也就是说,在这些实例中安全和宗教话语汇合一起。

宗教在先前是被当作社会领域的一部分来处理的,这就是说,是被当作具有认同基础的社会共同体来处理的——"我们基督徒"就类似于"我们库尔德人"。这抓住了宗教作为社会共同体和认同的来源这一功能,比如,当"世界上的各

---

① Ole Wæver, "Insécurité, Indentité: Une Dialectique sans Fin", in *Entre Union et Nations: L'état en Europe*, ed. Anne-Marie Le Gloannec (Paris: Presses de Sciences Po, 1998).

② Ole Wæver, Barry Buzan, Morten Kelstrup, and Pierre Lemaitre with David Carlton et al, *Identity, Migration, and the New Security Agenda in Europe* (London: Pinter, 1993), 22f,44, 132ff. Buzan et al, Security, 123f.

宗教"被很好地组织起来并"治理"人们的时候,这些宗教也会偶尔地被包括在政治领域之中——但是这样做对于纯粹宗教性的宗教来说是不公平的。在宗教中寻找宗教性的因素,我们不能停留于满足将宗教看作是一种社会共同体或者认同。宗教话语保卫的并不是认同或共同体,而是真正的信仰——以正确的方式敬拜正确的上帝,从而——在某些宗教中——获得拯救的可能性。

1. 宗教的定义

研究宗教有许多方法。其中,神学和哲学构成了研究宗教的一个系统的方法,这个方法也将成为我们主要的参考背景。一个人在理解一个现象时,如果他不考虑那些面对并经历这个现象的人对于这个现象的描述方式,他就不能够理解这个现象。在这些宗教性的人物中,我们挑选了基尔凯郭尔(Kierkegaard)对信仰的描述来作为我们研究宗教的主要途径。基尔凯郭尔的思想在19、20世纪的新教世界是杰出的,而且他的权威分析至今仍能普遍适用。显然,这将导致在我们的研究中给予基督教——或者可能是新教——以特权。拯救之确定性的不可能性是清楚的、基本的、自觉的,而且关于内在(immanent)和超验(transcendent)的总体区分在其他宗教中也能够被分析出来。

黑格尔曾经这样批评康德的超验范畴,他讽刺地说,每次他向水果贩子要一个水果的时候他会得到一个苹果、一个梨,但是从来不会得到一个水果。就像苹果和梨,我们只有基督教、伊斯兰教、印度教等等,却从来不会有宗教本身。不过,黑格尔的观点并不是说,这会阻碍对比和范畴的引入。

他的要点是,我们必须承认,我们是通过特殊(基督教)走向普遍(宗教本身)的。①

走出这个悖论的一般方法通常是运用宗教社会学,接受方法论上的无神论。② 然而,这种社会学的方法通常忽视了使宗教之所以成为宗教的东西。这在统治了宗教社会学几十年的功能主义学派的推理之中表现最为明显。宗教可以是——如恩格斯所说——人民的鸦片,但是要使这个说法有效的宗教必须是严格意义上的宗教。用宗教的功能描述宗教或者从更广阔的视角将其看作一种社会力量的产物,这都会使宗教显得很干瘪。③

因此,要找到一种承认宗教话语之本质的社会学方法是困难的。但是,我们宣布已经在巴塔耶(Bataille)的《宗教的理论》(*Theory of Religion*)中找到了一种方法,在我们看来,它使得我们能够理解人们表达(represent)超验和内在之分的各种方式。④ 我们认为宗教话语都有三个基本特点。第一,信仰乃是一种抓不住的原则;第二,信仰通过超验和内在之分得到表达;第三,宗教教义和宗教行为可以被视为是通过中介原则(principle of mediation)构筑超验领域和现世领域之间的桥梁。

---

① Slavoj Žižek, "Holding the Place", in *Contingency*, *Hegemony*, *Universality-Contemporary* Dialogues on the Left, eds. Judith Butler, Ernesto Laclau, and Slavoj Žižek (London: Verso, 2000), pp. 315 – 16.

② Peter L. Berger, *The Sacred Canopy-Elements of a Sociological Theory of Religion* (New York: Anchor Books, 1967), p. 100, p. 110, p. 180.

③ 把宗教理解为整合,就有可能会忘记宗教是冲突的源泉。见: Niklas Luhmann, *Funktion der Religion* (Frankfurt am Main: Suhrkamp, 1977), 10f。

④ George Bataille, *Theory of Religion* (New York: Zone Books, 1989).

2. 信仰的问题

宗教话语一个确定的方面是宣称唯一性和不可译性。这并不奇怪——大多数其他的话语也可以这么说。因此,相应的任务就是要研究这种宣称的特定的宗教版本。基尔凯郭尔在许多著作中都区分了这三个主要阶段:审美阶段(the aesthetic)、伦理阶段(the ethical)和宗教阶段(the religious)。我们将在后面讨论这三个阶段,现在先集中于这个观点——伦理的和宗教的这两个阶段之间的运动有一个跳跃的特征。① 这个观点对于描述信仰具有很大的启发价值。按照这个观点,一个人必须处于宗教话语之中才能接受它的有效性(validity):一个人不能通过推理进入宗教话语之中,从而判别宗教信仰的真伪。宗教经验也是一样:一个人如果没有宗教性就不能体会到宗教的魅力。

基尔凯郭尔对宗教的理解是对先前试图证明上帝存在的尝试的反应之一。那些寻求证据的人不是真正的信徒,或者更确切地说没有信仰。基尔凯郭尔的论述陷入了信仰和知识之间的一个短路(short circuit)。② 信仰必然具有知识的特性。如果是信徒,我肯定上帝是存在的。另一方面,缺乏确信是完全必然的。虽然我知道上帝是存在的,但是我仍然只能知道他的部分意愿。引用基尔凯郭尔最著名的著作之

---

① Søren Kierkegaard, " Afsluttende uvidenskabelig Efterskrift ", in *Samlede Værker*, Vol. 9 (København: Gyldendal, 1962), pp. 80 – 90.

② 关于信仰的荒谬性,见:Kierkegaard, " Afsluttende uvidenskabelig Efterskrift ", Vol. 10, pp. 224 – 47。

207

一的题目:宗教涉及恐惧和战栗(fear and trembling)。① 离开了恐惧和战栗,我们将只是机械宇宙中的木偶。从这个意义上讲,主体的自由是通过确定内在和超验的区别才成为可能的。上帝的隐退使得人的自由和信仰成为可能。

基尔凯郭尔跳跃的比喻是为了描述信仰的特性。信仰(faith)不同于相信(belief)。相信是通过预期而获得的。如果一个特定的事件发生了几次,我预期它将会再发生。或者循着同样的路径,信仰不同于习惯。如果我的实践只是我父母的实践的一种延续,那么它就不能算是宗教实践。相信是建立在预期的基础之上,而信仰则是建立在无根据的决定(decision)之上。正是通过述行(performative)信仰的宣告或者宗教奇迹参与,我建立了信仰。当然,一个人也可以有成为信徒的原因。然而,在信仰的奇迹发生之后,追溯性地指出这些原因就是多余的了。宣称信仰只是学来的,这在某种意义上是一种无神论。信仰涉及一种从(由社会或者文化造成的)需要到(源自于主观性的)信仰的主观转变。信仰需要通过一种主观的篡夺(usurpation)才能成为我的或者我们的信仰。

为了进一步说明信仰的特性,让我们来研究基尔凯郭尔阐述的人生道路上的三个主要阶段,或者三种意识。② 在第一个阶段,意识被描述为审美的。这种意识的特点是缺乏固

---

① Søren Kierkegaard, "Frygt og Bæven", *Samlede Værker*, Vol. 5 (København: Gyldendal, 1962), pp. 7 – 111.

② 关于这三个阶段的最系统的阐述,见:Søren Kierkegaard, "Enten Eller", in Smalede Værker, Vols. pp. 1 – 2。

定的道德标准并喜欢不同的情感和感觉体验。① 基尔凯郭尔举了唐璜(Don Juan)②的例子,唐璜认为自由就是没有任何法律限制。③ 在这个意义上,审美意识争取一种坏的(也就是非宗教的)无限(infinity)。与此相对照,悲剧英雄苏格拉底就被当作伦理意识的典范。他接受道德法律并放弃直接的冲动和欲望。对基尔凯郭尔而言,婚姻是个完美的例子,表现了愿意克制性冲动并接受特定的(也就是外在的)责任。这种伦理意识准备在面对普遍的道德法律时作出让步。强调悲剧英雄首先是一个英雄,这一点非常重要。遵守道德的律法,他或她的意识将变得纯洁。比较而言,在宗教阶段人们承认,道德的律法是无法实行的,或者按照神学术语讲,人是一个罪人(sinner)。他承认,他已经永远地跟上帝分开了,道德律法只能是朝至高的善(Good)的接近。正是对于罪和分离的这种承认构成了信仰的基础。具有宗教性(Being religious)意味着一再地重申信仰的姿态。亚伯拉罕是信仰的英雄。他准备牺牲他心爱的、唯一的儿子以撒(Issac)——这个疯狂的举动印证了他对上帝的信仰——乃是信仰之实质范例。

区分伦理和宗教两个阶段有利于区别宗教与道德伦理。道德和伦理是一个可以通过推理得知的类别,而宗教则服从于一个其意志不可确知的主(Lord)或者上帝(God)。它需要一种信仰行为作为沟通人与神之间的距离的桥梁,而且这个

---

① Søren Kierkegaard, "Sygdommen til Døden: En Christelig Psychologisk Udvikling til Opbyggelse", in *Samlede Værker*, Vol. p. 15.

② 西班牙传说中的人物,风流贵族,诱奸者,为许多诗歌、戏剧和歌剧的男主角。

③ Kierkegaard, "Enten Eller", Vol. 1.

桥梁只是暂时的。信仰需要不断地巩固。因此,基尔凯郭尔将宗教描述为伦理的悬搁(a suspension of the ethical)。[1] 区分由人类规定的律法和由上帝规定的律法是至关重要的。如果用一种更加社会学的方式来表达,那我们可以用卢曼(Niklas Luhmann)的话来说,我们可以说,宗教与其他社会系统的不同之处就在于它认真对待和承认信仰的深渊(abyss of faith)。宗教将偶然解释为超验,而不仅仅是无法实现的机会、信息过载、冒险等等。[2]

正是由于这个原因,对于这个深渊的各种各样的叙述——诸如对道、律法、典籍的授予,以及对上帝在授予法律之后隐退,只留给人们以信仰而没有留给他们任何证据,如此等等的叙述——经常出现在宗教话语之中。宗教话语区别于其他大多数话语之处就在于清楚地以这种创造行为(act of constitution)作为主题。

宗教创作了有关创造深渊的——或者说关于上帝的——叙述,意味着它必将触及一种终极创造(Letzbegründung)。宗教话语以某种方式力图阻止威胁性地回溯(regress)一切创造行为。或者——用少一点功能主义色彩的词语讲可能更好一些——它被定义为一种"超验的理由"(transcendental justification)。用一神论的话语来说的话,就是上帝已经到达了那个不可再缩减的境地。在宗教话语中,问上帝是怎么被创造的和由谁创造的这样的问题是荒唐的。上帝作为创始主是绝对的(absolute)主人。他是那

---

① Kierkegaard, "Frygt og Bæven", pp. 51–62.

② Niklas Luhmann, "Kontingenz als Eigenwert der Modernen Gesellschaft", in *Beobachtungen der Moderne* (Braunschweig: Der Westdeutsche Verlag, 1992).

个——唯一的那个——其存在不归因于他人。

3. 同质和异质

沿着一种社会学对宗教的理解向前走,我们就要继续研究人们表达内在和超验之分的各种方式。或者换句话说,我们要研究信仰如何转变成身份。从逻辑推理的角度来看,彼岸世界(otherworldly realm)是不能够完全被表达的。如果能够,它就不是超验的了。面对一个缺席的上帝(an absent God),我们被迫构造人造的上帝形象。肖像的意象只是用以表达神的一种方式。宗教涉及一系列接近神的方式。我们将在后面提到其中的一些方式,现在我们先来说明超验和内在的区分是如何被转译为神圣和世俗的区分的。

我们的观点是,超验和内在的区分被"转译为"一种巴塔耶(Bataille)称之为的同质(homogeneous)领域和异质(heterogeneous)领域之间的区分了。异质现象指的是那些不能被正常的社会生活同化的现象。社会生活中的这些不正常的方面呈现出各种不同的面貌。在巴塔耶的著作中他提到了四个主要的异质领域:(1)超自然的力量(mana)和禁忌(tabu)或者更笼统地讲是神圣的和精神的事物;(2)从身体流出或排出的事物:粪便、血液和其他排泄物;(3)产生强烈情感反应的事物;(4)精神狂乱、疯狂、暴力和无节制。[1] 巴塔耶的区分可以看作是对正常(ordinary)和非常(extraordinary)活动的区分,或者,当这种区分应用在宗教领域之时,它是世俗

---

① Georges Bataille, "La Structure Psychologique du Fascisme", in *Oeuvres Complètes de Georges Batailles* (Paris: Gallimard, 1970).

(the profane)和神圣(the sacred)的区分。举几个明显的例子：一座教堂是一个不同于其他房子的房子；祈祷不同于工作；宗教节日不只是一个聚会；圣徒遗物并非只是一块骨头。

为了充分理解同质和异质之分的重要性，我们需要理解巴塔耶哲学体系的文法。巴塔耶哲学的模式是遵循一种双重否定(double negation)的逻辑。简单地说，巴塔耶认为，人之为人就是要否定那些被认为是兽性的东西。就人需要用一种法律来限制他而言，人是一个动物。巴塔耶的这个思想受到了弗洛伊德(Sigmund Freud)和拉康(Jacques Lacan)关于符号性阉割(symbolic castration)的著作的启发。就符号(话语、文化、著作等等)使得人能够讲话而言，人被阉割了。他不再能够像动物那样完全随着自己的本能行事。与弗洛伊德和拉康一样，巴塔耶认为律法是通过违反(transgression)(否定)得以维持的。举一个例子来说，对本性的原初否定是通过面对我们自己的动物的"过去"时产生的焦虑而得到印证的。比如，巴塔耶提到了身体以及身体的排泄物如何让人产生焦虑。①

巴塔耶运用这样一种逻辑来描述宗教。② 又说，兽性是分离的要点。当一只动物吃掉与它同类的另一只动物时，这并不涉及超验(transcendence)，只涉及差异(difference)。这种动物是纯粹的内在。吃者并没有将被吃者当作一个客体。③ "这种动物在世界上就像水在水之中。"④它并不经历

---

① Georges Bataille, *The Accursed Share*, volsⅡ-Ⅲ (New York: Zone Books, 1991), pp. 61 – 86.

② Bataille, *Theory of Religion*.

③ Bataille, *Theory of Religion*, pp. 17 – 18, 24.

④ 同③, p. 18.

主体和客体之间的分裂。人被否定了这种内在性。他是向往自我的一种意识(consciousness):一个被隔离的主体(a barred subject)。

对巴塔耶而言,宗教活动就是重新设置(reinstalling)一个内在的宇宙的尝试:人和上帝在其中成为一体的一个宇宙,就像动物是"水在水之中"那样。在巴塔耶看来,宗教提供了一种方法以克服那种将主体从其原始(兽性)状态中隔离出来的东西。尽管如此,这种新的无间性(immediacy)只有通过否定之否定才有可能。它不能像以前那样被设置:人已经失去了他追求善的原始形态,因此追求一种新的无间性通常是以对原初本性的否定(primordial negation)为中介的。举个例子:在把部分收获作为牺牲品时,人否定了他自己的否定性活动(劳动)的成果。这种牺牲与生产是对立的:①一个人牺牲了有用的东西。只有通过这第二次否定人才能到达神(或诸神)。

对巴塔耶而言,宗教是与道德对立的。道德属于同质领域,而宗教被定义为超越律法和"事物正常状态"(thinghood)的不正常状态(异质领域)。道德基于理性,而宗教则基于信仰的不正常表达。神性秩序是超越于实用的:它要求疯狂的时刻和没有用处的浪费行为。

这个部分的阐述使得我们能够讨论基尔凯郭尔与巴塔耶的宗教进路的相似性。前者被人们视为一位正直、虔诚的人,而巴塔耶则由于他的色情色彩的写作而受到了人们的谴责。进一步仔细地阅读,他们之间的相似性却是惊人的。他

---

① Bataille, *Theory of Religion*, p. 49.

们都将宗教理解为不正常的疯狂行为——这种行为打破独立自主的自我,让自我在神面前颤抖。如果将巴塔耶的哲学文法——否定之否定的逻辑与基尔凯郭尔的阶段理论进行比较,就会发现一个更加惊人的相似点。基尔凯郭尔的审美阶段相当于巴塔耶的兽性。这里,自我沉浸融入在享受的追求之中。主体是一个由兽性驱使的主体,因此在这个阶段没有经验(experience)到任何限制(constraint)。伦理阶段相当于巴塔耶的建立性的否定(founding negation,即最初的否定)。最初的否定是这样一个行为,通过这个行为一个人使自己从世界中分隔出来,并且开始把世界当作一个客体来对待。这个"之前"(the before)的否定、这个砍的动作(the cut)是奇妙的,正是这个建立性的姿态(founding gesture)使得人(man)成为人(human)。这次原初的切砍创造了时间、空间以及作为人的人(manhood)。通过一种类似的建立性姿态,法律被设置(install)起来。它像一把挥舞的刀,劈开了主体。

在基尔凯郭尔的第三个阶段,律法被体验为神授的律法。宗教意识承认,纯洁性不能依据对法律的遵守来衡量。人是一个罪人,他唯有通过信仰行为走向神。然而,他们是永远地被隔离了。基尔凯郭尔和巴塔耶都认为,只能以否定的方式走向神。基尔凯郭尔认为,亚伯拉罕的牺牲是一种印证他对上帝的信仰的疯狂行为。[①] 在巴塔耶看来,宗教对道德的否定大体都是如此。他们两人都认为宗教是不正常的,因此,两人都认为牺牲乃是宗教体验的原型。

概括起来,我们认为宗教有三个主要的维度。它有作为

---

① Kierkegaard, "Frygt og Bæven", pp. 7 – 111.

话语的指导性原则的信仰。这种信仰只有通过区分内在和超验才有可能,而这种区分最终被重新解释为神圣和世俗的区分。现在,我们要进一步研究,当宗教话语和相应的神圣对象进入政治领域的时候发生了什么。我们这里所关心的是一种极端的政治:安全政治。

4. 宗教的安全化

先前,哥本哈根学派研究了许多指涉对象的性质——最重要的是国家、民族、环境以及公司,发现了四个对应的生存标准:主权、认同、可持续性和避免破产。那么宗教呢? 我们认为信仰(faith)是其指涉对象,而存在(being)是其生存标准。如果信仰实践受到威胁,那么他的作为人(他的存在)的这一重要身份就会受到危险。存在是一种根本性的身份。在宗教中,存在根本是在上帝面前的存在,或者,少用一些一神论的方式讲,是在超验王国面前的存在。人是赤裸地面对上帝或者类似的实在的。既定的身份(财富、性别、职业)不具有第一重要的。宗教所涉及的乃是存在本身的创造。因此,对于那些挑战这种存在的关怀,一个人绝不能够持实用主义的态度。这不是说身份在宗教中不重要——神圣和世俗的分别在根本上就是一种身份——而是说,正是由于信仰,某种特定的身份成为宗教身份。

信仰所专注的是神性。通过信仰,超验领域和内在领域得以区分;或者反过来说,这种区分使得信仰成为可能。然而,神性的超验仍然要由人来表达。于是,内在和超验的区分就被重新转译为世俗和神圣的区分。通过这第二次转译,一整套的目标、人物以及实践都被神圣化了。这些事物被赋予神圣的力量、在它们的周围制造了神奇的氛围。作为灵性化的实体,它们将它们自己说成是非常的、高贵的、重要的对象、人物以及实践。总之,神圣对象能够被描述成是属于异质领域的。他们从来都不只是对象、人物或者实践。它们是灵生在物质中的彰显(spirit manifested)。

这些异质特性在神圣对象的安全化当中非常重要。神圣对象的失败常常被自动地看成是摧毁信仰、消灭存在的失败。如果神圣对象是超验领域和尘世领域的中介,那么这些对象的消失就意味着丧失了与上帝的联系。因此,指称神圣对象受到威胁的行动一般就意味着把一个重大问题安全化了(可能意味着国家会立即采取行动)。任何挑战和威胁都是生存性的(existential),因为存在问题的绝对性和根本性使得妥协和让步不可想象。宗教很容易转变成高级政治。不过,这种转变从来就不是自动的;它需要采取政治行动,在政治领域中表达这个威胁。

记住这一点是至关重要的,安全化研究聚焦于通过宣称处理生存性威胁的紧迫性把一些问题纳入政治进程的这个过程。我们的主要观点是认为,宗教是关乎生存的,因此对神圣对象的威胁通常被看作是生存性威胁,国家或者赋有类似权力的实体必须立即采取有效行动。因此,使神圣对象安全化的诱惑始终存在着。总的来说,以神圣对象的名义采取安全化行动的成功可能性比试图安全化其他多数对象时要大。一个公司通过宣称其生存遭到威胁从而成功地采取安全化行动——也就是说要求国家采取上述的同类行动——其难度要大得多。安全化行动能否取得成功主要取决于听众,通常最重要的是一国的居民。对这些居民来说,有关他们的生存威胁通常要比有关某个特定公司的生存问题更为急迫。另外,更重要的,有效安全化的前提是一个特定的指涉对象得到主体间的认同,认为它享有生存的权利,对比而言,一个公司只是当它能够有效竞争的时候才是有权生存的。在其生存受到威胁时,至少应当有某个听众群(一般不是整个国家的人们)会承认这个指涉对象的生存的必要性;至于他们是否会在随后承认确实存在生存性威胁,则是一个其次的经验问题。

国际政治中的多数宗教冲突都是不对称的。通常,世俗国家遭到宗教团体的攻击。来自宗教团体的恐怖主义威胁一般会被看作是对国家主权的威胁。在美国的外交政策中,来自宗教原教旨主义的威胁被看作是具有极端重要性的。这个新的敌人是受信仰驱动的,而非受权力欲驱动的。因此,威胁他们是没有用的,因为他们不懂理智和知识。在有关原教旨主义威胁的讨论中,通常认为原教旨主义的人数不多,但是他们的信仰使得他们高度不可预测、高度危险。他们被认为是没有任何私利考虑的,并且因此甚至准备牺牲他们自己的生命。这种可能性(宗教对世俗国家的攻击)可以被看作是宗教在安全政治领域中得到讨论的三种主要途径中的一种:

(1)一个宗教团体被看作是对国家生存的威胁。

(2)信仰被认为受到了任何"非宗教"行为主体或者进程(国家、技术、工业化、现代化等等)的威胁。

(3)信仰被认为受到了另一种宗教话语或行为者的威胁。

宗教会卷入到所有这三种情形之中,但是卷入的逻辑是不同的。第一种类型的安全政策可以是对抗原教旨主义的扩散以及相应的行为。这里,威胁被看作是对世俗国家的威胁。敌人可以是外部的,也可以是内部的。美国对奥萨马·本·拉登的恐惧显然是一种来自外部的威胁,而土耳其内部的伊斯兰主义就是一个来自内部的威胁的例子。在土耳其,当前宗教实践行为的某些方面被看作是对国家存在理由(raison dêtre)的一种威胁。世俗主义与宗教的斗争通常被看作是现代化与宗教上的前现代化(premorden)观念的斗争。这场斗争的一方是"原教旨主义者",他们不接受对于教会与国家的区分;另一方则坚持认为宗教属于私人领域。

杰根史迈尔注意到"(学者们)写了许多关于宗教对世俗主义的恐惧,但是很少人写世俗主义有时怀有的对宗教力量的非理性仇恨。"①他引用了许多"世俗政府通过民主程序获得非常规特权,以对付他们认为是原教旨主义的威胁"的例子,其中有阿尔及利亚、以色列驱逐哈马斯支持者,印度在1992—1993年对印度教组织的禁令等。② 这些措施之所以能够得到实施,主要是由于这一种理论,它把"原教旨主义"看作一种"已知的综合病症",这种病症非常危险并具有传染性。我们"知道"原教旨主义者们企图做什么,并且他们必须及时被阻止。其中的说法几乎完全是按照安全性话语的模式进行组织的。

第二种可能性是认为信仰实践受到了威胁。以色列就是把信仰安全化的一个众所周知的例子。就像土耳其的"生存理由"是世俗主义那样,对以色列而言,"生存理由"就是犹

---

① Mark Juergensmeyer, "Antifundamentalism", in *Fundamentalisms Comprehended*, eds. Martin E. Scott Appleby (Chicago: University of Chicago Press, 1995), p. 354.

② 同①.

太教信仰。另外的例子有巴基斯坦以及阿富汗。塞尔维亚对科索沃的行动的一个官方理由就是需要保持塞尔维亚人控制的教会的完整性。

保卫宗教对象并不意味着运用防守策略。十字军战争（the holy crusades）可以被看作是保卫信仰的实践。显然，许多话语和动机混杂于这些行动之中。尽管如此，我们坚持认为宗教是一个重要的要素。十字军战争被认为是试图完成上帝的意愿。宗教是作为（人类）的指引（reference）而存在的，它常常暗示信徒被赋予了传扬神道的责任。因此，边界就不再是合法的障碍了。

在第二种类型中，我们发现了通常所谓的原教旨主义现象。这个术语是有问题的，它把一大组复杂的现象捆扎起来，把它们看成是符合一种特定的、被赋予许多消极属性的理想化形态（ideal type）。为了避免为选择另外标签而进行冗长的讨论，我们先来看看"原教旨主义"这个词。我们首先要问，世界范围内的这些运动使什么东西安全化了，关于与原教旨主义有关的冲突的动力，我们一般可以说些什么。在美国艺术和科学院（American Academy of Arts and Science）研究原教旨主义的一个大课题中，原教旨主义被看作：

> 不是一种"新的宗教运动"……也不是简单的"传统的"、"保守的"或者"正统的"对古老的和前现代化的宗教信仰和实践的表达。相反，它是这两种宗教模式的混合。一方面原教旨主义宣称坚持orthodoxy（正统的信仰）或者orthopraxis（正统的实践），保卫、维护宗教传统和使生命免于腐化的传统生活方式，另一方面，他们又通过制定新的方法、阐

明新的意识形态并采纳最新的发展和组织结构来
实现这些目的。①

这种二元性可以确定是来源于原教旨主义在受压迫的
情况下对保卫(defense)的关注。原教旨主义的自我认知和
话语不能强调新颖性本身,因为他们要保卫的是原初的、正
宗的宗教态。但是另一方面,他们又经常批评同道的信徒
"不制定创新的方式回击腐朽力量。换句话说,原教旨主义
者认为'单纯的'保守或传统主义在这样一个威胁性时代是
不够的"②。宗教上的"保守派"与"原教旨主义者"之间的区
别在于对(某种)宗教之处境的彻底安全化。为了应对一种
觉察到了的世俗现代性对于传统社会的侵蚀以及对宗教的
边缘化,原教旨主义者成了政治激进分子、卷入了一场关于
宗教在社会中的恰当位置以及宗教和政治之关系的斗争。
他们不是为了一种特定的神学立场(也即宗教生活本身)而
奋斗,他们是为了不同于世俗精英的另一套民族国家的意识
形态而奋斗。③

原教旨主义运动产生于这样的时刻——"传统宗教团体
中的某些成员从他们的同道信徒中分离出来,用惩戒非信徒和
'冷淡'(lukewarm)信徒的词语重新界定神圣团体"④。挑战和

---

① Gabriel A. Almond, Emmanuel Sivan, and R. Scott Appleby, "Fundamentalism: Genus and Species", in *Fundamentalisms Comprehended*.

② Gabriel A. Almond, Emmanuel Sivan, and R. Scott Appleby, "Fundamentalism: Genus and Species", in *Fundamentalisms Comprehended*. , p. 402.

③ Mark Juergensmeyer, *The New Cold War? Religious Nationalism Confronts the Secular State* (Berkeley and Los Angeles: University of California Press, 1994).

④ Marty and Appleby, "Introduction", p. 1.

生存性威胁的性质被安全化了,从而使得这些领袖赋予所有挑出来的"议事项目"(agenda item)以它们本不具备的戏剧性和紧迫性:

> 在许多——如果不是所有的——案例之中,他们能够将他们的使命提升到一种灵性的高度——末世论的危机要求甚至最世俗的世界也要参与到这个团体的任务之中。所有的这些都是以保卫和维护一种源自于宗教传统、但是现在正受到攻击的神圣身份的名义展开的。[1]

安全化因此几乎明确地就是他们的原教旨主义定义的一部分。

因此,当我们观察第二种类型的时候,我们应该记得,尽管它是关于保卫宗教不受政治(或者其他非政治的)威胁的,但是行动者并非该宗教本身。这种运动是在一个政治背景中为某些领袖所设计的战略行为所驱动的,而其行动纲领则形成于政治和宗教的交界面。

第三种可能性是两种宗教话语的冲突。直到最近,人们认为这些冲突是威斯特伐利亚和平之前时期的一个主要特征。举个更近的例子,有人可能会提到犹太教的状况,这对于穆斯林和犹太人(先前对于基督徒)是极度重要的。朝拜宗教遗址对于所有三个群体都具有生死攸关的重要性,并且很容易获得高级政治的特征。此外,这座圣城又同时被以色列人和巴勒斯坦人当作政治首都。另一个例子是发生在印

---

① Marty and Appleby, "Introduction", p. 1.

度的关于阿约提亚清真寺(Ayodhya mosque)的冲突。武装的
印度教徒宣称这座清真寺的位置实际上处在一个神圣的印
度教遗址之上,因此它对于印度教徒的宗教生活是非常重要
的。于是,他们徒手将这座清真寺推翻。

如果让人们想一想关于宗教与安全或冲突的问题,可能
首先映入他们脑海的是第三种类型。十字军战争和圣战是
作为想象的模板起作用的。尽管如此,这种类型很可能是这
三种类型中最不普遍的一种。宗教和宗教之间的冲突并不
那么普遍,而原教旨主义者和世俗主义者之间的相互安全化
则在世界范围内发生的许多冲突中都在发挥着作用。有人
把原教旨主义与世俗主义之间的斗争贴上"新冷战"(the
new cold war)的标签,就像杰根史迈尔在同名著作(副题为
"当宗教民族主义遇上世俗的国家")中写到的那样,但是,这
个词是有问题的。① 这些不同的"宗教民族主义者"不太会
(也不能够)联合起来对抗世俗的西方。宗教民族主义与世
俗国家的对抗是一个普遍的现象,并且也很容易以戏剧化的
效果被安全化,因此,值得将其每一个复杂成分都认真对待,
而不是将其简化为单一的独块巨石。

本阶段的最后一个问题是,涉及宗教的冲突是否特别具
有暴力性质。至此为止,我们已经阐明为什么对于宗教的威
胁特别倾向于安全化并因此导致一定程度的升级,但是人们
广泛认为宗教在恐怖主义、政治暗杀以及最恶性战争,包括
内战中,扮演着越来越重要的角色。② 那么,在宗教安全化的

① Juergensmeyer, *The New Cold War*? p. 2.
② Sonia L. Alianak, "The Mentality of Messianic Assassins", Orbis 44, No. 2
(2000): pp. 283 – 94.

因素之外,宗教和暴力之间是否还有其他特殊的联系?

答案的第一部分来自于勒内·吉拉尔(René Girard)(事实上基尔凯郭尔有类似的论述),①按照他的说法,存在的生存性缺陷导致模仿的欲望,这种欲望导致了社会的不稳定,社会需要通过确认并杀死一个替罪者(ascapegoat)来解决其危机。② 许多与宗教相关的暴力因此是象征性的,是为维持一个共同体服务的。然而,正如杰根史迈尔所问的:

> 这些暴力的象征性表达为何并且是如何恰好
> 与真正的暴力行为联系在一起的?按正常来说,他
> 们应该把这种征服与控制的冲动疏导到无害的仪
> 式性的戏剧之中去,从而防止暴力行为的发生的。
> 但是就我们知道,反其道而行之的情况时有发生:
> 宗教暴力会是残酷的真实。③

杰根史迈尔自己提供了另一个层面的解释:"多数宗教行为不像是牺牲,而更像是战争。"④更明确地说,各种宗教通常接受一种宇宙战争的观念,一场宇宙力量之间——终极善与终极恶之间、神圣真理与谬误之间的——大遭遇。在宗教为暴力——尤其是看上去特别过分和残忍的暴力——提供道德许可的案例都具有个人、社会以及宇宙三个层面被联系

---

① Charles K. Bellinger, " 'The Crowd Is Untruth': A Comparison of Kierkegaard and Girard", Contagion: A Journal of Violence, Mimesis, and Culture 3 (1996): pp. 103 – 20.

② René Girard, *Violence and the Sacred* (Baltimore, MD: Johns Hopkins University Press, 1986).

③ Juergensmeyer, *The New Cold War*, p. 160.

④ 同③, p. 155.

◇ 第二部分 战争、安全和宗教

223

在一起的特征。在个人层面,存在着信仰与缺乏信仰之间的斗争;在社会和政治层面,具体的斗争最终和宇宙性的斗争连接起来,从而神圣的合法性延伸到了此世的事业:"一种被置于宗教性宇宙之中的感觉自然地导致了战争的想象。"①杰根史迈尔把宗教和一种终极秩序的语言联系起来,这种语言需要解释无秩序,并且消灭无秩序。这个导致暴力的特定过程因此就具有将宇宙战争和世界性斗争直接联系起来的因素,而另外一个至关重要的步骤就是将这种斗争直接解释为真实的战争。比如,由宗教激发的恐怖主义就是从这样的假设出发的——"这个世界已经是一个暴力的世界,这是一个普遍的共识:这个世界被陷入在大争斗之中,从而赋予了他们自己的暴力行动以道德意义"②。

在我们的分析框架中,我们可以重新解释并阐明杰根史迈尔两个重要的洞见。它们都是关于安全化进程的,在其中宗教指涉对象失去了某些宗教性。

一个因素是克服超验和内在、秩序与无秩序的分裂从而完成最终胜利的欲望。这条鸿沟不再需要媒介,而是要被直接跨越过去。在这种情况下,由于失去了人和神之间的创造性距离(constitutive distance),也由于随之而来的跨越信仰之深渊的需要,宗教枯竭了。人和神之间变成了连续的,一种悖论性的确信取代了焦虑。

另一个因素也把虔诚推到了背景之中,它可以被称作

---

① René Girard, *Violence and the Sacred* (Baltimore, MD: Johns Hopkins University Press, 1986), p. 158.

② Juergensmeyer, *Terror in the Mind of God: The Global Rise of Religious Violence* (Berkeley and Los Angeles: University of California Press, 2000), p. 11.

"克劳塞维茨效应"（Clausewitz's effect）。如果说克劳塞维茨的著名定义把战争说成是政治的另一种方式的继续的话,那么其实战争也在另一种意义上取代了政治:战争的逻辑（作为战争之目标的胜利）代替了政治的逻辑（战争的特定目的）。由于目标（Ziel）是被极端地定义的（胜利或失败）,所以它产生了一种极端的强度,由此导致接受战争的规则（grammar）成了唯一的理性行为——如果需要的话可以不受一切限制。① 在我们这里,战争最初是宗教的另一种继续,但是其中发生了一种类似的颠倒,战争的逻辑代替了宗教的逻辑。用（随后被暗杀的）极端民族主义者祭司卡哈尼（Rabbi Meir Kahane）的话讲就是:"战争就是战争。"②

杰根史迈尔令人信服地指出,对于各种各样的暴力性宗教激进分子——从炸毁诊所并杀死其中的员工的美国的反堕胎激进主义分子到犹太教、伊斯兰教以及印度锡克教的激进分子,再到在东京地铁站释放毒气杀死十二人、毒伤几千人的佛教的奥姆真理（Aum Shinrikyo）教派——而言,一个特定的观点极其关键。他们相信他们已经处于战争之中,他们只是在回应这场大规模的战争,只是在防守性地回应宗教和信仰受到的威胁。比如,"恐怖主义"这个词本身"取决于人们的世界观:如果世界被看作和平的,暴力行为就表现为恐怖主义;如果世界被看作是处于战争之中,暴力行为可能就被认为是合法的"③。1998 年 2 月,即在轰炸美国驻肯尼亚

---

① Carl von Clausewitz, *Vom Kriege* (Frankfurt: Ullstien Materialen, (Copenhagen: University of Copenhagen, 1997)), pp. 219 – 20, pp. 321 – 23.

② Quoted by Jergensmeyer, *The New Cold War*, p. 165.

③ Quoted by Jergensmeyer, *The New Cold War*, p. 9.

和坦桑尼亚大使馆数月之前,本·拉登作出决断(fatwa),宣布:"世界处于战争之中。"①

这个过程的两个方面都使宗教安全化;他们同时利用了宗教指涉对象的特性又亵渎了他们的宗教核心。超验和内在的鸿沟被否定,怀疑被战争的确定性所代替。在下一节中的准宗教意识形态(quasi-religious ideologies)安全化的更极端例子中,宗教通过安全化发生转型的本质将会更加清楚。

二、理解政治的宗教

到此为止,我们已经分析了纯粹的宗教指涉对象的安全化的本质和动力,也就是说,当一个对象同时由宗教话语和安全话语组成的时候会发生什么。这是安全化研究中的宗教领域。但是,宗教或准宗教话语也和其他领域相关,特别是政治领域和社会领域。

现存的许多关于宗教的著作存在一个问题,即对于定义的运用模糊不清,使得比如意识形态是否能被看作是宗教(因为它们经常符合标准)这样的问题存在分歧。我们已经提出了一种方法,把宗教中纯粹宗教性的部分挑出来,从而使得我们能够探究宗教领域的特殊动力。通过这个方法,我们的眼光还有可能越过纯粹宗教性的东西,去理解宗教话语在最终关乎政治统治或者社会认同的其他领域中扮演的角色。

---

① Quoted by Jergensmeyer, *The New Cold War*, p. 145.

1. 政治意识形态的宗教维度

我们已经在别的地方说明了国际关系当中的一些概念和思想受到了宗教语义系统（religious semantics）的影响，比如主权、国家以及民族都有（通常是相当显著的）宗教根源。[1] 在这里，我们将以更加直接的方式论述宗教在政治中的重要性。简单地说是这样：宗教加安全化等于意识形态。意识形态可以被看作是企图通过运用准宗教语义系统使特定的政治组织或政策合法化的尝试。通过用一种政治话语（安全化）覆盖一种宗教话语，特定的受支持的政治选项以唯一的选项呈现，而政治行动就被看作是由超验力量所规定，因此具有必要性、强制性。意识形态是安全化了的宗教。

有一点必须强调——安全化宗教意味着使宗教枯竭。将宗教用于政治目的，行为者就否定了神圣召唤的超验性。宗教不再基于恐惧和战栗，而成为绝对确定性的源泉。宗教行为不再受对罪的承认所驱动，或者宽泛地说，受存在于尘世和超验领域之间的遥远距离感所驱动，而是变成了一种政治行为，仿佛自己就是上帝，在执行这些政治行为。意识形态是准宗教，而不是本质上的宗教。意识形态类似于基尔凯

---

① Carl Schmitt, *Politische Theologie*: *Vier Kapitel zur Lehre von der Souveränität* (Berlin: Duncker and Humblot, 1990) and *Politische Theologie* Ⅱ: *Die Legende von der Erleidigung jeder Politischen Theologie*(Berlin: Duncker and Humblot, 1970); Ernst H. Kantorowicz, "Mysteries of State: An Absolutist Concept and Its Late Medieval Origin", *Harvard Theological Review* XLVIII, No. 1 (1955): pp. 65 – 91, and *The King's Two Bodies: A Study in Medieval Political Theology* (Princeton, NJ: Princeton University Press, 1057); Anthony D. Smith, "Ethnic Election and National Destiny: Some Religious Origins of Nationalist Ideals", *Nations and Nationalism* 5, No. 3 (1999): pp. 331 – 56.

郭尔的第二个阶段:伦理阶段。在政治领域的"宗教性"意味着遵守一项"律法",也遵守政治统治者的意愿。对比而言,在基尔凯郭尔的第三个阶段,上帝的意愿只能以一种否定的方式,即通过体验原罪得知。意识形态的"宗教性"在于让主体克服原初分裂(否定)的努力表现在为了神圣内在化所做的奋斗之中。作为宗教,它试图调和尘世和超验领域。这项任务通过异质性活动得以完成(巴塔耶所描述第二次否定:放荡的集会、狂暴、烧书)。而在意识形态中,僭越(transgression)和悬置(suspension)成了巴塔耶意义上的活动。它为维护一个霸权事业而运作。

将意识形态描述为宗教安全化的一种方式有助于我们强调政治对宗教的作用。于是,非安全化就意味着非安全化意识形态,或者换句话说就是尊重宗教的本来面目。这就意味着接受存在的欠缺,或者说接受一个事实,用宗教话语来说,存在在本质上是在超验领域面前的存在。

2. 意识形态作为宗教安全化的一种方式

按照齐泽克(Žižek)的说法,我们认为意识形态有三个主要维度:第一,就像普遍认为的,意识形态是由或多或少连贯的观念所组成的一个体系。因此,当研究(作为政治性的宗教的)意识形态的时候,必须仔细规划所要使用的语义体系。第二,意识形态具有幻想的特性,也就是一个引导欲望的基本情节(scenarios),它提供了动员一个听众群并合法化一项特定政策的途径。第三,意识形态被用来制造服从关系。这三个维度对于哥本哈根学派的三个关注点:意义的确定(语义系统);安全化鼓动、听众和动员(欲望的蓄积);非常规手段(权力的使用)。让我们来简单分析一下这三个方面并鉴别宗教和意识形态之间的相似点和不同点,从而再分析宗教是如何通过意识形态的运用而被安全化的。

　　首先是语义系统。正如结构主义阵营普遍认为的,意义(meaning)并不是通过展示(ostentation)——比如,通过指出对象的内在神圣性——给定的。相反,意义是通过一个能指网络(a web of signifier)给定的,而这个网络可以以潜在的无限种方式进行组合和再组合。它们事实上是如何被固定下来的,则是关乎策略、以前的运用以及诸如此类的问题。宗教语义系统通常是高度稳定的,从而可以用于固定和稳定意义。第二,应当提一下主要能指(master signifiers)的作用。"主要能指"是那些将其他能指联结起来的能指。通过联结一组能指,主要能指自身必须保持是空的(empty)。最好的例子是上帝。上帝作为超验事物,任何事物站在上帝面前就可以获得存在性。作为最高的善、最高的存在的同义词,上帝是不可被怀疑的,它可以轻易渗透到其他能指之中。

　　与安全化一个对象的过程相平行的过程应当是很明显的。安全化终止了能指的滑动,或者可能这么说更好,它取消了政治的"政治"特性,宣称只有一种可行选择、当前的国家事务只有一种解释。安全就像一个主要的能指那样在意识形态话语中发挥作用,就几乎等于"上帝"或者其他的主要的能指。一切存在(being)都变成了指向最终政治目标——比如保卫主权——的存在。因此,"上帝"这个能指可以并且常常被用来安全化一个事件。通过安全化运动使意义固定,这就间接地使得能指指向了一项特定的政治事业。它们并不是真正空的能指——就像在宗教话语中发现的那些能指那样,它们只是假装是空的能指。在这个意义上,安全化使宗教枯竭了。

在齐泽克看来,意识形态稳定了存在(being)。这不是一个次要现象,而是指示(signification)本身的可能性。为了描述这个现象,拉康(齐泽克的主要思想渊源)造了"幻想"(fantasy)这个概念。① 幻想是建构欲望对象的情节。这些幻想回答这个问题:为何欲求这些对象? 或者,更基本的,为何是这些欲望? 为何欲望这些拉撒路遗骨(Relics of Lazar)? 幻想回答说,因为它们包含了塞尔维亚人存在的本质。幻想的目的是要提供一个理由,奠定一个基础;一个人因此不能走出幻想,就像一个人不能离开宗教。这两者都涉及存在的构造。

但是,也有必要区分宗教和意识形态的不同点。宗教构造(constitute)了赤裸的主体,他们本质上作为一种存在面对着一个(信仰)深渊:超验领域。比较而言,意识形态构造了身份,从而,举个例子来说,给主体穿上了塞尔维亚民族主义的外衣。与宗教身份不同,这些身份呈现为一种物质性的存在,是生存性的。宗教的主体和意识形态的主体是不同的:意识形态制造了完满存在的幻觉,而宗教则强调总存在着一个比这个主体更高的存在。事实是,在这一点上意识形态企图愚弄我们。

与巴塔耶一样,齐泽克认为否定(律法)是第一步。他认为这个第一步的分裂创造了一种克服它的欲望。② 幻想,以及因此产生的意识形态,都是克服那个将主体与其"原初"存在割裂开来的障碍的想象的情节。这与巴塔耶对宗教的理

① Jacques Lacan, *The Seminar*. Book XI:*The Four Fundamental Concepts of Psychoanalysis*, 1964 (London: Hogaarth Press and Institute of Psychoanalysis, 1977), p. 185.

② Slavoj Žižek, *The Indivisible Remainder-Essays on Schelling and Related Matters* (London: Verso, 1996), pp. 189 – 90.

解的相似性应该是明了的。对巴塔耶而言,宗教也是关于通过一种僭越(第二次否定,牺牲)来克服一种分裂(第一次否定,律法)。两者的目标都是"神"的内在,是对主体/客体之分裂的克服。

幻想凭借欲望(desire)继续生存。这些欲望不同于需要(need)。一种需要是能够被满足的,因此当它被满足之后就会消失,但是一种欲望仍然会保持不满足状态。[①] 任何欲望对象根本上只是对原初失去的对象的替代。[②] 换句话说,我们根据我们的欠缺设计对象并且制造(重新)获得它们的虚假幻想。这样摆出来的对象是崇高的,它们被视为能够医治主体之欠缺的充实者。建构一个受威胁的对象就是这种做法的一个最好的例子。[③] 换句话说,意识形态一般是通过安全化起作用的。它运用了安全——不安全的纽结。

意识形态的崇高对象与宗教的神圣对象之间存在的相似性值得注意。两种对象都属于异质领域。它们都是具有非常性质的对象。但是,强调它们之间存在的区别又是非常重要的。神圣对象成为神圣主要是通过信仰行为(acts of faith),而意识形态的崇高对象获得崇高的品质主要是通过成为欲望的对象。区别点于是就在于宗教对象被看作是中介者(mediators),而意识形态对象被看作是那个事物本身。

① Jacques Lacan, écrits: *A Selection* (London: Tavistock Publications, 1977, p. 311.

② Slavoj Žižek, *Looking Awry: An Introduction to Lacan through Popular Culture* (Cambridge, MA: MIT Press, 1991), p. 12.

③ Slavoj Žižek, *Tarrying with the Negative: Kant, Hegel, and the Critique of Ideology* (Durham, NC: Duke University Press, 1993), pp. 201 - 205.

◇ 第二部分 战争、安全和宗教

在意识形态中不涉及超验性,只有事业目标的遥远。最后,面对意识形态的崇高对象其目的是为了本体论上的安全,而面对宗教中的神圣对象所产生的乃是一种焦虑(恐惧和战栗)。

意识形态的定义的第三个方面关乎其维持统治关系的功能。这个用神学术语没什么好说的。这是一个历史研究的问题。马克思主义的传统认为意识形态服务于统治阶级——生产资料所有者。我们不想做这么一个先验判断,只是想强调一下关注安全运动的制造者的重要性。

到此为止,我们已经认为,意识形态通过把自己呈现为一种宗教,从而滥用了宗教话语。它也讲信仰、超验和中介。并且,同样重要的是,它使用了和宗教一样的能指。或者可能这么说更好,它之所以利用这些能指正是因为它们是属于宗教语义系统的。总之,意识形态踏平了(flatten)宗教话语中的超验。

正如刚才所说,宗教和意识形态的区别是至关重要的。我们并没有像亨廷顿那样发现宗教不可避免地要被安全化。但是,另一方面,由于宗教话语本身的性质,它们又很容易被安全化。经由生存性问题和决断/跳跃(decision/leap)的功能,宗教与安全化之间确实存在着根本性的"结构上的亲缘性"。如果宗教在政治中出现,最紧要的任务是防止它转变为意识形态。因此,关键任务就在于意识形态的非安全化。

三、把宗教"带回"国际关系理论之中

前面的分析对于理论来说也是有意义的,首先是对于哥本哈根学派的安全化理论是有意义的。在第一部分中我们已经说到了这一点,就是有必要再开拓一个领域:宗教。后面的分析加强了这个主张的合理性。第二方面的意义更加有趣,具有超出本学派之外的广泛重要性。

第一,我们的分析表明宗教应该被当作宗教来尊重。许多关于宗教的著作并不是真正关于宗教的,而是关于诸如宗教的政治功能(像哥本哈根学派的早期著作)或者关于作为社会共同体的宗教团体的。为了把宗教的宗教性容纳在内,有必要使自己向那些学术传统宁愿予以避免或压制的东西开放。

第二,按照哥本哈根学派的总的伦理思路,我们的目标是非安全化,在这里就意味着要让宗教成为宗教,避免宗教的意识形态化。

第三,安全化的概念与宗教之间存在结构性的亲缘关系:安全化的决断主义特性(decisionistic nature)类似于基尔凯郭尔的跳跃。最重要的决断主义理论家施米特(Carl Schmitt)认识到了这一点:"法学的例外类似于神学的奇迹。"①其他的述行性(performative)政治活动也是这样,它们在定义上就包含了从无(nothing)中创造出了有(something)的"社会魔力"(social magic)的因素。② 因此有可能是这样的,安全化理论本身导致了政治神学。也许,这种理论进路能不能、应不应该接受宗教并不只是它要研究的一个外部对象,在某种意义上乃是理论本身内部的问题? 为了弄清这会

① Carl Schmitt, *Politische Theologie*, p. 49. George Schwab, *Political Theology: Four Chapters on the Concept of Sovereignty* (Cambridge, MA: MIT Press, 1985), p. 36.

② Pierre Bourdieu, *Language and Symbolic Power* (Cambridge, MA: Harvard University Press, 1991).

造成什么样的国际关系理论,我们必须简单地来看一看国际
关系理论中的宗教。

1. 经典国际关系理论与宗教

显然,国际关系理论中的宗教因素主要出现在两个地
方:关于"伦理与国际关系"的争论以及古典现实主义(包括
早期的英国学派)。前者是各种伦理传统在国际关系的问
题,特别是关于战争与和平问题上的应用。① 在国际关系的
语境中提到宗教时,这大概就是宗教所具有的、对于大多数
国际关系学者的意义。但是,这种思考渗透到国际关系中的
宗教的本质的深度是有限的,因为正如沃克(R. B. J. Walk-
er)所注意到的,这些文献通常讨论的是伦理和国际关系,只
是两者之间的外部关系。② 宗教思想存在于某个另外的地
方,国际关系本身是"非宗教的",然后我们试图将以宗教为
基础的伦理学带入到国际关系之中。比这更有趣的可能是
这个问题,是否有一种传统提出了国际关系本身或者国际关
系理论本身的宗教维度。

许多古典现实主义者就是这么做的,还有早期英国学派的
马丁·怀特(Martin Wright)和赫伯特·巴特菲尔德(Herbert
Butterfield)也是如此。宗教现实主义肇始于奥古斯丁(Augus-
tine),他"由于强调人性的局限常常被称为第一位政治现实主

---

① See, for example, Terry Nardin, ed. , *The Ethics of War and Peace: Religious
and Secular Perspectives* (Princeton, NJ: Princeton University Press, 1996).

② R. B. J. Walker, Inside/Outside: *International Relations as Political Theory*
(Cambridge: Cambridge University Press, 1993), 50f.

义者"①。在现代国际关系领域,奥古斯丁式的思想首先并主要是由莱茵霍尔德·尼布尔(Reinhold Niebuhr)引入的。尼布尔特别提出来的其中的一个方面就是人类行为的悲剧性因素——行为(action)与渴望(aspiration)之间不可避免的差距。② 部分地受尼布尔的影响,汉斯·摩根索(Hans Morgenthau)也明确地谈到了宗教对于国际关系思考的意义。他所提到的人生的悲剧的意义简单地说就是,由于行为者之间复杂的利益格局和对权力的追求,无论什么时候我们对周围的人作出一个行为(包括不行为),我们都将不可避免地犯罪。③ 这个观点部分是基于对人类知识和理解之局限的承认的,也是基于只有上帝才能具有的完全知识和人类的有限性之间的比照的。面对科学对于不现实的知识的渴望(他把这种渴望与自由主义联系在一起),摩根索乞灵于政治家的悲剧艺术。

在摩根索公开的、自我宣称的对宗教观点的运用外,维罗尼卡(Véronique Pin-fat)在他的出色的分析中指出摩根索的整个理论、特别是他的伦理学是如何以超验和实际的基本分裂为枢纽的。④ 虽然人能够感知和渴望普遍的知识和伦理,但是他

① Kenneth W. Thompson, *Fathers of International Thought*: *The Legacy of Political Theory*(Baton Rouge: Louisiana State University Press, 1994), p. 44.

② Kenneth W. Thompson, *Masters of International Thought*: *Major Twentieth-Century Theorists and the World Crisis* (Baton Rouge: Louisiana State University Press, 1980), 21f. See also Reinhold Niebuhr, *Moral Man and Immoral Society*: *A Study in Ethics and Politics* (New York: Charles Scribner's, 1932).

③ Hans J. Morgenthau, *Scientific Man vs Power Politics* (Chicago: University of Chicago Press, 1946), pp. 201 – 203.

④ Véronique Pin-fat, "'Words are Deeds': Grammar and the Limits of Ethics in Hans J. Morgenthau" (paper presented at the annual meeting of British International Studies Association, Southampton, 1995).

在行动上只能实现特殊的知识和伦理。她称之为的摩根索的
"不完善理论"只有用一个绝对的标准去判断时才是可能的,
因此实际和超验之间的区分是必要的。虽然摩根索说明了他
和尼布尔的思想之间的关系,"尼布尔和我在政治上的思想是
一致的,但是我并不需要他的所有的形而上学,以达到我们都
能达到的地方"①,维罗尼卡指出,摩根索的现实主义仍然是一
种"基督教现实主义",而不是完全世俗的现实主义。类似的,
英国学派的两位创建者巴特菲尔德和怀特也在基督教的启发
下走向了谦卑和一种作为戏剧和悲剧的历史感。

　　在所有的这些例子中,宗教冲动导致了古典现实主义与
当前多数主流的、包括当代现实主义在内的理性主义的国际
关系理论之间的区别。这就在很大程度上解释了现实主义
和英国学派一方与后结构主义一方之间本来会显得很奇怪
的相似性。宗教对于前者造成了类似于语言观对于后者造
成的影响。② 我们的现实主义者和早期的英国学派的学者强
调,结构性反讽和悲剧被构筑到了国际关系的本性之中。而
后结构主义则运用一种终极悖论,使得固定意义的尝试产生
了奇怪的效果。对于两者而言,将这个世界包容到思想或语
言之中都是不可能的。现实主义在社会格局之中找到了他
们的反讽,达到或浅或深的程度,然后把它们追溯到宗教关

---

　　①　Quoted by Pin-fat, "Words are Deeds", p. 5.

　　②　Ole Wæver, "Does the English School's Via Media Equal the Contemporary
Constructivist Middle Ground? Or, on the Difference between Philosophical Scepticism and
Sociological Theory" (paper presented at the 24th Annual Conference of the British Inter-
national Studies Association, Manchester, 1999).

于人性的假设之中。后结构主义者则要么追求尼采哲学关于生命的丰富性,要么就是更加激进地强调语言的动力和机制的复杂性——语言不仅逻辑地活动,而且也通过诸如同音异义字而活动,并且也更普遍地受到潜意识之存在的影响。

大多数当前的国际关系学派——无论是"理性主义"还是"建构主义"——相对来说对于知识的可能性和实践的"合理性"更加乐观。古典现实主义者和早期英国学派的思想家表现出一种谦虚和敏感——现在这主要是后结构主义者的态度——在很大程度上是由于他们的理论活动受到了宗教思想的影响。

在这一节中,我们似乎认为后结构主义在一条"世俗的"道路上达到了与几十年前的"宗教的"现实主义相类似的效果。然而,一个很迫切的问题是,这种类似性究竟是不是由后结构主义本身的宗教根源造成的。

2. 后结构主义与宗教

近几年,后结构主义哲学日益向宗教开放。这可能至少部分是由于后结构主义众所周知的挑衅倾向。但是更重要的是,后结构主义思想内部也有许多好的理由去挖掘其与宗教思想之间的联系。按卡普托(John Caputo)的说法,德里达(Jacques Derrida)的越来越明显的宗教语言源自于解构主义对宗教性的或者预言性的僭越的高涨的热情。解构指向不可想象、不可预见者。"解构是对于不可能者的一种激情和祈祷。我说的宗教指的是与不可能者的一个协定、一个与不可表达者(unrepresentable)的契约,"然后卡普托接下来就着手讨论基尔凯郭尔,与我们前面的观点不无相似之处。[1]

卡普托指出,在德里达的作品中宗教的重要性越来越大,这是对的。但是他的阐述也有问题,他过分强调了德里达思想中特殊的犹太品质:末世论和弥赛亚主义。其实更重要的是宗教与对象征的限制(limit to symbolization)之间的关系,这一点是德里达和其他许多后结构主义哲学所共同的。因此,我们最好回到巴塔耶(以及德里达对他的解读)。[2] 较之于先前几乎所有的(以黑格尔为代表的)哲学体系,后结构主义并不试图将什么东西都包容到一个体系之中,而是尊重真正的否定性(negativity)。因此一个主要的任务就在于防止任何辩证的取消(Aufhebung)。"像黑格尔那样对取消的喜剧保持冷漠,就是让自己看不到神圣的体验、看不到临在(presence)和意义的不经意间的牺牲"。[3]

这个观点与拉康(Lacan)的"真实者"(the Real)的功能相似,真实者是不可表达的,然而它却强加于我们(打断话语、颠覆主体的身份),这个观点与德里达最近有关政治和伦理的看法相似。德里达的观点可以用他对法律和正义的区分来说明。[4] 法律是具体的历史产物,而正义则是对更广的伦理思考的不确定的参照。于是,法律和正义之间的区别就对应于由人给定的法律和由神(们)给定的法律之间的区别。

---

① John D. Caputo, *The Prayers and Tears of Jacques Derrida*: *Religion without Religion* (Bloomington: Indiana University Press, 1997),xx.

② Jacques Derrida, *Writing and Difference*, (London: Routledge, 1978), chap. 9.

③ 同②, p.257.

④ Jacques Derrida, "Force of Law: The 'Mystical Foundation of Authority'", in *Deconstruction and the Possibility of Justice*, eds. Drucilla Cornell, Michel Rosenfeld, and David Gray Carlson (London: Routledge,1992).

哪怕正义不再明确地被说成是神圣的,它也仍然是普遍的,与始终具体的法律不同的。任何给定的、具体的法律总是依赖暴力的,而跟法律的必要的距离则是由正义的概念造成的。正义是一种召唤,提醒我们对于一种无限责职、一种永远不可能制度化的责任。正义的召唤必须由主体来解释。或者按照齐泽克的表述:

> 道德的法律并不告诉我我的职责是什么,它只是告诉我我应该完成我的职责——这意味着主体本身不得不承担把道德法律的抽象禁令"转译"为一系列具体职责的责任。①

正如我们在前面已经解释过的,道德体系之中的传统伦理是巴塔耶的同质领域的一部分,不同于对主体独立决断、以超越道德体系的伦理而行为的召唤,后者会把我们带入到(与宗教紧密联系的)异质领域。我们的观点还是追随基尔凯郭尔框架中的跳跃逻辑。从审美阶段走向伦理阶段乃是服从于法律;而在继续走向宗教阶段的时候,人们就不得不面对深渊、欠缺、无根基的跳跃。后结构主义在这个意义上向宗教开放是由于它总体上认识到了构成性的深渊、接受了欠缺并且将悲剧作为伦理的基础。

3. 走向承认自己的宗教的国际关系理论

德里达说:

> 而且还有一些征兆(signs)。它就像一个新的国际组织,但是没有集会或者组织或者成员。它在

---

① Slavoj Žižek, "The Unconscious Law: Toward an Ethics Beyond the Good", in *The Plague of Fantasies* (London: Verso, 1997).

寻找而受难,它相信有些东西错了,它不接受这个
"世界新秩序"。①

按照德里达的正义观念,人一直面临双重约束。一方
面,存在着一个不可逃避的行动的召唤;另一方面,任何响应
那个召唤的尝试都将不同于召唤本身的绝对性(absolute-
ness)。那在行动的永远都不是"正义"本身,只是有一些人
在依据"正义"行动着。② 最后,"正义"的每一个具体彰显都
变成了"法律",是必须接受批评的。反过来说,不要法律,完
全地按照"正义的精神"行事也是不可能的,正好相反,人不
得不"经历磨难、在矛盾中行事"。③ 正是这种普遍和特殊之
间的张力保持了伦理的活力。摩根索在半个世纪之前有这
样的论述:

> 无论什么时候我们的行动指向我们的同胞,我
> 们就必然会犯罪,而当我们拒绝行动的时候,我们
> 也还是犯了罪,因为拒绝卷入行动的恶就必然会违
> 背尽自己的职责的责任。④

在涉及所谓的原教旨主义的时候,就更是如此了。在西

---

① Jacques Derrida, "The Deconstruction of Actuality", *Radical Philosophy*, No.
68 (1994): p.39. 更详细版本,见: Jacques Derrida, *Specters of Marx: The State of the
Debt, the Work of Mourning, and the New International* (London: Routledge, 1994),
chap. 4.

② 参 Reinhold Niebuhr, *Christianity and Power Politics* (New York: Charles
Scribner's, 1940),p.23 and pp.216–19.

③ Hent de Vries, *Philosophy and the Turn to Religion* (Baltimore, MD: Johns
Hopkons University Press, 1999), p.414 emphasis in originac.

④ Morgenthau, *Scientific Man*, p.201.

方人的理解中，"我们"是世俗化了的，而他们是"原教旨主义者"。但是"我们"在某种程度上也是宗教性的——"我们"不是抽象普遍性的产物，而是由我们的基本原则充分给定的。当我们进行人道主义干涉时，我们已经将某种事物当作是神圣的（生命、人权）。我们的基本原则也是按宗教的方式构成的。如果我们不把他们看作是原教旨主义宗教分子、把我们自己看作是世俗理性主义者，那么，也许我们能够更为容易地对待其他宗教。如果我们以平行主义的眼光看待我们的分歧，非安全化就会容易一些。这要求我们在对我们自己的——而不只是对于他人的——反思中对宗教开放。

最近，威廉·康诺利（William E. Connolly）在《为什么我不是一个世俗主义者》（*Why I am not a Secularist*）一文中认为，现代世俗主义以多元主义的名义行事，但在实际上它是限制了多元主义，因为排斥了宗教形式的主体性、主体间性以及思考。康诺利反对世俗主义的教条主义，希望促进对更多不同传统的开放，让每一个传统都为"重视政治生活中的伦理的不可或缺性及其结构上的脆弱性作出贡献"①。在二十几年前的国际关系语境中也有类似的观点：

> 世俗的政治学者和政治科学家将宗教学者仅仅当作传教士来谈论已经变成了一种流行。这些判断给宗教学家制造了阴影，同样也给作出这些判断的人制造了阴影。在打碎宗教正统的桎梏之后，现代世俗思想家又冒险将自己蒙蔽起来、不看宗教

---

① William E. Connolly, *Why I Am Not a Secularist* (Minneapolis：Minnesota University Press, 1999), p. 17; see also Lynch and Thomas in this volume.

思想所提供的东西。在一个开放性的知识社会,就像我们要承认最好的世俗思想的智慧那样,我们也有义务利用主要宗教传统中的伟人们所贡献的真理。宗教的教条主义和世俗的教条主义都将危害到思想的自由;那些寻求一种可行政治伦理的人必须追随真理,不管真理把他们引向哪里。[①]

四、结论:是谁害怕宗教?

宗教从事的是通过信仰行动构造存在。它包含了对巴塔耶所谓的原初否定的叙述。它也指示了接近上帝的进路。宗教是根本性的话语,它回答这样一些问题:"为何存在"、"为何(要有)法律"、"为何生存"。回避这些问题是很难的。对这些问题的回答具有超验合理性(transcendental justification)的特性,它们支撑、稳定了存在(和社会)。

如果宗教是一种不可避免的话语,那么问题就不在于宗教是否重要以及是否存在于现代社会之中——它是重要的,是存在于现代社会之中的——而是在于它采取了何种形式。也许教会已经不再是表达信仰的最重要的组织了。为了要在通常被视为宗教领域的教会之类的组织之外探究宗教话语的活动,我们需要理解宗教作为一种话语有什么特性。通过基尔凯郭尔和巴塔耶的理论,我们已经确定了宗教话语的特性,而且在第二部分,我们指出了意识形态如何是一种以

---

① Thompson, *Masters of International Thought*, p. 2.

准宗教语义系统为基础的安全化的产物。宗教的这样一种安全化意味着宗教的枯竭。在被当作政治动员起来的时候，宗教压制了神性的超验。恐惧和战栗被绝对的确定性所取代。当谈到保卫宗教的更直接的安全政策时，我们还发现了清晰的模式：信仰（宗教）是一个特别强烈的指涉对象并因此很容易被安全化，因为它已经是生存性的了。它不是一个可有可无的领域，一旦出现挑战，这些挑战很容易被看作是威胁。而且，特别是由于宇宙战争的逻辑，以宗教为基础的安全化具有一种特别的暴力倾向。

　　我们的讨论，尤其是在第一节中的讨论，主要涉及的是宗教指涉对象的安全化（第二节讨论的是准宗教指涉对象的安全化），但是同样重要的是宗教对非宗教指涉对象的威胁的安全化。站在世俗主义的立场上对抗原教旨主义的安全化为民主和公民自由在全球范围内的许多暴行作了辩护。站在世俗主义者的立场上看，这样的宗教可以被描绘为是对政治文明的威胁。在这个问题上，国际关系理论只是假装中立的观察者，并非真正中立的观察者，它是包含了世俗主义的自我认知的。尽管古典现实主义的国际关系理论是受宗教启示的，但是国际关系理论对宗教的排斥还是比其他大多数学科都要强烈。迈克·威廉姆斯（Michael Williams）探究了其中的一个原因。① 国家、国家体系、狭隘的安全观、哲学上的唯物主义和实证主义这一揽子观念，是于现代欧洲早期在这样一个安全观的基础上确立起来的：结束宗教战争。因

---

① Michael C. Williams, "Comment on the 'Copenhagen Controvers'", *Review of International Studies* 24, No. 3 (1998): pp. 435 – 41, and "Security and the Politics of I-dentity", *European Journal of International Relaions* 4, No. 2 (1998): pp. 204 – 25.

此,涉及身份、尤其是涉及宗教的政治——特别是安全政策——乃是对于秩序、安全以及文明的终极威胁。

因此,对于国际关系理论来说,要让自己向作为宗教的宗教开放并且承认它自己的宗教,乃是一个重大的挑战。为了避免最暴力的、意识形态化的冲突,当务之急就在于非安全化,在目前就意味着要把宗教当作宗教来尊重。

不过,到了这里,我们自己可能也已经变得过于结构化、程式化、更多的分类更少的超验性了。不会存在简单的"解决方法",仅仅依靠范畴的区别和美妙的界定是不可能拯救宗教、避免冲突的。安全化和非安全化乃是政治进程,并非稳定的程式。划界就是永恒的政治斗争。霍梅尼(Ayatollah Khomeini)也许说得对:"生活就是信仰和斗争。"①

---

① Quoted in Juergensmeyer, *The New Cold War*, p. 161.

第三部分　宗教政治化：
走向一种新的全球伦理？

第六章
全球化和末世恐怖主义时代的全球宗教复兴

法尔克 撰

张新樟 译

一、出发点

即便在"9·11"事件以前,宗教对于全球治理(global governance)的意义就已经是一个有争议的、没有搞清楚的问题了——冷战后,西方所捍卫的世界秩序受到了伊斯兰力量的最大的威胁。在这个依赖立宪主义的国内治理模式和强大的私人经济部门的世界秩序中,政府机构的职能主要是促进世界经济的平稳运行。这样一种未来观是建立在弱国家和强市场的自由主义价值观的基础之上的,它被当作是实现进步和繁荣的最佳道路而得到了广泛的推行,特别是由于各国政府越来越愿意承认人权的权威,这种未来观愈益巩固。这种未来观不再受到马克思、列宁主义意识形态的挑战,或者受到那些处于核超级力量主宰之下的国家集团的挑战。

回顾过去,这种未来观显然是一厢情愿、目光短浅的,甚至在冷战结束以前就已经有明确信息可以表明西方模式并没有被普遍接受,尤其是没有为南方各国所接受。1978—1979 年发生的颠覆伊朗国王白色革命(Shah's White Revolution)①的伊朗革命(Iran Revolution)就是一个很好的例子。霍梅尼(Ayatollah Khomeini)在世界舞台上的出现这一事实表明,一种关于政治和人类命运的不同的构想已经逐渐显示出其潜力——这种构想基于传统价值观,同时也是以宗教领袖及其组织机构在对社会生活的塑造中所处的主导地位为基础的。此外,霍梅尼还发表了一系列对美国及其世界观宣战的言论,把美国称为"大撒旦"(the Great Satan)。这种挑战的最大意义在于,它动员伊朗社会另立旗帜,同时还打倒了一向被认为是强大的、地位稳固的领袖。值得回味的是,那个被推翻的伊朗国王政府不仅一直以来得到美国的大力庇护,而且也设法与包括前苏联在内的各邻国建立了积极的外交关系。霍梅尼的信息似乎超越了伊朗,甚至在令伊斯兰世界的世俗领袖们感到震惊的同时,也引起了整个伊斯兰世界各族人民的强烈共鸣。1979 年下半年,青年伊斯兰激进分子扣留了驻德黑兰的美国大使馆人员,在随后一年多的时间里,电视镜头几乎每天都聚焦于此次事件,使美国政府深感尴尬和沮丧——人们越来越感觉到,伊斯兰政治势力已经视美国为其主要敌人。

伊朗革命有这样两个目标:一是使国内政治结构伊斯兰化,二是以第三世界国家对抗美国主导的全球化的后殖民主义斗争(postcolonial struggle)为背景来界定世界形势。这两

---

① 伊朗国王的白色革命指的是伊朗国王于 1963 年以来进行的一系列社会、经济和政治改革,其目标是建立政教分离的世俗政权。之所以称为白色革命乃是为了与共产主义的"红色"革命相区别。

个方面在其他的场景中也有各式各样的类似表现。诸如在土耳其、巴基斯坦、俄罗斯、菲律宾、印度尼西亚和马来西亚，受伊斯兰启发的极端主义敌对势力和分裂主义运动构成了对于公共秩序的主要挑战。

在西方，特别是在美国，人们比以往更加强烈地感受到了宗教权利在政治堡垒之核心中的所起的政治杠杆作用——尽管其影响在很大程度地被隐藏起来了，而且全球认知主要担忧的是美帝国的建立及其全球扩张。对美国文化和经济的主导地位的畏惧在亚洲是最主要的，在那里，至少是在1997年亚洲金融危机之前，经济全球化已经不加批判地得到了大多数国家的政府的推行，而最明显的抵制主要是以文化形态出现的。对"亚洲价值观"的强调稍稍地掩盖了对美国主导地位的担心，被视为在获取世界经济的好处的同时保持文化身份的一种手段。此后不久，首先是在西雅图会议上，随后是在各种与全球化管理有关的会议中，然后在2001年夏季八国集团（G-8）热那亚峰会期间达到高潮，一场反全球化的运动在草根阶层中形成并进一步发展，挑战了美国主导的市场驱动的全球政策观，认为它的影响是不公平的——对于南方国家的穷人而言尤其如此，而且它的执行是反民主的。

在这样的一个背景下，亨廷顿的"文明冲突论"于1992年首次提出便引起了轩然大波，并在随后几年里激起了以"文明对话"为旗帜的强烈的反对潮流，也就不足为奇了。①这个冲突论似乎是危险的并且是简单化的，它勾勒了种族之

① Samuel Huntington, *The Clash of Civilization and the Remaking of the World Order*(New York：Simon and Schuster, 1996)；有关文明对话的系列论文，见 Global Dialogue, Vol. 3, No. 1(2001)。

间和宗教之间的战争的轮廓,预示了一个基于文明间敌意的文化战争的新时代,最后在"西方国家对付其他一切国家"的口号中得到了最明确的表达。这样一种展望是与全球化理论以及自由民主观念相抵触的,后者认为,美国的国家和全球治理模式对于实现人权文化而言是唯一有意义的,这种模式可以、也应该输入到非西方国家中去。通过强调文明认同,"文明冲突论"也反对全球化模式的经济决定论——全球化模式的经济决定论把市场看作是历史的新的推动力,从而在马克思主义作为用来对付资本主义的意识形态的武器失去了历史意义之时却坚持了马克思主义的唯物主义的基本假说。用文化来对抗经济,这样就打开了对宗教的开放之门,而这扇门在以前已经被经济主义世界观和高度理性主义世界观所关闭,而这两者正是西方所塑造的现代性的本质特征。最后,亨廷顿视"文明"为未来社会的首要单位,从而鼓吹了这样一种观点:领土主权国家长期以来的主导地位正在被逐渐取代,这使得传统的以国家为中心的全球治理模式成了问题。[1] 但是,冲突理论通过将文明认同与冲突激化联系起来,从而给非西方文化和宗教认同的复苏蒙上了一层阴影,从而又似乎是在暗示一个更加和平的世界将从现代的技术优势和网络世界的组织优势的结合中产生出来,而这两者

---

① 当然也有另外的人指出了后威斯特伐利亚世界的呈现。对这个思想路线的精当评介,见 Joseph A. Camilleri and Jim Falk, *The End of Sovereignty? The Politics of a Shrinking and Fragmenting World*(Aldershot: Edward Elgar, 1992); 也见 Jean-Marie Geuihenro, *The End of the Nation-State*(Minneapolis: University of Minnesota Press, 1993)。

的结合就是所谓的人道主义未来的浪潮。①

　　"9·11"事件及其后果必须置于这样一个复杂的背景之下来考虑。这场袭击的性质——它发端于拉登对伊斯兰教信仰的极端主义看法和他对美国人、犹太人的种族仇恨情绪——及其"圣战"（Crusaders）的口号赋予了这种末世恐怖主义实践以宗教色彩。② 劫机者的身份强化了这种宗教色彩——他们是随时准备着去执行大型自杀性恐怖袭击任务的伊斯兰士兵（foot soldiers）。在应对这个事件的过程中，美国政府一直是谨慎的，它将这种敌人定义为"恐怖主义"而非伊斯兰，并且强调美籍阿拉伯人和伊斯兰后裔不应该受到区别对待、受到歧视。

　　事实上，令人遗憾的是，在当前的世界场景中，关于宗教与人道的全球治理模式（humane forms of global governance）之间的关系问题存在着极端化的见解。有些人认为，一旦宗教抛弃了自己的作为私人信仰的现代主义角色，而被允许侵入公共领域，特别是政治，那么它就会倾向于极端主义甚至是恐怖主义。而他们的那些激进的反世俗主义的对手们则坚持相反的观点，他们认为，如果不把政治建立在宗教教义

---

　　① 这个论点在这篇文章中得到了通俗的表达：Thomas Friedman, *The Lexus and the Olive Tree：Understanding Globalization*（New York：Farrar, Straus, Giroux, 2000）；更为学术性的陈述，见 Mehdi Mozaffari, *A Triangle of International Ethics, Law and Politics：Global Standard of Civilization*（Aarhus：Department of Political Science, University of Aarthus, 2000）。

　　② 据报道，已经有人开始做这个方面的学术研究，想要指出拉登的运动如何违反了有关规制针对无辜平民的武力，和发布宗教教令（fatwas）的权力的根本的伊斯兰教原则。见 Alan Cooperman, "Scholars Plan to Show How Attacks Violated Islamic Law", *Washington Post*, 20 January 2002, A15。

和宗教价值的规定之上,那么其不可避免的结果是政治的堕落、腐败和无能。这篇文章试图提出关于宗教意义的一种不同的看法。本文认为所有伟大宗教都有两种大的倾向(每一种倾向中都包含有许多不同的小倾向):第一种就是普世主义(universalistic)的倾向,对那些不同信仰和不同身份的人持宽容态度;第二种是排他主义(exclusivist)的倾向,坚持认为只存在一种正确的拯救道路,如果不走这条正确道路,那么其结果即便不是罪恶的话,起码也是失败或者无效。从这样的角度看来,如果世界要想在未来几十年里找到走向人性化的全球政治的道路的话,那么第一种宗教倾向就是有建设性的、有益的、至关重要的,而第二种宗教倾向则是反动的,并且带有一种真正的危险——带来发生在文明层面上的新一轮宗教战争。对于未来的最好的期望就是突出并且强化宗教的普世主义的影响,同时边缘化和不信任那些以各种各样的善恶二元论为基础的宗教极端主义。

但我们也要清醒看到,敌视宗教的世俗观念也会采取原教旨主义的信仰,把对宗教的依附看作是本质上邪恶的。这种世俗的不宽容就如同宗教的不宽容那样,不利于全球治理模式的塑造。① 这种世俗观的重返在一些国家中,导致了对宗教自由的压制。在那些国家,既定的社会秩序会把任何宗教身份的集体表达都看成是危险的和颠覆性的。无论是宗教的传统还是世俗的传统,如果它们共同坚持宽容精神、放弃相互对立的确定性的形而上学宣称、从各自的有利角度对

---

① 全面的反原教旨主义与美国和伊斯兰的关系,见:Tariq Ali, *The Clash of Fundamentalisms: Crusades, Jidhads and Modernity* (London: Verso, 2002).

付人类绝望、不满情绪的深层次根源,那么它们都将为人道的全球治理模式的形成作出贡献。正是这些确定性的形而上学宣称构成了不宽容的基础,导致了对"异己"的压制,也让形形色色的极端主义活跃在政治社会之中。

尽管确定宗教在当前背景下的意义是必要的,但是把先前的处境和长期的趋势考虑在内也是相当要紧的。我们很难估计,对"安全"问题的重新关注以及与之相伴随的美国依赖全球战争对付"恐怖主义",将会在何种程度上持久地改变这些趋势。目前还不可能看清楚全球反恐战争的范围及其使人迷惑的后果,部分原因是这场战争的目标尚未得到清晰的界定,另一部分原因是恐怖主义的反抗运动的程度和有效性尚未被确定。本文随后将展开这一个假设:在接下来的一年左右的时间里,全球将重新呈现常态,人们将重新关注全球化时代的全球治理,好像"9·11"事件从未发生过一样。也许,这次出人意料的战争经历所带来的创伤性影响甚至会使领导者和社会力量更加专注于协调市场与人的幸福——而这在"9·11"事件之前乃是具有世界意义的最重大挑战。

二、宗教和政治的相互作用:现代性的呈现

几个世纪以来,尤其是在西方,人类经验的宗教之维总的来说是被排除在严肃研究和治理实践之外的。这种排斥主要是欧洲启蒙运动所导致的结果,是由于它坚持以自主理性为人类事务唯一可靠的向导,以及把政治建立在世俗伦理的基础之上的倾向所导致的结果——这种倾向的主要特点

之一就是政教分离。当然,如同历史上许多有争议的运动一样,这一个进程也有着积极的方面,它根源于一个特定的历史场景——当时的欧洲正处于现代国家制度形成的时期,这个过程开始的时间难以精确确定,但人们常常有些武断地认为它是与1648年的威斯特伐利亚和约相重合的。①

在没有进入到这个复杂过程的细节之中去的情况下,人们把宗教看作是反对科学的兴起和物质文明的进步的,同时也把它看作是标志着基督教世界的分裂的一系列可怕的宗教战争的起因。因此,人们一开始必然会这样理解,把宗教从政治生活中排除出去对于正在进行之中的那一场确立人道治理的斗争而言乃是至关重要的一步——所谓人道的治理就是把政治建立在理智、宗教和种族宽容、人类个人和集体的尊严以及鼓励科学研究和技术创新的基础之上。在许多方面,格劳秀斯(Hugo Grotius),这位欧洲新教文艺复兴的典型人物,体现了中世纪欧洲向独立的、主权的、领土国家的新欧洲的过渡。从某种意义上说,格劳秀斯是想把宗教从充满暴力对抗的政治领域中转移出来,从而恢复人类生活的宗教的可能性。他有一段生动的、经常被人引用的话:

> 我发现,整个基督教世界缺乏对战争的克制,即便蛮族人也会以此为耻辱。我发现,人们为了很小的事,或者甚至无缘无故,就会拿起武器,而一旦拿起了武器,就不再有对法律、神或者人的敬重了,就好像得到了大赦令一般,狂怒已经被公开地释

---

① 威斯特伐利亚框架中的宗教、政治和世界秩序之间的相互作用问题是司各特·托马斯撰写的本书第一章的主题。

放,去犯下一切的罪行。①

采纳了这种批判的立场,格劳秀斯就把现代性的两个界定性的特征结合起来了:与"基督教世界"的特定身份相联系的道德优越性的宣称,在一切可能的情况下把这个宣称贯彻到政治生活之中去;暗含的对于非基督教社会的广大"蛮族"的轻视。② 第一个冲动导致了这样一个观念,即国家之间的关系在一定程度上受法律约束;而第二个冲动在一定程度上支持了世界秩序的欧洲中心观和盛行于殖民时代的西方和非西方人民之间的等级关系。最受人尊敬的启蒙人物,黑格尔、康德、密尔(John Stuart Mill),对这种政治和统治结构做了自由主义的合理化。这两种冲动都没有为世界人民带来人道的治理:国际法太软弱,以至于不能包容民族主义的情感或帝国的梦想,而对殖民统治的确认只不过是把对非西方人民的剥削和统治合理化了,并且在许多情况下产生了深层的怨恨和失望,在后殖民主义时代的背景中以极端的社会间暴力的形式表现出来。

最近有人尝试从现存的政治现实中得出规范的方向(normative orientation),并为在全球层面上实现更加人道的治理铺平道路。例如,赫德利·布尔(Hedley Bull)描绘了一

① Hugo Grotius, "Prolegomena", in *On the Law of War and Peace* (New York: Bobbs Merrill, 1925), p.20.

② Grotius 通过从宗教权力向世俗权力转变促进了向现代的过渡,对他的影响力的一般评论,见 Hedley Bull, Benedict Kingsbury, and Adam Roberts, eds., *Hugo Grotius and International Relations* (Oxford: Oxford University Press, 1990);也见 Yasua-ki Onuma, ed., *A Normative Approach to International Relations: Peace, War, and Justice in Hugo Grotius*(Oxford: Oxford University Press, 1993)。

个由国家构成的国际社会,这个社会在这两者之间保持平衡:一是领土范围之内的主权统治,二是一种由主导的军事力量来确保的谨慎的节制。[①] 新港口法学和国际法学院(New Haven School of Jurisprudence and International Law)的创始人迈尔斯·麦克道尔(Myrs McDougal)及其合作者认为,启蒙价值观通过致力于民主型的公共秩序体系的建设得到传播,乃是人道的文明间治理模式演进的基础,这种模式有能力一步一步地构建出对整个世界有益的、和平与公平的治理结构。[②]

上述两种规范性进路都假设了作为世界秩序之基础的国家制度的长存以及权力在处理国家间关系中所起的作用,而且在这些方面都是植根于政治现实主义的反乌托邦传统的。[③] 另外,在威尔逊(Woodrow Wilson)的遗产和以国际联盟(League of Nations)与联合国(United Nations)为代表的世界组织的实践的基础上,出现了一种更具乌托邦格调的世俗思想,它基本上相信,唯一安全、合法的世界秩序形式有赖于以世界政府的形式确立法律普世主义(juridical universalism)。这种思想与世界联邦主义(world federalism)有关联,其最完美

----

① Hedley Bull, *The Anarchic Society: A Study of Order in World Politics* (New York: Columbia University Press, 1997).

② Myrs McDougal and associates, *Studies in World Public Order* (New Haven, CT: Yale University Press, 1960); Myres McDougal and Harold D. Lasswell, *Jurisprudence for a Free Society*, 2 vols. (New Haven, CT: New Haven Publishers, 1992), esp. Vol. 2.

③ 反乌托邦的观点的最好的阐述也许可以在这本回应一战和平协议的著作中找到:E. H. Carr, *The Twenty Year's Crisis*, 1919 – 1939 (New York: Harp & Row, 1946)。

的表述也许是格林威尔·克拉克(Grenvlle Clark)和路易斯·索恩(Louis B. Sohn)的《通过国际法走向世界和平》(World Peace through World Law)。①

就连世界秩序模式项目(World Order Models Project)——该项目明确承诺要考虑世界秩序的不同方面、代表20世纪八九十年代各主要地区和各主要意识形态——也没有严肃地或者系统地思考宗教的意义,尽管它的确承认,在文明间的层面上被广泛认同的世界秩序的价值观为成功地构想乃至预见人道的全球治理提供了规范性的框架。②

尽管布尔和麦克道尔的著作中所呈现出来的视野在现存的世界秩序框架内仍然有用,但其调节能力和潜力似乎十分有限,它们不能对付国际政治生活中的那些从战争和军国主义的长期存在、贫穷和经济剥削的蔓延、政治压迫和宗教极端主义的场景、对环境恶化之危险的漠视、对人性的灵性层面和理想的忽视以及与跨国金融和企业的行动联系在一起的掠夺性市场力量中产生出来的缺陷。倡导世界政府作为规范性的构划,这是很奇怪的,不符合当前的潮流,因为现在哪怕是那些维持现存国际组织的微弱的努力也已经越来

---

① Grenville Clark and Louis B. Sohn, *World Peace through World Law*, 3rd ed. (Cambridge, MA: Harvard University Press, 1966).

② WOMP 的代表性著作见: Saul H. Mendlovitz, ed., *On the Creation of a Just World Order* (New York: Free Press, 1975); R. B. J. Walker, *One World/Many Worlds: Struggle for a Just World Peace* (Boulder, CO: Lynne Rienner, 1988); Richard Falk, *On Humane Governance: Toward a New Global Politics* (University Park, PA: Penn State University Press, 1995); Ali Mazrui, *A World Federation of Cultures* (New York: Free Press, 1976)。

越得不到支持了。① 联合国最近所经历的艰辛就是这种越来越得不到支持的状态的一个缩影,尽管在"地球村"的比喻下对政治生活的构架越来越频繁,但这似乎主要是被视为经济全球化之潜能的表达,或是说它体现了对时下的跨国恐怖主义、犯罪、毒品交易的强烈关注。② 在效果上,最好的世俗思想都不足以指出一条追求人道的全球治理的可行的道路,也无法给出足够鼓舞人心的关于人道的全球治理的远景,为激烈的全球改革发动一场大众草根运动。③ 没有别的选择可以替代受资本驱动的全球化,这一点连同美国的全球霸权都显示了建设性的社会变革的手段的缺乏。伊斯兰极端主义者所做的虚无主义的努力,只不过经由他们的替代性的公共秩序的阴暗意象(如阿富汗的塔利班政权所预示的那样)以及对美国争取统治全球的动力的巩固而非削弱,强化了这样一种处境。

政治想象的失败部分地是由于把人类经验中的宗教的和灵性的维度从与对全球人道治理的追求有关的理想和实践的塑造中排除出去了。这一章将提出一个总的看法:先用一节的篇幅论与全球治理有关的主导的世界秩序潮流和倾

① 对联合国的软弱,特别是与国际金融组织和欧洲地方主义的力量有关的评介,见:Richard Falk, "Meeting the Challenges of Multilateralism", in *Foreign Policy for America in the Twenty-first Century: Alternative Perspectives*, ed. Thomas H. Hendriksen (Standford, CA: Hoover Institution Press, 2001)。

② 清楚地为世界政府作辩护的文章,见 David Griffin, "Global Government: Objections Considered", in *Toward Genuine Global Governance: Critical Reactions to Our Global Neighborhood*, eds. Errol E. Harris and James A. Yunker (Westport, CT: Praeger, 1999)。

③ 一个更模糊的世俗观点把欧洲的地区经验作为"地区的世界"的前奏作了集中的讨论。这样一种意象尽管比世界政府更有前途,但在眼下仍然是一个模糊而遥远的前景。

向;然后是思考当前这些在第三个千禧年的开端塑造着历史处境的世界秩序的潮流在多大程度上也在为宗教的和灵性的能量创造着新的、出乎意料的开端——这个进程也像排他的世俗主义时代那样,同时有着令人深感不安和令人深感鼓舞的方面。这种宗教复兴是被当作宗教对于最有可能出现的那种全球治理的双重意义的一部分来讨论的。最后一节为把解放性的宗教和灵性视角包含在世界秩序的思想和实践之中作论证,同时也列举出它们的潜在的贡献。①

三、当前世界秩序的潮流,或走向
非人道治理的道路

无需进入细致探究就似乎可以明显地看到,目前存在着几种主导的世界秩序的潮流,它们以如此这般的方式会合起来,以至于在全球的层面上产生了一种更为整合的治理形式,然而这种治理形式是"非人道"的。这样一种指责并不足以定下它的全部的罪。② 全球化进程中的某些方面代表着在

① 对"解放性的宗教和灵性的视角"的强调,其前提是对于人类生存意义的"包容主义的"和"排他主义的"解释之间的区别。包容主义的解释是非教条主义的,为不同的解释和世界观留下了伦理的和政治的空间。排他主义的解释坚持认为只存在一条正确的道路,接受其他的道路是根本上错误的、不道德的、应当予以消灭的。这个努力在意图上类似于本书中多尔迈的那篇文章,多尔迈较少关心极端主义的解释,而更多地关注文化霸权通过资本主义市场使宗教商品化的可能性。

② 在这个方面,我赞同这本书的观点:Michael Hardt and Antonio Negri, *Empire* (Cambridge: Harvard University Press, 2000)。该书作者认为,全球化的趋势比威斯特伐利亚世界更具有解放的潜能,促进进步思想的道路不应当被窒息在复兴的中央集权主义的稻草之中。

先前的条件下的规范性进步(例如,大规模核战争的可能性
的减少,国家间普遍发生传统战争的可能性也在减少,人民,
尤其是那些生活在环太平洋地区人口稠密、最贫穷无望的国
家的那些人民,他们的贫穷和被剥削有所缓解),但是其总的
影响是分裂世界人民、忽视那些最受剥削和最脆弱的人民的
困境、日益加深贫富之间的不平等,并且滋生一种消费主义
的伦理,从而杜绝个人与社会自我实现的最完全的形式。①
尽管这里呈现出来的是一幅混合的图境,但是如果我们说,
当前的全球治理的各种安排一起导致了一种易变的“全球非
人道治理”,这也是恰如其分的。恐怖主义的严重而持久的
反抗也支持了这一论断。恐怖主义本身也促使全球军国主
义进入了一个新的阶段,这种军国主义的新阶段表现为一种
没有地理界限和没有可预见的终点的持久战争——由美国
领导的国家联盟发动了针对活动在至少六十多个国家的非
国家的、超民族的和没有疆界的基地组织网的战争。这一场
发生在有疆界的政治角色与无疆界的政治角色之间斗争正
在制造着一个前所未有的治权危机——由于被视为恐怖主
义分子的避难所,许多国家成了潜在的军事干预的目标。

在某种程度上,前面的段落解释了何以经济全球化在明
显地提高许多亿人口的物质和社会生活条件的同时还是应
当为一种走向“非人道的全球治理”的危险冲动负责。四组
不利的规范性后果确认了这是走向非人道的全球治理的潮

①　对全球化的否定性评介,见 John Gray, *False Dawn: The Delusion of Global Capitalism* (New York: New Press, 1998); Richard Falk, *Predatory Globalization: A Critique* (Cambridge: Polity, 1999); George Soros, *On Globalization* (New York: Public Affairs, 2002)。

流:(1)两极分化和全球隔离:不可否认全球化已经强化了不同阶级、地区、性别、种族之间在收入、财富、技术上的差距;①(2)无视人类的苦难和世界的贫穷:最近十几年经济增长主要是向上走,但是用于减轻贫穷和被剥削的资源却在走下坡路;(3)全球公益的基础在削弱:明显不情愿投入充足的资源去保护全球的公共利益或者经常性地提供财力以避免过度的全球经济和国内压迫;(4)技术层面的危险:没有解决由人类克隆、超级智能机器、用于暴力的机器人所提出的深层问题,没有能够管制那些给人类处境带来威胁的私人部门的创新行为。

这些否定性的方面使得我们面临了这样一种可能性:在第三个千禧年,我们将会看到一种蕴涵着严重的生态危机和社会灾难的、稳定的、非人道的治理形式的形成。这一个令人不安的前景得到了市场力量的强化,它乃是启蒙事业在人类事务中的重要运用的最新的、最纯粹的以及最野心勃勃的阶段。持续不断的技术创新的潮流为了让资本的拥有者获得最大的利润而适应着世俗化的政治空间。诚然,也存在着重要的相反潮流和各种进步的抵制力量,自下而上的全球化这个标题就是对这种现象的描述,但是这类力量的政治杠杆作用容易被限制在地方战场,而且也有着全球的令人讨厌的牛蝇的价值观,除非这些倾向得到宗教使命的加强,或者得到世界上组织化的宗教社群的重要部门的支持。唯有这种

---

① 见联合国发展纲要,*Human Development Reports*(New York:Oxford University Press, 1990—1999)。

以宗教为基础的、超民族的、追求正义的世界秩序的运动的可能性,才给出了人道的全球治理能够成为现实的希望。当然,由于各种各样的宗教极端主义,我们面临着秩序和稳定最小化的危险,把实现人道的全球治理的希望遮蔽住了。在西方,这种处境激励人民努力把宗教放回到数世纪以来世俗主义构建的盒子之中,从而把宗教极端主义和一般的宗教混合起来了,因此没有能够认识到,宗教既产生了不宽容也产生了人类团结的精神。

四、为何宗教? 开端和反动

最近几十年来的惊人之事之一就是,宗教在世界范围内以多种面目复兴,成为人类事务中的一股强大的势力。从人道的治理的角度来看,这次宗教复兴带着双重编码的信息:预示着超越经济世俗主义之局限的给人以希望的可能性和必要性——经济世俗主义已经成了现当代与虚无主义的后现代之间的令人不安的接合点的一个标记;但同时也透露了以各种极端的非人道治理的形式表现出来的大范围的反动——在某些情况下,对世俗主义的批判已经可怕地堕落到政治极端主义、压迫和暴力中去了。就其消极方面而言,我所想到的是宗教把另类带到了伊朗、阿富汗、阿尔及利亚之类的国家中去了,最近几年已经在某种程度上带到了印度和苏丹,但是同时我还想到了悲剧性的、可怕的邪教,如天堂之门(Heaven's Gate)、奥姆真理教(Aum Shinriky),它们似乎都是在世俗化的现当代的氛围中滋生出来的①——而其中最厉害的当然是由拉登建立和领导的、活动在许多不同的国家、有着令人害怕的势力的基地网络组织,它有意愿也有能力动摇现代世界秩序之结构的基础。历史地来看,世俗主义的外在局限会产生出向两种相反的方向改变的可能性:一种可能性就是走向人道的治理,另一种可能性就是走向反动,以各种方式把前现代的最严重的缺陷与现代性的最可怕的后果结合起来。这些进程的辩证内涵不容忽视,从中有可能会产生一个空间统治的帝国控制体系(space-governed imperial control system),它会在粉碎大恐怖主义的挑战的同时,从上而下促进最具掠夺性的全球化进程的开展。

当然,我们很难把宗教复兴充分地置于当下的处境中予以解释,但是这一场复兴似乎是与世俗事业的创造力的衰竭紧密地联系在一起的,体现在政治领域时尤其如此。正是在这个领域,现代性曾经与领土主权国家的重要性如此紧密地相联系。② 就政府组织而言,主权原则在这个世纪里根本就没有受到过挑战,而且得到了民族主义和现代最强大的意识形态的强有力的——如果说不是全面的话——巩固。③ 即便

---

① Robert Jay Lifton, *Destroying the World to Save It*; Aum Shinrikyo, *Apocalyptic Violence, and the New Global Terrorism* (New York: Metropolitan Books, 1999); Mark Juergensmeyer, *Terror in the Mind of God: The Global Rise of Religious Violence* (Berkeley and Los Angeles: University of California Press, 2000).

② Stephen Toulmin, *Cosmopolis: The Hidden Agenda of Modernity* (New York: Free Press, 1990); R. B. J. Walker, *Inside/Outside: International Relations as Political Theory* (Cambridge University Press, 1993); Hendrick Spruyt, *The Sovereign State and Its Competitors* (Princeton, NJ: Princeton University Press, 1994).

③ "不完全"的意思是,民族身份未必与国家边界相重合。

263

那些与国际联盟和联合国的建立相关的创新也是很深地扎根在世界秩序的中央集权制之中的,它们的成员规则和参与程序就是这种制度的集中体现。这些制度实验主要代表了中央集权主义的延伸,这种中央集权主义把政治能力永恒地分配给了领土主权,尽管理想化的公共部门一直以来始终相信,更大的成就是有可能的,或者国际联盟以及后来的联合国,可能会朝着人道的全球治理的方向转变。事实上,对全体的管理被交给了地缘政治来安排,而这种安排一直有赖于主导国家的特定的治理功能,也即政治科学家们称之为的"霸权"。换言之,一个中央集权的世界秩序,尽管声称尊重治权平等,但它总是基于一系列等级区分的,尤其是强与弱、中心与边缘、西方或欧洲中心与非西方以及最近的,北方与南方之间的区分。① 这种世界秩序预设了支配地位的主权国家可以把战争当作地缘政治的工具来使用,尽管在这个世纪,法律与道德对于武力的运用起着某种边缘性的限制作用。

但是,尽管这个中央集权的世界秩序使许多形式的不正当行为合法化了——或是以让国内政治秩序免受审查的方式,或者是通过主导国家的干预和剥削行为——但是它也引发了一些重要的规范性观念:合法使用武力的限制、人权、人道主义干预、庇护、领导的罪责等。这些规范性观念一直以来常常是受到各种地缘政治的操纵的,但是它们也鼓舞了充满进步观念的自由观,预期着这个集权主义的世界会向着和

① Immanuel Wallerstein, *The Modern World-System*, 3 vols. (New York: Academic Press, 1974 – 1989); Samir Amin, Eurocentrism (New York: Monthly Review, 1989); Samir Amin, *Rereading the Postwar Period: An Intellectual Itinerary* (New York: Monthly Review, 1994).

平与和谐的方向逐步前进。这一条走向人道的全球治理的道路是与"民主的和平"这个假设联系在一起的,这个假设断言,立宪民主的传播可以确保民主国家之间的和平关系。通过这个制度的扩展,如果得到了一部有效的国际人权法的支撑——这部人权法是包括经济和社会权利在内的,而不只是包括公民的和政治的权利——那么这个世界就有可能会实现人道的治理对这个星球的要求,无需裁军,也无需国际机构中的政治权威的集中。[①]

　　然而,这个民主和平论的主要问题在于,它忽视了经济全球化在一个由新自由主义所塑造的、由于地缘政治的军国主义而得到了强化的意识形态的气候中所发挥的社会影响。把这个分析与我的更广泛的论点联系起来,那么可以说,这种世俗的想法在长久以来就有赖于国家的解决问题的能力,但是这些能力已经越来越转移到经济主义权威的主要的竞技场,如世界经济论坛(World Economic Forum)、七国集团(G-7)、世界贸易组织(WTO)等等之中去了。在当前的处境中,治权的重构是通过市场而到来的,而且在某种程度上也得到了那种塑造了互联网世界图境的、具有数字化敏感性的自组的全球主义伦理的强化。一般而言,它反对政治的社会功能、公共的善,也反对任何有意识的实现人道的治理的努力。与这个潮流相对,也存在着我们在前面称之为"自下而

---

　　① Bruce Russett, *Controlling the Sword*: *the Democratic Governance of National Security*(Cambridge, MA: Harvard University Press, 1990), esp. pp. 119 – 45; Bruce Russett, *Grasping the Democratic Peace for a Post-Cold War World* (Princeton, NJ: Princeton University Press, 1993); 对该观点的批评,见: Joanne S. Gowa, Ballots and Bullets: *The Elusive Democratic Peace* (Princeton, NJ. Princeton University Press, 1999)。

上的全球化"的各种超民族地铺展开来的网络、联盟、协会、事业。① 我的意思是,这种旨在建构民主的全球市民社会的努力,乃是受到了宗教与灵性启示的启发的,如果它想离开政治现实的边缘,以一种更有效的方式挑战极难改变的权力格局,那么它将不得不获得宗教运动的某种特征和关怀,积极地与世界上各大宗教的解放方面联系起来。② 没有宗教,全球人道治理的前景就显得缺乏可信的社会和政治的基础,而更重要的是,它将缺乏那种能够比"市场"、"世俗理性"或者"民族主义"更有力地动员和激励人民的灵性特征。

   "宗教"在这个地方意味着什么,这需要在构造全球市民社会、重铸公民身份与民主实践之意义的过程中,予以仔细澄清。③ 显然,宗教不能够被缩减为任何一个单一的宗教传统,尽管它能够从它们的协同支持中获得力量;同时也很显然,某些宗教传统的某些方面是对立的,特别是那些涉及"选民"的宣称,或者关于拥有特定的"不为他人所知的(排他的)"法门的宣称,或者为了超升到更高的或者更纯粹的存在形式而设置的某种末世的场景,尤其是当这种超升被认为是通过圣

---

   ① 为了进一步澄清,见:Paul Wapner, *Environmental Activism and Worl Civic Politics* (Albany: SUNY Press, 1996); Ronnie D. Lipschutz, *Global Civil Society and Global Enviromental Governance* (Albany: SUNY Press, 1996); Richard Falk, *Explorations at the Edge of Time: The Prospects for World Order* (Philadelphia, PA: Temple University Press, 1992)。

   ② 汉斯·昆的著作在近年来已经在这个方向上走了。Hans Kün, *Global Responsibility: In Search of a New World Ethics* (New York: Crossroads, 1991), esp. Chap. p.6。

   ③ 对宗教意识的一个接近的、可比的修正,见这本重要著作:Charlene Spretnak, *The Resurgence of the Real: Body, Nature, and Place in a Hypermodern World* (Reading, PA: Addison-Wesley, 1997)。

战、通过消灭不忠者和不信者的斗争才能得到实现的时候，更是如此。总的宗教遗产中的这些方面可以本真地出现在有真信仰的人的生活和感受之中，但是它们并不能为这一场旨在为地球上的所有人创造人道的全球治理模式而进行的斗争提供任何建设性的东西。正如基地组织的全球恐怖活动所显示的那样，排他主义的行动对于宗教的潜在贡献是特别有害的，而且也许会在增强民族安全感和反恐的旗帜下强化中央集权主义。

五、人道的全球治理的宗教支柱

在确认了那些有害于人道的治理的宗教表达形式之后，还需要考虑宗教的潜在的积极贡献。[①] 在罗列这些贡献时，我们有必要为范围广泛的、明确地以宗教为基础的事业的解释留下相当大的文化空间。承认这一点也是要紧的，即世俗思想也能够达到伦理和政治参照系的平行点，但是缺乏宗教在各种不同背景的人们的记忆和传统中的那种深刻的历史基础和普遍的根。宗教的意义不能够与它对人的意识的执著分开，也不能与它在人性的社会构造中所起的历史作用分开。这里所理解的宗教不仅包含了教导、信念以及组织化宗

---

① 这一节中采用的方法在许多方面补充了司各特·托马斯的观点，同时也是与他的观点相平行的。托马斯提倡体现在世界上的大宗教传统中的"德性伦理"，寻求把宗教复兴的能量转向我们所倡导的人道的治理。这一节的观点在意图上也类似于多尔迈的那篇文章，他生动地说明了宗教在实践中能够沿着人道的积极的方向塑造行为和观念。

教的实践,而且也包括了一切通过诉诸信仰与献身来解释人生意义的灵性世界观——信仰与献身的对象是不能够为经验科学或者感性观察所解释的,它常常与对神、神圣、圣洁、超验、神秘以及终极的实在的接受联系在一起。宗教也是限制的来源,它为人类指出了可接受的行为的外在边界,在给科学研究和技术创新划定边界方面——如在人体克隆的问题上面那样——它是具有极其重要的现代意义的一个指引。因此,宗教必须被理解为提供了一个关于在神明得到服从的程度上无条件地接受或者拒绝接受限制的基本原理。在这些方面,宗教包括了对神和诸神的信仰,但是它并不依赖于这些有神论的信仰,或者任何类型的神学的教条。

在此所作的对宗教之积极意义这一复杂问题的介绍只是提示性的,想在建设旨在实现人道治理的全球民主运动的背景下促进讨论、反思和对话。我们没有思考宗教的消极意义,尽管,如前面的一节所指出的那样,这些有害的方面存在于任何对宗教的全面评价之中,存在于宗教对人类的过去、现在和未来的幸福的影响之中。怀着一种探索精神,我们可以确认并且描述一系列与宗教及其实践相联系的领域,但是在此我们不加以充分的阐述,后面也不会提到存在于文明之间和文明之内的、范围广泛的变种。

1. 对苦难的感激

宗教的道路可以与甘地(Gandhi)对"最低贱的人"、最底层的阶级、种姓和人种的承认紧密地联系起来,与一种解救那些灾难最深重的人的使命———种对那些受到最大牺牲的人民的献身精神紧密地联系起来——甘地坚信,政治实践首先是为了解救那些生活在社会、经济和政治等级最底层的人民。耶稣和佛陀也特别重视提升那些贫穷的和被遗弃的人的生活和地位。沿着这些路线,宗教可以蕴含一种针对社会不正义的社会革命,它不认为等级制是人类的本来状态,本身就是神的计划的一部分,它反对那种传递着这样一种印象的社会神话。

与此相对照,马克思对宗教的排斥是基于宗教的"鸦片"功能的,认为宗教错误地让早期工业革命时期的穷人和被剥削人民安心地接受残酷的生活条件。在许多情况下,既定宗教是维护社会现状的,它本身就是压迫性的社会和政治秩序的一部分。宗教机构觉得那些社会改革者——他们把宗教道路解释成为穷人而把正义实现在地上——的激进的理想是极具破坏性和危险性的,它们力图使这些人的影响边缘化,或者甚至用宗教来对付这一类的正义的宣称。

这些内在的张力在目前是重要的。在什么程度上宗教可以是对付全球化过程中的贫穷、社会不正义以及不平等的力量呢? 如果宗教是一种积极的力量,那么宗教能够从严格的前现代的传统主义的立场出发,避免鼓动向不正义挑战的运动吗(如阿富汗的塔利班或者伊朗革命展开的过程中的持强硬路线的伊斯兰分子)? 伊朗最近的思想之争多数是在那些把伊斯兰传统解释成与现代性、民主、宇宙城邦主义相一致的人,如苏鲁士(Abdolkarim Sorush),与那些把国家的伊斯兰定位看成是不折不扣地贯彻宗教的实践和约束的人之间展开的。

2. 文明的共鸣

世俗的改革思想倾向于主要诉诸那些与现存政治结构

没有紧密联系的知识分子的,而宗教革命的语言和乌托邦的抱负则在大众文化中享有合法性,并且拥有强大的鼓舞人心的潜能。宗教复兴所已经证实——与包括革命的马克思主义在内的一切西方启蒙思想的预测不同——宗教世界观甚至在最"现代"的国家政治体中依然长久存在——不仅如此,后殖民主义世界还很容易接受各种宗教框架的替代性道路,而不走西方的世俗现代化的道路。这一种对宗教的亲和性可以说是表现了从现代化进程中的一系列扭曲变形的遭遇中觉醒过来:腐败、民族经济出卖给国际资本、对西方的地缘政治上的隶属、对他们自己的文化同胞的正义事业的背叛。

巴列维(Pahlevi)统治下的伊朗就是一个很好的例子。伊朗国王白色革命承诺给伊朗人民世俗现代化的好处,大致地追随两代以前阿塔图尔克(Atatürk)在土耳其更为成功地走过的道路。这条道路的主要特征是:大力投资科学与教育,伊斯兰的边缘化,对西方生活方式和大众文化的采纳,地区认同服从美国外交政策的优先考虑(如,给这些地区流浪者如以色列和种族隔离的南非之类提供原油),美国军事力量在这个国家的大发展,公示皇族及其随从的腐败堕落。在霍梅尼的感召下,伊朗革命沿着伊斯兰的象征和信仰组织了大众的不满,向目瞪口呆的世界展示了宗教在 20 世纪 70 年代和 80 年代的后殖民主义世界中的鼓动力量。

3. 一种团结精神

还有一个联系紧密的特征就是宗教意识的联合性,人类大家庭的统一性,从中可以产生出一种人类团结的精神,一切创造物的统一性以及与此相伴的,人类体验的完整性和个人的尊严。这种团结是宗教包容主义的征兆和对宗教多样性的赞美,它是与排外主义的宗教性所践行的不宽容的狭隘道路相对立的。这样一种包容主义的观点还能够把人的精神与陌生人和客人联合起来,从而消解了由民族主义和爱国热情所引发的政治社群之间清楚的界限。包容性特别重要,它可以加强自下而上的全球化,反对过分地把团结与领土主权国家联系起来的威斯特伐利亚传统。宗教的远景为人道的全球治理提供了一个潜在的政治基础,离开了这个基础,人道的全球治理是不可能产生的。

与宗教和文化连在一起的包容性可以促进走向地区政治安排的积极潮流,从而削弱世界秩序的中央集权特征。当然,欧洲那样的地区主义主要是在对竞争和防止战争的功能性考虑的基础上形成的,但是作为一种方法,它的生机无疑是源自于前现代的基督教世界的集体遗产的。在亚洲、拉丁美洲、非洲,宗教认同既促进了、也阻碍了铸造地区主义的努力。后殖民主义时期的非洲之所以遭受如此的苦难,部分原因在于超民族的甚至民族的宗教认同相对比较弱,而种族和部族联系相对比较紧密。非洲在后殖民主义的国家建设中所遇到的困难,已经很清楚地显示了非洲宗教认同的薄弱。

至于宗教复兴的其他方面,一种起反作用的宗教伦理似乎在今天有着重要意义。宗教排外主义已经给政治想象留下了很深的印象,特别是在伊朗革命的后果中,甚至在"9·11"之后更是如此。宗教排外主义认为人类命运的核心问题是抵制西方(特别是美国)、抵制全球化,而不是全球改造和人道的全球治理所面临的广泛挑战,就此而言,排外主义宗教导向的战斗性是在回避一些根本性的斗争。其结果是,西

◇ 第三部分 宗教政治化:走向一种新的全球伦理?

271

方的强国已经动员了他们自己的应对恐怖主义的非改造性的回应,而且它们的辩护者倾向于把这一场斗争描绘成是解放性的现代性反对压制性的宗教原教旨主义的斗争。这样的一个解释在响应宗教复兴的各个方面的同时,却没有看到,宗教在通过鼓舞人类团结的意识,为人道的全球化预备政治意识方面起着广泛的作用。辩证地来思考,排外主义的宗教观越突出,那么宗教包容主义的机会的历史意义也越重大。

4. 规范性视野

对苦难的同情性回应和对人类团结的认可蕴含着规范性视野中的一种肯定人类潜能的信念。因此宗教承认包括市场伦理在内的当前处境超验性。市场伦理忽视许多形式的严重的人类苦难,倾向于把部分或者片段的权利提升到全体的权利之上,把赢者的权利提升到输者之上,而且它还充斥着由大众广告和特权资本主义所滋养的种种消费主义和物质主义的偏见。以宗教为导向的规范性视野在许多方面体现并且会合了世俗界定的人权文化的优先性,特别关注那些在物质上处于最劣势的个人和人民的经济和社会需要。这样的规范性视野还倾向于用法律和伦理取代权力成为管理的基础。

情况似乎就是这样的,特别是在社会主义的政治分析模式及其影响似乎没有意义,而市场又极其强大的情况下,只有宗教才有可能填补规范性的真空——这个真空存在于极端版本的资本主义似乎不会受到挑战的环境之中。对这个现实的不同的反应也是存在着,如,右派的反应——他们谴责在移民问题上的不利变化和身份的丧失,还有宗教排外主义者的反应——他们希望用制度化的激进正统主义来恢复宗教的纯粹性。唯有能够感受到一切人类的神圣性的包容主义的宗教才能够为全球的人道治理提供政治基础。唯有包容主义的宗教才能放在第一位来考虑人类的这些根本需要:粮食、住所、健康、可持续的环境、和平、有意义的生活。

尽管有些人道主义者提出这个观念:"一部人民的法律"或者"一个人权的文化"为人道的全球治理提供了伦理基础,但是并没有令人信服的方式可以识别这些变化和改革的力量。把它们说成是作为"世俗宗教"的人权也是不准确的。是宗教的"非世俗"特征解释了它的持续的鼓动人心的吸引力,回应了人对生存意义之解释的寻求——通过这种解释才达到了与人的必死性的某种和解。

5. 信仰与力量

相信得到灵性能量支持的观念具有改造性的力量,这本身就会走向非暴力形式的斗争和牺牲,从而挑战世俗的人类历史观,即历史主要是由统治精英、战争对新型军事技术的掌握所塑造的。特别是在集权主义的政治实验幻灭之后,以及在面临着随后的宗教狂热的爆发的情况下,世俗的想象总是怀疑并且敌视任何倡导乌托邦解决方案的主张,但是宗教意识则并不是如此受限制。宗教对现实的构造是扎根于当下的,但它同时也抱有解除痛苦和剥削的希望。事实上,世界各种伟大宗教,其核心关怀都是将人从压迫性的社会和政治秩序中解放出来,盼望依靠对信仰的忠诚可以最终实现解放。同样正确的是,宗教的制度化常常会压制它们的解放的潜能。

这个世界上最近十几年来已经发生的事表明,世俗权威无法对付一整套新的压迫人类的环境。在全球化的场景下,宗教的机会和责任已经变得很明显:提供解放的盼望,并且在事实上为走向全球民主和人道的全球化的努力提供一个灵性基础。这种性质的宗教盼望在社会交互作用的各个层面上,从地方到全球,都会有影响力。

6. 人的局限

包容主义形态的宗教能够让人在思想和行动中保持一种深刻的谦卑。这种谦卑对人的容易犯错的特性非常敏感,并且深知心灵的探究能力有限,不可能完全把握实在,也不能够保证对所宜行之事的特定解释正确而且可靠。宗教能够引导人们在对话的所有阶段都对陌生人和明显的对手保持开放——这有助于纠正错误和增强敏感性,使人能够体验到面对神的敬畏感、防止人类崇拜偶像、纠正人类自治的错觉。

在某种程度上,预言文化总是会利用古代神话,如普鲁米修斯的故事,来质疑人类自治的观念。歌德(Goethe)的《浮士德》(*Faust*)和布莱克(William Blake)的《黑暗的魔鬼磨坊》(*dark satanic mills*)都对此提出了警告,认为现代人为了获得世俗的知识而让魔鬼来取代灵性将会带来可怕的后果。自从广岛和长崎的原子弹爆炸之后,这些批评就变得越发尖锐了,这些问题也提出来了:人类是否越过了那个界限,以至于人类的生存已经受到了威胁? 如何才能找到恢复受此限制的道路? 当前关于基因工程、超级机器人和精密电子人的辩论使得这些关怀更加流行了。在获得知识、延长生命、提高经济绩效和尊重局限这样一些相互竞争的价值之间保持平衡的最有价值的文化资源，主要在宗教的框架之中。甚至最早出现于20世纪90年代的无伤亡战争（casualty-free wars）的可能性也提出了世俗文明很少谈及的深刻的限制问题，它认定了这个观念：一个战争中的国家无论它为了自身的安全能够动用什么武器，都只有在符合"军事必要性"的情况下才能尽可能少地进入战场（除非所依靠的这种力量受国际人道主义法律的适当的限制）。再则，替代性的、有生命力的政治道路的缺乏也意味着，除非引入宗教的视野，否则这类问题将始终不会有人过问。

7. 身份

　　包容主义追求的是一种超越主权国家之地理坐标和当下之时间坐标的宗教身份，这种身份的坐标是未来的成全。用"朝圣的公民"的观念来取代"公民"的观念可以清楚地阐明这一点：这是对政治身份的一种独特的理解，它所参照的是不可见的、不可能在这一生中完成的精神旅程。换言之，身份是成人的过程，它的价值是强烈的信仰和献身的对象，这种信仰与献身远远超越了一个人出于规定的和出于本能的对民族和国家的忠诚。它把俗世的忠诚转变成了对未来的忠诚，致力于把正义与和平带到整个人类大家庭。朝圣的公民可以在既定的宗教传统中找到家园，或者也可以通过一种更为个人化的灵修找到家园，但是从本质上来说，这种身份是要把能量和盼望从结构转向过程、从现在转向未来、从国家转向世界。

但是身份的挑战远比朝圣的公民这个意象复杂得多,尤其是为了世界经济的民主化,为了找到把法治延伸到主权范围之外的道路,它包含了参与集体经验的一切形式,回应着社会运动和地区重建的诉求。欧洲的经验对于在某些情况下什么是可能的有提示作用。建立有用的国际法庭(International Criminal Court)、对建立全球议会的支持都暗示着不能够缩减为国家和社会关系的身份的意义。宗教的与集权主义定义无关的社会和权威的概念支持了这些努力,从而融入到了这个过程之中。

8. 和解

包容主义的宗教有助于为必要的、令人向往的科学、理性和灵性的和解减少障碍。这个和解的过程是发生在正规宗教领域之内还是之外,或者同时发生两个领域,这是次要的。在当今严峻的冲突的背景之下,对和解的需要是相当紧迫的,而且必须与一个能够在政治认知和正义的过程中首先表示宽恕姿态的责任机制联系起来。这些复杂的问题已经在国家层面上的促进从害人的过去走向民主的未来的各种努力中呈现出来了。拉丁美洲和南非的真理与和解行动一直在试图找一条不依赖惩罚和报复的承认过去的罪行的途径,但是这些努力牵涉到各种相互争竞的关怀之间的微妙的平衡,尤其当过去的伤害是大范围、长时间、极其严重地发生的情况下更是如此。宗教传统和受尊重的宗教领袖借助于令人信服、引起人共鸣的语言,能够拥有一种特殊的能力可以给予这些努力以合法性。

当冲突双方都具有宗教特征的情况下,如巴勒斯坦和以色列、克什米尔、北爱尔兰等,所面临的挑战就更加明显。在那里,宗教的作用是未定的,它能够为随便哪一方或者为双方的冲突欲望火上加油,从而使得和解成为不可能,也能够为相互之间的承认铺平道路。显然,宗教领袖由于他们本身就是敌对双方的喉舌,因此常常起建设性的作用;但是机会的存在难以预料,战争是诉诸宗教身份而进行的,世俗的解决方案并不能充分地回应战斗双方的目标。

最后,宗教可以澄清并且抚慰由过去的伤害所造成的冤屈。最近有许多人在关注欧洲大屠杀和日本军国主义在亚洲造成的财富的损失、没有得到补偿的劳工和牺牲者。也有人提出了补偿西半球和太平洋地区原住民被剥夺的财产的要求,以及补偿由奴隶制所造成的痛苦和苦难的要求。尽管宗教并没有明确地回应这些在过去与现在之间达成和解的努力,但是它能够提供一个场景,在其中这类问题能够以比较的方式得到处理,造成一种有利于和解的形势,而不是走向指责与相互反驳。这是一些困难的问题,需要以道歉、博物馆或者信托基金的方式象征性予以解决,既承认过去,又不加重现在的负担和痛苦。宗教的组织和思想方式更容易促成这样的解决,而西方法律的对立性则常常会导致肯定一方而否定另一方的结果。

包容性宗教世界观的这些积极的贡献为推进规范性和制度性的治理的超民族的努力提供了一个文明间的基础。治理模式存在于从对高坝和核武器建设的地方性挑战到对全球气候变暖和克隆人的全球性关切的社会交互作用的所有层面之中。宗教对话能够促进理解和发展一种伦理敏感的舆论,以政府间外交与缔约无法实现的方式促成大众的参与。

六、宗教与人道的全球治理：总结性的观察

我们的观点是，一种宗教/灵性的导向需要鼓舞从下而上的全球化的力量，才能够真的有希望有效地发起一场政治事业，以替代与自上而下的全球化联系在一起的、主要由经济的和协作的地缘政治力量所预示和实现的道路。这不是对国家或者市场的否定，而是坚持认为这些组织化的权威和影响力需要灵性化，以符合宗教的一般特性。但是这也并非期望一个从天而降的拯救（a deus ex machina），无论是对世界政府的突然皈依，还是地方机构的呈现，以及联合国作为一个政治角色不再受到地缘政治和占统治地位的新自由主义世界图境的束缚。

人道的全球治理只有作为人类斗争的结果才能出现，在这个意义上，它类似于过去为消灭奴隶制、殖民主义和种族隔离所作的努力。这些斗争每一场都直接或间接地受到了体现在忠诚信徒的人生和著作中的宗教思想的重要启发。每一项事业在开始的时候都似乎是"不可能的"，当时坚持非人道的做法、使非人道的做法合法化的习俗智慧纠集社会力量、固定的信念以及制度的支持，一起反对这些事业。他们在反对历史上的不平等的斗争中取得有限的或者全部的成功，尽管在这些历史事例中，随后的人道的重建之路并不平坦。

按照我们现在的所知还不足以悲观地断言人道的全球治理是不可能的。但是我们现在的所知已经足以明白，这样的一个结果，如果有一天实现的话，将绝不会是无需痛苦的

斗争就自动到来的,由于市场力量的历史性优势以及经济主义世界图境广泛地被接受,只有在包容性宗教能量的滋养和引导之下,创造性地顺应存在于社会实在一切层面之中的特定问题和关怀,一种替代性的道路才有希望呈现出来。这个星球中的人民在追求正义和可持续发展过程中出现的重要问题,如果想要得到解决的话,宗教将是生死攸关的途径。

全球化世界的复杂性和不稳定性正在导致一种前所未有的全球治理。这种治理的形式不能理解为就是联合国,它首先是市场力量努力协调和稳定它们在地区和全球层面上的活动的结果,在一定程度上是这些力量的地缘政治联盟,特别是美国,利用全球政策制定机制提供保护的结果。这种类型的全球治理的扩展正在国家的层面上威胁着人类的幸福和社会政治生活的质量。宗教的使命就是要在世界人民争取民主、平等和可持续发展的斗争中注入一幅人类生存的远景,这幅远景是以人类为中心的,但同时能够意识到周围自然、神圣以及人的理性和机械所无法把握的奥秘所具有的重要意义。在某种意义上,宗教依然是前现代智慧的最好的、最首要的监护者——这种前现代的智慧已经在现代化的经历中几乎完全地被忘记了。

这项事业的难度由于"9·11"事件及其后果而增加了,这个事件转移了追求另一种全球治理模式的能量和资源,并且复活了一种对战争动态的令人瘫痪的关注。这样的关注冻结了全球治理的结构特征,导致人们低估战争之外的对稳定性和正义的威胁。就全球的反恐战争而言,这样的观察似乎特别正确,这场战争缺乏清晰界定的目标,其边界无法从地理上确定。恐怖主义活动的领土基础是流动的,如果说不

国 际 关 系 中 的 宗 教

RELIGION IN INTERNATIONAL RELATIONS

是不存在的话。恐怖主义的地点可以是在任何地方，甚至在领导反恐战争的国家内部。与本文的探究有关的另一个难题是基地恐怖主义与宗教使命之间的真切的、明显的关联。拉登的政治极端主义原则的前提是他对伊斯兰的特殊解释。伊斯兰学者极力反对他的解释，认为他的解释是错误的和歪曲的，但是尽管如此，拉登版本的解释并没有被看成是一颗该死的、发疯的心灵的胡言乱语。

这样一个模糊不清的现实促使一些人对"9·11"泛化的反应，使其针对整个伊斯兰世界，特别是阿拉伯的伊斯兰世界，并且利用这个背景提供的时机，把宗教看成现代化和民主的敌人。从这样的一个角度出发，土耳其至今还在盲目地庆幸自己的世俗化———一般认为它对伊斯兰政治势力的遏制就是其世俗化的集中体现———根本没有研究在土耳其究竟是宗教的积极方面、否定方面还是两个方面都遭到了反对。在此，我们需要强调，当世俗能量压制包容主义的宗教表达时，它们是在消灭社会安排中的解放性力量。

在这个场景中，对"9·11"事件之意义的最邪恶的解释好像有了道理。一个博学而且有影响力的中东专家提出了这样一个观点，认为拉登的势力之所以达到如此可怕的程度是因为美国在20世纪90年代声称不愿充分运用武力摧毁阻碍其战略目标的任何障碍。伯纳德·路易斯（Bernard Lewis）没有说一句话批判美国在以色列—巴勒斯坦的冲突中和维持对伊拉克的无限制裁中应负的责任，反而鼓吹在中东，特别是伊拉克和伊朗，发动最大规模的反恐战争。他写道："中东人很难抵制这样一个想法：拒绝对萨达姆·侯赛因（Saddam Hussein）动武并不是那么出于对合法性的关怀，而更多的是出于害怕与他对抗。"①在路易斯看来,美国在动用武力对于挑战者方面的"谨小慎微"把伊斯兰推入到了拉登的世界观的怀抱之中,从而最终导致了文明之间的激烈冲突。这种思考方式有力地论证了"9·11"预示了非此即彼的两条道路,要么现在就在伊斯兰世界展开针对敌对势力的广泛战争,要么在以后发生大规模的宗教战争。

对"9·11"的这种反启示的解读是危险的也是没有必要的。基地的攻击需要予以有效的应付,包括在阿富汗开战、在基地网络有活动的地方加强执法,还应当包括与广大伊斯兰世界进行和解——这有赖于公平地解决巴勒斯坦的苦难——使耶路撒冷国际化、在消灭一切国家的军火库中的大规模杀伤性武器、切实努力使全球化的展开能够公平地对待、保护世界上那些最易受伤害的人民。把眼光放到比战场更高的地方就会重新发现,伊斯兰,乃至通常的宗教,不仅是问题所在,而且还是出路所在。从这些更遥远的视野出发,确立人道的全球治理的任务呈现出了其应有意义,也助于我们理解,打败这个世界上的恐怖主义离不开反恐的武器和战争,同样也离不开正义。

很不幸,"9·11"袭击事件似乎使20世纪90年代的民主倾向黯然失色,并且大大地强化了经济与国家权力之间的联姻,使这种势力能够通过采用前所未有的非领土的反恐圣战宣称拥有在全世界实行干预的权力,并且通过对空间军事化的完全控制使这种居高临下的地位永恒化。唯有世界上的大宗教才拥有可靠的力量和合法性来辩明并且拒绝这种处在美国主宰地球的这项事业的核心之处的偶像崇拜。

---

① Bernard Lewis, "The Revolt of Islam", *The New Yorker*, 19 November 2001, p. 63.

第七章
伊斯兰与西方：
对话中的穆斯林的声音

埃斯波西托　约翰·沃尔 撰
张新樟 译

　　冲突与对话常常被视为伊斯兰与西方之间关系所面临的非此即彼的选择。在世界贸易中心于2001年9月11日被恐怖主义者摧毁之后，冲突观得到了更多的注意。本·拉登之类的穆斯林宣称有必要与西方进行坚决斗争，他们所讲的话语开始引人注目，并且不断地在全球大众媒体中重复。这些号召坚决地进行圣战的穆斯林的声音常常与西方经久不衰的"文明冲突"的宣告彼此呼应。

　　在冲突观之外，在西方和穆斯林世界都还存在着重要的对话的倡导者。三位杰出的穆斯林行动主义知识分子的思想和政治事业阐明了伊斯兰国际政治观的转变以及穆斯林世界高层存在着倡导全球对话的意愿。安华·依布拉欣（Anwar Ibrahim），这位以前的伊斯兰行动主义的学生，成了马来西亚的副总理（deputy prime minister），尽管他目前在监狱里，但是他的思想仍然是一支重要的政治力量。伊朗伊斯兰共和国总统，哈塔米（Mohammad Khatami），是一位学者政治家，他的政策反映了对伊朗伊斯兰革命的理想和目标的重新表达。瓦希德（Abdurrahman Wahid），世界上最大的伊斯兰组织之一的知识分子领袖,在苏哈托(Suharto)政权终结、向民主政治过渡的时期被选举为印度尼西亚总统。

世界上的行动主义的宗教知识分子已经从他们各自的社会的内部帮助改变了国际关系的动态和政治的性质。作为知识分子,他们正在创造着用以阐述政策和规划的新的概念和词汇。

这一章认为,穆斯林行动主义知识分子,如安华、哈塔米和瓦希德,在20世纪最后几十年的全球相互影响的新概念的创造中是特别重要的。尤其是,在反对圣战主义者的世界观方面,他们从伊斯兰的视野出发定义了文明间对话的术语,这极其重要。他们的观念和事业以不同的方式反映了文明间冲突和文明间对话的主要动态。

和世界上其他的意识形态知识分子一样,公开的伊斯兰组织和运动中的学者也没有统一的世界观。到处存在着许多不同意见和争论,以及与思想之争的路线相平行的论辩路线。然而,即便在他们的不同意见之中,他们也还是提供了一种正在呈现的伊斯兰话语(不是单一的意识形态),来重新定义穆斯林社群的国际作用和地位。

在政策之争中,以及在对政策的不同解释中,看待国际关系的两种重要视野已经形成了。一种可以定义为全球关系的"冲突观",另一种就是更为复杂的"对话"观。特别是在伊斯兰世界在国际体系中的位置的问题上,围绕着亨廷顿所谓的文明冲突不可以避免的观点与他的批判者所倡导的"文明对话"的必要性的观点,展开了激烈的争论,冲突观与对话观这两种视野在这场争论中表现得很明显。在20世纪后半叶的伊斯兰知识分子中间,对冲突观和对话观的倡导都很强有力,而且发出了很让人听得见的声音。他们在穆斯林世界内部的争论乃是宗教与宗教信仰在更大尺度上定义当代世界国际关系之性质的重要动力的一部分。

一、政治的伊斯兰和国际关系

20世纪晚期主要的全球性变化之一就是"宗教的复兴"——文明冲突和对话中主要的和极其明显的现象。这个变化是与现代化理想中的关键部分背道而驰的——世俗化,也即宗教的个人化和"宗教"活动从世俗政治的公共领域中退出,乃是现代化过程的内在的、不可或缺的部分。世俗化的假设对于理解17世纪中叶出现的国家间关系的制度具有重要意义。威斯特伐利亚和约(1648)"被公认为现代民族—国家制度的开端"①。在这个制度中,存在着一个根本上世俗的"威斯特伐利亚预设":"宗教和文化多元主义不能够被包容在国际社会之中,而是必须被私人化、边缘化或者甚至于被克服。"②现在这个假设面临着重大的挑战。杰出的学者,如彼德·伯格(Peter Berger)——他是阐述世俗化理论的关键人物——认识到:"松散地聚集在'世俗化理论'标签之下的一整套历史学家和社会科学家的文献根本上是错误的。"这些学者的这种认识对于理解当前的国际关系有着很深的

---

① James N. Rosenau, *Turbulence in World Politics: A Theory of Change and Continuity* (Princeton, NJ: Princeton University Press, 1990), p. 10.

② Scott M. Thomas, 原著第23页。

意义。① 这种"去世俗化"（desecularization）已经成了这个思想和历史背景中的重要维度，在这个背景中：

> 国际关系这个概念本身似乎也过时了，在这个潮流中，维持着国际政治的越来越多的互动的展开都不再有民族或者国家的直接的参与。②

在这个新的背景之下，宗教成了跨民族的和"国际的"关系中的日益重要的因素。

由于"宗教"在公共政治领域中持久地、普遍地增加的重要性，伊斯兰教在 20 世纪最后 25 年里的复兴常常被视为"政治的伊斯兰"的兴起。结果，在伊斯兰的复兴深入到许多不同的维度中去的同时，它的政治影响已经获得了最大限度的关注。政治的伊斯兰与许多不同类型的运动有关。有一些运动倡导国内的法制改革，通过立法和劝说改造社会制度，有时候甚至主张革命性地改造政权或政治制度。在这些以及另一些领域，政治的伊斯兰的复兴代表着对现状的直接的挑战。这是对政治制度、社会经济制度及其伦理与知识基础的挑战。信奉伊斯兰教的知识分子对于定义和表达这些令人生畏的挑战是极其关键的。他们所挑战的"世俗的现代"的现状是 19、20 世纪的现代化改革的结果，他们的努力所带来的影响几乎可以在世界上每一个穆斯林占多数的国家和每一个穆斯林少数派群体的政策中看得很清楚。换言

---

① Peter L. Berger, "The Desecularization of the World: A Global Overview", in *The Desecularization of the World: Resurgent Religion and World Politics*, ed., Peter L. Berger (Washington, D. C. : Ethics and Public Policy Centre, 1999), p. 2.

② Resenau, *Turbulence*, p. 6.

之,在那里正在发生着政治和政策的严重的去世俗化和政治话语模式的"重新伊斯兰化"(re-Islamization)。

宗教意识在政治领域中的复兴既表达在国际关系的术语中,也表达在国内政策的术语之中。政治的伊斯兰的行动主义世界观是与他们对穆斯林社会的目标和向往直接联系在一起的。有一些人可以称之为圣战主义者,他们的世界观类似于亨廷顿。在圣战主义者看来,世界被分为两个可清晰分界的阵营:伊斯兰的真正的追随者和非真正的追随者。后者包括了非穆斯林和那些其信仰与实践不符合那个确定这种世界观的特定群体的解释的穆斯林。

这种圣战主义世界观的最广为人知的表达之一就是埃及伊斯兰教徒赛义德·库特布(Sayyid Qutb)①的文献:

> 伊斯兰只知道两种类型的社会:伊斯兰的社会和jahili(固执地对伊斯兰教无知)的社会。"伊斯兰的社会"就是伊斯兰教在教条、实践、生活规则、制度、道德以及行为之中得到尊奉的社会。而jahili的社会就是伊斯兰教没有得到尊奉的社会。②

在这样的视野中,对真正的伊斯兰教的固执的无知或者

---

① 库特布是穆斯林兄弟会成员,1966 年因试图推翻政府而被判死刑。库特布的思想有三个要点:第一,世界被野蛮、放任和无信仰(他称之为"jahili"的一种状态,这是一个指代先知穆罕默德得到启示以前的无知时期的术语)所困扰,人类只能在伊斯兰教和贾希利亚之间做出选择;第二,人们(包括穆斯林)越来越多地被吸引到贾希利亚及其物质安慰那边,贾希利亚可能会战胜伊斯兰教;第三,在上帝与撒旦之间的战争中不存在中间立场,所有真正的穆斯林必须在这个战争中拿起武器,任何不接受他的思想的穆斯林都是应该被毁灭的无信仰的人。

② Sayyid Qutb, *Ma'alim fi al-Tariq* (Cario: Dar al-Shuruq, n. d.), p.116.

积极的反对"包围着"真正的穆斯林,由于这个原因,"战斗是持续的,圣战将继续,直到审判之日"。① 在被处决之前不久写的书中,库特布用文明间冲突的语言清楚地叙述了这场斗争,把伊斯兰定义为唯一真正"文明的"社会,是它在与错误的或者不完善的文明作斗争。②

　　库特布对国际关系冲突观的阐述在穆斯林世界中启发了圣战主义者的世界观,而亨廷顿的世界观也同样在西方的政策制定者群体内部开创了摩尼教的视野。然而,库特布和亨廷顿一样,确实都是以一种有着持久影响力的独特方式阐述了这种冲突观。他们两人都把宗教放在文明定义的核心,从而也把宗教放在了文明冲突的核心。"库特布被广泛地承认为军事圣战之父……因为那些穆斯林,如本·拉登,是在伊斯兰教教师的学校和大学里受教育的,而库特布是他们的伊斯兰教育的一个基本内容。"③这种以宗教为基础的冲突分析是与以往的讨论很不相同的,在以往的讨论中,这些全球的冲突也许是按照经济制度来界定的——资本主义对共产主义,或者民族主义对帝国主义。不过,世界分裂为大的冲突阵营的这种冲突观,其基本框架在穆斯林世界和西方都有着很深的根源。学者对于那种世界观的可靠性的判断构成了任何对国际关系的解释的重要基础。在穆斯林知识分子中间,议题聚焦在伊斯兰与西方、伊斯兰与现代性关系上面。

　　另一种视野,对话观,也在穆斯林世界与在西方都有同

---

① Sayyid Qutb, *Ma'alim fi al-Tariq* (Cario: Dar al-Shuruq, n. d.), p. 130。

② 同①,p. 117。

③ John L. Esposito, *Unholy War: Terror in the Name of Islam* (New York: Oxford University Press, 2002), p. 8.

287

样深刻的根源。在中世纪,西西里的罗格二世(Roger II′Sici-ly)①,以及那些使得穆斯林、基督徒和犹太教徒的 conviven-cia(建设性地生活在一起)在伊比利亚半岛成为可能的那些人的精神反映了文化、社会和文明的积极的相互影响的深刻根源。在现代的穆斯林世界中,西方化的改革者显然相信文明对话,尽管这通常意味着单向的"借用"。还有,公开的伊斯兰的回应并非总是以圣战者的模式表达出来。有影响力的伊斯兰现代主义者阿布杜(Muhammad Abduh)肯定了伊斯兰传统和西方现代化的有效结合是可能的。在 20 世纪晚期伊斯兰教复兴的时代,很少有伊斯兰教的学者认为伊斯兰教与现代化是不相容的,甚至于圣战主义者如库特布也注意到了现代西方科学的优点。圣战主义者所关心的问题是,有效的文明间对话会在多大程度上削弱穆斯林的信仰、实践和社会制度。相比之下,那些支持文明对话观的人反对暴力,认为"一个道德的、人道的伊斯兰教才是唯一合法的伊斯兰教"②。从更广的历史的尺度上来看,斗争不是在老传统和现代性之间展开的,它是一个界定"多重现代性"的冲突过程,其中"现代性和西方化并不是同一回事"。③

---

① 罗格二世,西西里国王(1130—1154),组织了强大的海军,但是拒绝参加第二次十字军东征,宁愿做阿拉伯人的统治者,对穆斯林宽容。他的宫廷是阿拉伯和西方学者的知识中心。

② Khaled Abou El Fadl, "Moderate Muslims Under Seige", *New York Times*, 1 July, 2002.

③ S. N. Eisenstadt, "The Reconstruction of Religious Arenas in the Framework of Multiple Modernities", *Millennium*: *Journal of International Studies* 29. No. 3(2000): p.593. 对这个分析的解释见:John Obert Voll, "The Mistaken Identification of 'The West' with 'Modernity'", *The American Journal of Islamic Social Science* 13, No. 1 (1996): pp. 1 – 12。

对话观与冲突观之间的张力为当前世界的国际关系的不同理解提供了一个重要基础。在大多数伊斯兰行动主义知识分子看来,对国际关系的理解是与伊斯兰教的复兴有关的、更广的世界观的一部分。他们的生活和观念反映了塑造穆斯林世界的国际政治的许多因素。没有哪一位主要的、政治上积极的穆斯林知识分子想要着手构造一个全面的国际关系理论,但是他们每一位都以重要的方式为一种新的伊斯兰话语在世界政治中的出现作出了贡献。

二、伊斯兰知识分子和世界观

杰出的行动主义知识分子,如安华、哈塔米和瓦希德,他们的个人历史是各不相同的。然而,这些人的生平和事业的国际维度却反映了国际关系在穆斯林世界和全球发展的重要方面。他们在批评不加审问地接受西方的发展观,尤其是那些似乎要求在穆斯林主流社会实现西方式的世俗主义的观念时,多少是有点圣战主义者的态度的。然而,在他们的思想中,相互冲突着的不是文明,而是生活方式和对待宗教信仰的态度。他们把更广的穆斯林社会视为由许多不同文明的人民聚集而成的一个大的信仰群体。因此,主要是就国家或者主权之间在对当代全球化的某些方面的伦理影响上存在着权力冲突的意义上,他们的世界观是具有斗争性的。

21 世纪初,对话在信奉伊斯兰教的知识分子的世界观和政策中越来越得到重视。他们大多数人都有西方社会的重要经历,因此对于西方式的现代性的优点和弱点有着全面的理解。他们相信,这种全面的理解是必要的,将会加强而不是削弱真正的伊斯兰社会的力量。这样一来,在文明之间,尤其是伊斯兰和西方之间,形成积极的双向对话就相当关键了。如何定义这种对话乃是伊斯兰知识分子领袖之间的分歧的来源。

分歧的第二个来源是这些知识领袖在多大程度上把全球多样性和文化多元主义看成一个必须适应的现实,而不是把它看成 jahili 的社会而予以反对。这一点对于决定他们对国际关系的看法至关重要,而对国际关系的看法则决定了他们在各自的国家中会提议什么样的外交政策,以及会如何界定他们自己国家的政治制度。这种分歧和张力反映了对信仰传统以及它对当代冲突的意义的不同理解。如果我们遵循"建构主义"的道路来理解信仰对政治冲突的意义的话——如哈森克勒夫和里特伯格在本书中所提议的那样——那么这些差异的重要性是显然的。在这个理论视野之下,"宗教传统对冲突行为的影响是极其模棱两可的:它们可以使暴力更容易发生,因为圣经中为武装斗争辩护的经文是很多的。另一方面,它们也可以使暴力更不容易发生,因为圣经中判定在特定处境下使用暴力不合法性的经文也是很多的。"①这段话非常清楚地界定了全球圣战的倡导者和文明间对话的支持者之间的分歧的情形。安华、哈塔米、和瓦希德给出了对话观以及如何定义对话观的重要例子。

---

① Andreas Hasenclever and Volker Rittberger,原著第 115 页。

三、安华·依布拉欣:亚洲价值观和全球 Convivencia(共存)

安华既作为一个"奇里斯玛的原教旨主义者",也作为一个"自由主义的政治改革家",在马来西亚的政治和社会转型中发挥了重要作用。当他于1980年在吉隆坡(Kuala Lumpur)组织示威的时候,他和他的支持者们被称为"马来西亚自己的伊斯兰狂热分子"[1];安华被描写为该国最大的"原教旨主义的"群体之一的领袖。[2] 18年以后,当他因为政治指控而受审的时候,这位马来西亚的前任副总理又赢得了"不知羞耻的全球主义者、很适应于现代市场和媒体"[3],以及自由主义者的名声。[4] 安华从一个伊斯兰原教旨主义群体的奇里斯玛的领袖转变为一个倡导东南亚改革的全球主义的自由主义者,这在有些人看来是前后不一致的、机会主义的,而在另一些人看来则是相当真实的和符合逻辑的。事实上,这反映了马来西亚政治与认同的主流的变化。同时,安华也是

① K. Das, "Chipping Away at Extremism", *Far Eastern Economic Review*, 8 February, 1980, p. 10.

② Judith Nagata, "Religious Ideology and Social Change: The Islamic Revival in Malaysia", *Pacific Affairs* 53, No. 3(1980): p. 425; Fred R. von der Mehden, "Malaysia in 1980: Signal to Watch", *Asian Survey* 21, No. 2(1981): p. 246.

③ Ian Johnson, "How Malaysia's Rulers Devoured Each Other and Much They Built", *The Wall Street Journal*, 30 October 1998, p. 1.

④ Editorial, "Malaysia on Trial", *New York Times*, 4 November1998[http://archives. nytimes. com/archives/] (14November 2000).

造成这些变化的一个重要力量,是一位最典型的行动主义的知识分子,在伟大的历史转折时期,阐述了新的观念和范式,发挥了知识分子的传统功能。[①] 作为一个重要的学生组织的领袖,一个马来西亚的重要政治人物和政府官员,以及后来作为他们国家的改革的象征,安华也一直是典型的政治行动主义者。

1. 改革和 Ijtihad[②]

通过出色的组织领导工作和对其目标和渴望的令人神往的表达,安华在 1971 年建立的马来西亚伊斯兰青年运动(Angkatan Belia Islam Malaysia)中发挥了极其关键的作用。伊斯兰青年运动把关心他们国家的社会与经济正义的穆斯林的学生和青年专业人士聚集起来了。在 20 世纪 70 年代,作为正在发展之中的穆斯林行动主义知识分子的全球网络的一个部分,安华越来越在国际上崭露头角。他担任了联合国青年顾问组(United Nations Advisory Group)成员的职务(1973—1974)。由于受到国内政治阻挠,他在联合国的职务中止了两年(1974—1976),随后又担任了世界青年穆斯林联合会(World Assembly of Muslim Youth)东南亚的代表(1976—1982),是 1979 年伊朗革命后第一位访问伊朗的穆斯林领袖。

---

① 对马来西亚政治背景中的这些大范围的变化的讨论,见:John L. Esposito and John O. Voll, *Islam and Democracy* (New York: Oxford University Press, 1996), chap. 6。

② 以《古兰经》、圣训、公议为源泉,利用理性做出法律判决,这被称作伊智提哈德(ijtihad),而有资格进行伊智提哈德的宗教学者就是穆智台希德(mujtahid)。

像许多伊斯兰行动主义者那样,安华和伊斯兰青年运动的领袖都受到了20世纪国际伊斯兰复兴运动的主要创始人的著作的影响——其中最有名的是哈桑·阿尔巴纳(Hasan alBanna)①、库特布、玛杜迪(Abu al-Ala Mawdudi)②。特别是,他们都信奉"伊斯兰作为 ad-deen(生活方式)的完善性"——这是伊斯兰教徒理解伊斯兰教的一个核心观念。③他也受到过另外一些与他有私人接触的人的影响,其中有著名的马来西亚学者阿尔阿塔斯(Naquib al-Attas)、费城圣殿大学(Temple University)的巴勒斯坦人阿尔法路奇(Ismail Ragi al-Faruqi)、伊斯兰思想国际研究院以及后来的弗吉尼亚伊斯兰社会科学院的阿拉瓦尼(Taha Jabar Alawani)、卡塔尔(Qatar)的奥斯芒(Fathi Osman)和卡大维(Shaykh Yusuf Qardawi)。④

20世纪80年代初,安华突然加入马哈蒂尔(Mahathir Mohammed)政府,令他的朋友和敌人都目瞪口呆。在随后的几年里,他从一个行动主义知识分子的反对组织领袖变成了一个规定政策原则和实施民族改革的副总理和财政部长。在那个时期,他形成了对主要的国内、国际问题的重要理解。其中比较突出的是:(1)社会政治和经济发展需要一个受宗教和道德启示的宽泛的新范式;(2)对多宗教社会中的多元

---

① 哈桑:穆斯林兄弟会(Muslim Brotherhood)的创始人,该组织于1928年成立,是最大的、最有影响力的逊尼派宗教复兴组织。

② 玛杜迪:巴基斯坦伊斯兰政党的创始人。

③ Zainah Anwar, *Islamic Revivalism in Malaysia*(Selangor:Pelanduk Publications, 1987), p. 13.

④ Kamaruddin Muhaammad Nur 引自:Anwar, *Islamic Revivalism*, p. 20。

主义和作为整体的世界的本质有一个新的理解;(3)强调文明间对话作为替代致命的文明间冲突的唯一可能的选择的重要性。

西方的范式不承认经济追求的最终目标是人的发展——不是普鲁米修斯那样的、不懈地追求征服的人,而是东西方伟大的传统所设想的那种人。[1] 安华认为,解决的方法是界定一个新的范式,真正地扎根于本地的传统,而不只是盲目地借用西方。他在两个层面上发展这个新范式,一个层面是伊斯兰,另一层面是亚洲。

安华的伊斯兰范式不同于许多伊斯兰组织提倡的范式和进路。它的出发点不是倡导实施中世纪穆斯林社会所规定的伊斯兰律法。他不接受那种忠于传统的更保守的穆斯林的进路,不提倡效仿或者追随(taqlid)先辈定下来的先例。相反,他提倡有见识的独立分析,或者 ijtihad。在安华看来,伊斯兰本质上是一种注重实效的宗教,它的真正的力量和动力在于由 ijtihad 带来的持续的更新。[2]

安华优先考虑的是经济与社会的正义而不是强求伊斯兰国家和法律的确立:

> 强制实行伊斯兰法律或者建立伊斯兰国家的那些倡导者被限制在边缘地位……(东南亚穆斯林)宁愿努力提高妇女和儿童的福利,而不愿意把日子用于规定理想的伊斯兰国家的性质和制度。

---

[1]　Anwar, *Asian Renaissance*, p. 81.

[2]　安华·伊布拉欣在 Ismail Faruqi Award 授奖仪式上的演讲。International Islamic University, Malaysia, 28 February, 1996.

他们不相信,促进经济发展、把握信息革命、要求对
妇女的正义会使一个人不成其为穆斯林。①

这个新范式并非完全是伊斯兰的,而是更广地、本土性
地建立在"亚洲价值观"里面的,以回应马来西亚和东南亚宗
教与种族多元主义的现实。不过,安华强调说:

我不遵循摒弃西方的政策。我们不是反对西
方。对西方的某些态度和政策,我们很反感。我相
信东方和西方之间的交流。②

新范式的一个关键部分是确立亚洲价值的新意识,"亚
洲将带头让西方参与持续对话"。③

这个新范式的基石是一场文化复兴,这为传统观念和价
值在未来社会中占据更有意义的地位打下了基础。安华认
识到,这将涉及到不同身份的确认与人类一体感之间的危险
的平衡,因此他注意到,在亚洲大规模的文化传统的复兴中,
需要坚持不懈地避免落入到宗教狂热和种族中心主义的陷
阱之中。另外,地方文化也要防止由于全球化的影响而导致
的同质化。他还发展出一种特殊的多元主义的概念来理解
如何在当前事务中保持全球因素和地方因素之间的平衡。

2. 超越宽容走向全球 convivencia

安华对多元主义的理解的出发点是承认人类社会多样

① Anwar Ibrahim, "The Ardent Moderates", *Time*, 23 September 1996,24.

② Anwar Ibrahim, "We Believe in Engagement Between the East and the West",
interview in *The Diplomat*, 15 February 1996, 18.

③ Anwar, *Asian Renaissance*, p.100.

性的现实和马来西亚的多元主义背景：

> 各民族可以通过接受文化多样性的事实而真
> 正地成长和繁荣起来，通过学习它们之间的差异、
> 强调它们共同的价值观而强大起来。马来西亚就
> 是这样的一个例子。它可以名副其实地称为亚洲
> 的缩影——一个真正有许多民族、文化和信仰的国
> 家。无可否认，这不是选择的结果。人们甚至可以
> 说，我们是在环境和历史的压力之下成为一个民族
> 的，不是通过消解我们各自的身份和信仰，而是通
> 过超越它们。[1]

对差异的宽容在安华看来是一个重要的出发点，但只是
一个开始。对于马来西亚和对于处于多宗教和多种族背景
之下的亚洲来说，多样性不仅是挑战，而且还代表着一个主
要的积极的资源。人民需要超越他们的差异，但不是消灭这
些差异。

超越宽容乃是这个新范式的关键部分。超越单纯的宽
容不只是道德的，而且对于人类的生存而言还是必须的。民
主的力量依赖于多样性的存在。在安华看来，权威主义的政
体忘记了"异议还是我们所坚持的民主的一个真正的标志。
造成这样一种状况不只是为了宽容，而是为了积极地滋养不
同的观点"[2]。在这个背景之下，多元主义成了一种强民主的
关键的基础，而且，它也是一个健康的、富有活力的社会的必
要组成部分。缺乏多样性会导致软弱。

---

[1] Anwar, *Asian Renaissance*, p. 24。

[2] Anwar, *Asian Renaissance*, p. 58.

安华相信,对多元主义的接受是对宽容的超越,是一个明显的伊斯兰的立场。在一场有关文明对话的讲演中,他引用了古兰经中的经文:"噢,穆罕默德! 我们确实都是从一个男人和一个女人把你们全都创造出来,让你们成为不同的民族和部落,以便你们彼此认识。"①因此,要建设性地认识这个神圣的启示就必须既承认差异,也承认普遍的人性:

> 我们相信,恢复传统的生命力,还原其道德和思想的丰富性,乃是抵制宗教狂热和种族中心主义的最有效的力量。在伊斯兰的背景下,这个恢复生命力的过程包含了对正义(al-adl)、宽容(al-tasam-uh)、同情(al-rahmah)这些价值的重新肯定。这些价值在整个历史上已经使得穆斯林不仅能够把多样性当作事实,而且还能够把它看成人类文明的值得赞美的本质特征来接受。由于多样性,由于追求彼此认识和理解的冲动,人变得更加丰富了。②

在安华看来,这样一来就可以在个体的社会之中,以及在更广的、正在出现之中的全球社会之中,创造出了一个不同的人群建设性地生活在一起的背景。他用一个术语——convivencia——来描写这种情形,这个术语本来是用于描写穆斯林统治之下的伊比利亚半岛的宗教多元主义社会的。从历史的意义上,以及从安华对这个术语的使用上:

---

① Surah 19:13. 这里译文按照安华演讲稿的原译。《伊斯兰和儒教》(*Islam and Confucianism*),论伊斯兰和儒教的国际讨论课(文明对话,马来西亚吉隆坡,1995 年 3 月 13 日)的开场讲座。

② Anwar, *Islam and Confucianism*.

这个术语可以被宽松地定义为"共同生存"（coexistence），带着相互渗透和创造性地影响的意味。……（在西班牙）这是三个群体（穆斯林、基督徒和犹太教徒）的共同生存，但只是集体地、有意识地寄存在它们当中的任何一种文化当中。①

在安华所倡导的范式中，convivencia 被视为伊斯兰形式的多元主义，但是这相当不同于那种只是在传统的伊斯兰社会中给非穆斯林留下一些空间的典型的伊斯兰方案。放在第一位的是社会与经济的正义与平等，这对于其他的伟大的宗教传统和对于伊斯兰教都是根本性的。这代表了具体性和普遍性的一种特殊的平衡。安华在他号召的"亚洲的复兴"中对此作了界定：

它的社会必须准备改造他们自己，抛弃过去留下来的有害的残余——宗族主义、思想狭隘以及狂热主义。这并不是说亚洲必须失去它的身份，而是说它必须复兴它对正义、德性、同情等核心价值的宗奉，这些价值本身是普世的。要让这些价值转变成现实，是需要创造性、想象以及勇气的。②

这种多元主义的视野成了安华理解伊斯兰和亚洲在未来世界中的作用的关键。这是他呼吁文明对话的基础。

1993 年，亨廷顿普及了"文明冲突"论，这个术语在 90 年

---

① Thomas F. Glick, "Convivencia: An Introductory Note", in *Convivencia: Jews, Muslims and Christians in Medieval Spain*, ed. Vivian B. Mann, Thomas F. Glick, and Jerrilyn D. Dodds (New York: George Braziller, 1992), pp. 1 – 2.

② Anwar, *Asian Renaissance*, p. 30.

代引发了许多的讨论和争论。① 虽然亨廷顿的分析在范围上是全球性的,但是它集中关注的其实是伊斯兰和西方的关系,而且他的分析强调了这两者之间的尖锐的对立:

> 伊斯兰的问题……是,西方,一种不同的文明,他的人民相信他们的文化的普世性,相信他们在力量上的优势使得他们有责任推广这种文明。这些就是引起伊斯兰和西方之间的冲突的基本因素。②

安华与许多穆斯林知识分子和西方的分析家一样,不接受这个文明冲突的范式。他认为:

> 精神是不同的,文化是不同的。美国的许多东西我想效仿,但是我不需要成为一个美国人……我们应当现代化,我们应当是民主的。我们不应当宽容任何形式的腐败和压迫,或者否定基本的人权……但是不要对我说,民主和自由只能由西方的某些国家和政治领导人来鼓吹。③

作为一个知识分子和一个政治领袖,安华与其他人一起号召要文明对话,不要文明冲突。他确认了已经从西方与"东方文明"的相遇中呈现出来的共同立场。他注意到,东方知识界面临着这样一个选择:

① Samuel P. Huntington, "The Clash fo Civilizations", *Foreign Affairs* 72, No. 3 (1993): pp. 22 –47.

② Samuel P. Huntington, *The Clash of Civilizations and the Remaking of World Order* (New York: Simon and Schuster, 1996), pp. 217 –18.

③ Joyce M. Davis, *Between Jihad and Salaam: Profiles in Islam* (New York: St. Martin's Press, 1997), p. 309.

或者依旧忠于自己的传统,或者为了一种被视
为更高级的生活方式而离开自己的传统。他们一
般来说分为两个阵营。有一些人坚决不接受西方
的一切东西,同情并且顽固地坚持他们自己的传
统。还有一些人则被光彩夺目的西方文明弄花了
眼,成为自己的传统的背叛者和谴责者。①

他认为,这些类型的知识分子在本质上是接受了亨廷顿关
于文明间深刻的、无法沟通的差异的根本假说。跟他们相反,
他支持真正综合的过程。在文化的新生中重新发现传统:

必定不可避免地是与其他文化——包括那些
来自西方的文化——的综合。如果我们没有重新
发现、重新印证和重新致力于我们文化中的那些普
遍性,真正的复兴就是不可能的。②

文明对话对于安华的多元主义概念来说是一个必要的
框架:

对我们来说,表达在古兰经中的神的命令是不
含糊的。人类被创造出来形成部落、种族和民族,他
们在身体特征、语言和思维模式上的差异只不过是
为了实现 litaárafu——"彼此认识"——的手段。③

---

① Anwar Ibrahim, "The Need for Civilizational Dialogue", 1994 年 10 月 6 日,
在华盛顿发表的讲演。

② Anwar Ibrahim, "Jose Rizal: Humanist and Renaissance", address to the International Conference on Jose Rizal, Kuala Lumpur, 3 October 1995.

③ Anwar, "The Need for Civilizational Dialogue", p. 5.

在一个危险的冲突的世界里,文明对话对于人类的生存和进步是必须的。然而,对话"必须是平等者之间的、珍爱的观念和价值之间的相遇,有助于挑战我们的骄傲和结束我们的偏见"①。帝国主义的文化使命的老态度和把西方当作敌人来拒斥的原教旨主义的态度是不合适的,只会威胁到人类的生存。但是文明对话是达到目标的手段,不是目标本身:

> 当世界已经缩小为一个地球村的时候,对话一时间就成了命令。因为它是建立一个 convivencia,一个不同宗教和文化的人民生活在一起的和谐的、丰富的体验的先决条件。②

这意味着"文明对话的主旨必定是一个全球的 convivencia"③。

四、哈塔米:文明对话

伊朗的伊斯兰革命是 20 世纪晚期伊斯兰复兴的主要事件之一,在很多人看来它已经成了这场复兴的象征。革命军队占据美国驻德黑兰大使馆以及这个行动得到的支持,使得许多人在心里面把新的伊朗伊斯兰共和国看成是一个好战的国家。频繁的示威游行高喊着"打死美国人"的口号,他们还把美国等同于大撒旦,这些做法确证了这场革命运动和这

---

① Anwar, *The Asian Renaissance*, p. 45.

② Anwar, "The Need for Civilizational Dialogue", p. 5.

③ Anwar, *The Asian Renaissance*, p. 45.

个政府在世界事务上是坚持圣战观的。妖魔化的过程是双
向的,伊朗在 90 年代制定的美国外交政策中成了"流氓国
家"的原型。美国和伊斯兰共和国之间的冲突在许多人看来
已经成了 20 世纪晚期更广泛的全球文明冲突的经典案例。

尽管这幅图境继续存在,但是在政策现实中已经有了重
要的改变。90 年代末的一个显著的发展是,新当选的伊斯兰
共和国总统哈塔米在对伊斯兰顾问委员会的就职演说中
(1997.8.4)说:"在我们这个世界,文明间的对话是一个绝对
的命令。"①哈塔米总统已经成了当代世界文明对话的主要倡
导者之一。他是在伊朗革命传统的框架之内说话的,他的立
场代表了伊斯兰复兴和关于文明冲突的争论的全新的阶段。

哈塔米在许多方面是与伊朗革命有关的伊斯兰学者精
英的典型的成员。他于 1943 年出生在一位杰出的学者的家
庭。他接受了传统教育,通过他的家庭和他所做的研究与霍
梅尼(Ayatollah Khomeini)有交往。除了波斯语,他还会讲阿
拉伯语、英语和德语,有一个较短的时期担任了德国汉堡伊
斯兰中心的领头人。作为一个青年学生和学者,他参与了反
对伊朗国王的行动,在革命之后,被选入国民大会(National
Assembly)。从 1982 年到 1992 年,他担任了文化与伊斯兰指
导部长(minister of culture and Islamic guidance),在那个职位
上,他促进了伊朗电影业的发展,成为出版和其他媒体有限
审查的倡导者。迫于保守派倡导更严格政策的压力,他辞去
了这个部长的职位。

---

① Mohammad Khatami, *Islam, Liberty, and Development* (Binghamton, NY: Institute of Global Cultural Studies, Binghamton University, 1998), p.150.

作为有突出的政治才能的中层神职人员,哈塔米有能力于1997年竞选共和国总统,并且赢得了绝对优势的胜利。他的主要对手,纳特克诺里(Ali Akbar Nateq-Nouri),代表的是保守宗教的当权派,他们在霍梅尼晚年和20世纪90年代早期掌握了伊斯兰共和国的实权。1997年的总统竞选为在世界事务上表达圣战主义和反对话的观点提供了重要机会。纳特克诺里代表了好战的、圣战主义的世界观——这种世界观为伊斯兰共和国的前十年定了基调。在竞选活动中,他采取了"反对西方的强硬立场","忠于伊斯兰路线,拒斥物质主义的、腐朽的西方生活的一切方面"。① 相反,在竞选活动的访谈中,哈塔米说,"我想西方有优秀的文化,已经影响到了世界上的所有地方",他指出,"拥有对西方的深刻认识对我而言始终是非常重要的"。②

在当选后的几个月里,哈塔米明确了伊朗和美国关系的新阶段,并且阐述了处理伊斯兰和西方关系的独特的路线。老式的文明圣战冲突观在看待文明间的冲突时持非胜即败的观点,在看待外来文化的入侵时主张确立自己的文明的主导地位,保持自己的身份。另一种看待文明间相互关系的观点则认为对话和交流会导致日益相似和全球多文化的同质化。哈塔米提出的观点则是两个方面的结合:一是相对地圣战主义的保护伊斯兰的身份和价值,二是号召文明间的对话,让所有社会都能够从信息与观念的交流中获益。这种正在呈现的视角所倡导的立场超越了老式的"原教旨主义"的

---

① "Islam and the Ballot Box", *The Ecomomist*, 31 May 1997, p.41.
② 同上。

思想和老式的现代主义者的立场。

90 年代晚期,这种路线在圣战和对话维度之间的平衡常常表现为新当选的总统哈塔米和作为伊斯兰共和国的最高统帅的霍梅尼的接班人哈梅内伊(Ayatollah Khamenei)之间的轮流讲话和不直接的辩论。1997 年 12 月在德黑兰举行的一次重要会议上,首先由哈梅内伊作了一个基调发言,勾勒了针对美国的"全球暴权"的圣战主义的指控,随后是一个论坛,哈塔米在里面号召与美国进行"深思熟虑的对话",在文明间展开更加广阔的对话。① 不久之后,哈塔米做出了文明对话的姿态。他与美国有线新闻网络(CNN)的 Christiane Amanpour 做了一次长时间的访谈,在美国和全球电视上广播。② 在这次讨论中,他阐明了他早先所倡导的"深思熟虑的对话"。他再次认为,西方文明和美国是值得尊重的,指出了普利茅斯朝圣(Pilgrims at Plymouth)的经历是肯定宗教自由的重要事件,也指出了林肯的榜样的重要性。这次访谈成了倡导文明对话的主要象征。

在访谈中,哈塔米也采取了强硬立场,批评西方政策,尤其是美国政策,谈到了美国的有毛病的主宰政策。在随后那个星期,哈梅内伊在陈述圣战主义的、反对话的立场的星期五训诫中,更强有力地表达了这个立场。哈梅内伊说,"美国

---

① 对于这种新路线的有趣的最新的分析,见:Saul Bakhash, "From Iran, an Understated Overture", *Washington Post*, 18 December 1997, A 27.

② 这次访谈在新闻媒体上的涵盖面很广。Elaine Sciolino, "Seeking to Open a Door to U. S. , Iranian Proposes Cultural Ties", *New York Times*, 8 January 1998〔http://archives. nytimes. com/archives/〕(14 November 2000); Barton Gellman, "Iranian Leader Urges Exchanges with U. S. ", *Washington Post*, 8 January 1998, Aoi; and "A Whisper in the Wolf's Ear", *The Economist*, 10 January 1998, p. 37.

政权是伊斯兰共和国的敌人。他们是你们这些伊斯兰的敌人。"不过,他补充说:

> 我非常仔细地听了(CNN)的访谈,我不得不说,在与美国和以色列的关系问题上伊朗所持的所有原则性立场都得到了非常好的表达。他谈到了一切应该谈的事情。①

几天之后,哈塔米重复了他对美国政策的强烈批评,说美国的制裁政策试图"把他们自己国内的法律强加于整个世界……(但是)这个世界不再会忍受一个主人——不仅我们不能忍受一个主人,这个世界也不会忍受"。②

当时的许多观察家都把这两种思想路线看做是反映了新当选的总统和最高统帅之间的权力之争,或者反映了哈塔米自己思想内部的矛盾。有一个观察家说,哈梅内伊的讲话反映了他"与温和派的正在加深的权力之争"③;另一个观察家说,哈塔米后来的批评美国的讲话"在语气上非常不同于他最近的公开讲话";纽约时报的标题新闻宣称,"总统转变了对美国的基调"。④ 对伊斯兰革命原则的强烈肯定和对美国政策的批评将会伴随着对文明对话和改善伊朗—美国关系的强烈的倡导得到继续,这一点在随后的几年里变得很清

---

① John Lancaster, "Head Iranian Cleric Rejects Talks with U. S. ", *Washington Post*, 17 January 1998, A18.

② Elaine Sciolino, "At Khomeini's Tomb, Iran's President Switches Tune on U. S. ", *New York Times*, 20 January 1998 [http://archives. nytimes. com/archives/] (14 November 2000).

③ Lancaster, "Head Iranian Cleric", A18.

④ Sciolino, "At Khomeini's Tomb, Iran's President Switches Tune on U. S. ".

楚了。

通过对话创造一个新的(伊斯兰)文明。

哈塔米把两个维度结合到一个更广泛的综合体之中,从而超脱了老圣战主义视野与"现代化对话"话语之间的争执。在20世纪80年代的争执未解决的情况下,哈塔米在90年代的最后几年里阐述了一个理解正在呈现之中的全球背景的新的概念框架,在这个框架中,人们可以继续坚持特定的身份,但这是在对话的背景中而不是在文明冲突的背景中坚持特定的身份。他的早期著作之一,Az Donya-ye Shahr ta Shahr-e Donya(从城邦世界到世界城邦),研究了一些西方的哲学家,着重研究了柏拉图和亚里士多德。他写道:"没有哪一位研究哲学和政治学的知识分子可以不研究这两个源头。"①哈塔米的视野的核心是这样一个信念:穆斯林社会如果想获得成功的话,就必须从西方的成功和成就中吸取经验。哈塔米对这个问题的重新构架是相当清楚的。他认为:

> 我们必须承认,现代文明与我们的传统文明的不相容性是我们社会的危机的最重要的原因之一。我们能做什么呢?我们应当继续沉浸在我们自己的传统之中吗?还是应当充分地融入到西方文明之中?还是另有可以克服这个矛盾的道路?②

他的许多思想和著作都是为了找到这样一条应对危机

---

① Elaine Sciolino, "The Mullah Who Charmed Iran Is Struggling to Change It", *New York Times*, 1 February 1998[http://archives. nytimes. com/archives/](14 November 2000).

② Khatami, Islam, Liberty and Development, p. 24.

的道路。回顾过去,他注意到"中西方的毒和受传统束缚的可悲经历就在我们面前,我们必须从它们的错误中吸引教训,不要重蹈覆辙"①。建设性的出路是运用西方现代化的经验和传统资源为未来创造一个建设性的方案:

> 明天是人类超越今天的文明的时候,那些先抵达的人将是熟悉过去、着眼未来的人,而不是那些严重地受传统束缚的人,也不是那些只懂得今天的文明的外表的浅薄的现代主义者。②

哈塔米在1997年当选总统后开始逐步推行的改革方案就是建立在这个既非受传统束缚又非盲目对话的综合主义的理解框架之上的。这些政策是通过哈塔米的文明间关系的广阔视野而合法化的,伊朗和美国的双边关系只是这个视野的一个很小的部分。

按照哈塔米对长远的全球关系的看法,文明是永恒变化和发展着的。它们不是固定不变的实体。按照这个看法,人们可以明白:

> 西方是最新的文明,但并不是最终的人类文明,它和所有其他的人造物一样,也是暂时的、会腐朽的……文明在变化,并不存在最终的、永恒的文明这种东西。③

这并不意味着人们可以忽视西方,但是也不意味着有必

---

① Khatami, Islam, Liberty and Development, p. 29。

② 同上,p. 36。

③ 同上,p. 28,p. 30.

要采取全盘西化的方案。相反,它建议所有的人民都要在文明对话中相互学习,促进下一个阶段的文明的呈现。在这个世界历史的视野中:

> 文明兴起又衰落……除非它们完全没有意识到彼此的存在,文明一定会彼此影响和改造……文明之间的取和予是历史的法则……因此"新"文明绝不可能真正是新的,因为它们总是取食于先前文明的果实,吸收和消化一切适合于它们的需要的东西,抛弃一切不适合的东西。①

在 21 世纪初,一种新文明的创造已经再次成为需要。

哈塔米对对话的号召必须放在这个世界观的背景上来看。它不是提倡更自由的宽容。西方的人民也倾向于认为,"对话"意味着非西方人民最终将看到西方文明的优点,从而变得更加西化。这种理解会完全地误解哈塔米的对话观。对话超越了好战的圣战观,提供了避免破坏性冲突的道路。这也是一种长远的政策选择,通过学习,文明在永恒变化的演进中变得强大起来。从这个视野看来,与西方的对话成了使伊斯兰变得强大的重要道路,因为,如同西方本身的演进及其可能的衰落那样,伊斯兰也有机会重新获得先进的世界文明的地位。对话不是消极适应的政策;它是加强和改造伊斯兰文明,乃至于改造冲突与对话的整个全球背景的进取的策略。正是在这个背景中,哈塔米认为伊朗人民只有能够吸收西方文明的精华、抛弃其糟粕才能有新文明的兴起。如果真能

---

① Khatami, Islam, Liberty and Development, pp. 49 – 50。

这样做的话,那么未来的新的伟大文明必将是伊斯兰文明。

在这个对于国际关系的长远的解释中,"文明冲突"成了相互竞争的文明之间的积极的相互影响和对话。哈塔米反映了对21世纪国际关系之基础的一个重要的新的解释。它代表了一种视野,相当不同于像亨廷顿那样的西方分析家,也不同于老式的伊斯兰圣战的倡导者,如库特布以及更近的本·拉登。

五、瓦希德:宇宙城邦的伊斯兰和全球多样性

1999年10月,瓦希德,世界上最大的穆斯林国家的最大的伊斯兰组织经师学者协会(Nahdatul Ulama)的领袖,成了印度尼西亚历史上第一位民选总统。① 经师学者协会(NU)主要是一个保守的、以农村为基础的社会文化组织,有3500万个成员,由一位有现代思想的、城市自由主义穆斯林知识分子来领导。瓦希德,人们通常称他为古斯度尔(Gus Dur),是一位知识分子行动主义者,他的崇拜者和诋毁者既有现代主义者也有传统主义者。几十年来,他保持了宗教领袖和社会政治改革家的角色;他的行动主义是以独立思考和实用主义为基础的,产生并且启示了宗教与发展的新的范式和理解。作为印度尼西亚最大的伊斯兰组织的领袖,他还是坚定地告诫那些想重新确立伊斯兰教在政治中的地位的那些改

---

① 印度尼西亚有87%的人是穆斯林。

革家,警告原教旨主义的危险。作为一个行动主义的知识分
子和总统,他支持一个反映和尊重印度尼西亚多宗教、多种
族的社会和传统的印度尼西亚人的国家。

在完成了经学学校(pesantren,伊斯兰寄宿学校)和国家
教育体制内的学业之后,瓦希德到了阿拉伯和欧洲接受高等
教育。先是在开罗的阿兹哈尔(Al-Azhar)大学(1964—
1966),然后是在巴格达大学的文科系(1966—1970),他学习
了阿拉伯文学和文化以及欧洲哲学和社会思想。在那个时
期,他的学习和经历使他相信,伊斯兰教必须被重新解释
(ijtihad),为了适应现代科学与知识,伊斯兰教育的改革是必
要的。

在完成学业之后,瓦希德在经学学校网络中担任了各种
职位,包括 Hasyim Asyari 大学的系主任(1972—1974)和琼班
(Jombang,爪哇东部的城市)的特布仁经学学校(Pesantren
Tebuireng of)的秘书长(1974—1980)。他与其他人一起创建
了经学学校发展委员会,试图通过扩大经济基础和影响力,
赋予经学学校宗教教育体制以新的生命力。他们与其他的
经学学校联合起来,说服政府部门资助从净化水和能源到数
学和技术等各种发展项目。1977 年移居雅加达之后,瓦希德
开始活跃在知识界和宗教界,参与杰出的进步的穆斯林思想家
和非穆斯林人士的论坛。他很快成为公共知识分子和当前事
件的民族解说员,在国家和国际会议、新闻媒体上露面。

在许多方面,瓦希德是一个谜。他既不是一个保守的传
统主义者,也不是一个伊斯兰的现代主义者。作为一个自由
主义思想家,他却担任了以传统为基础的最大的伊斯兰组织
的领导职务。作为一个创新型的知识分子、世俗气质的专业

人士,却主持了 Ulama(宗教学者)协会——他们的组织经师学者协会是 1926 年建立起来保卫传统伊斯兰教、抵抗现代化的威胁的。瓦希德沟通了传统伊斯兰学术与"现代"思想,赞成一种改革主义的综合和社会规划,把不变的宗教教义或法律与合法地适应社会变革区分开来。这个理想反映在他对一个独立思想的经学学校宗教领导(kiai)的评论上,他认为这样的领导可以在一些宗教问题上不让步的,但是却能适应许多其他的社会处境:

> 答案在于 Kiai Ali 的能力,是否能区分对宗教有
> 根本重要性的问题,能否在适应时代的要求的同时
> 不丧失作为最深的宗教价值之来源的原初人格。[1]

瓦希德是伊斯兰新现代主义者一代的人——这一代人当中有马吉德(Nurcholish Madjid)、拉克马特(Jalalludin Rak-mat)、拉哈德(Dewan Rahardjo)、莱斯(Amien Rais)等人——他倡导一种进步的伊斯兰教,一种民主的、多元主义的、宽容的伊斯兰教。与那些倡导印度尼西亚社会伊斯兰化或者重新伊斯兰化的人不同,瓦希德强调伊斯兰教的印度尼西亚化、本土化或者处境化(pribumisasi)。他间接地提到了宗教与文化、伊斯兰信仰与价值和地方文化的混合:

> 伊斯兰教的来源是有自身规范的启示。由于
> 这种规范性,它趋向于经久不变。另一方面,文化
> 是人类的创造,因此它的发展是与社会变革相一致

---

① Greg Barton, " The Liberal, Progressive Roots of Abdurrahman Wahid´s Thought", in *Traditional Islam and Modernity in Indonesia*, eds. Greg Barton, Greg Fealy, and Nahdatul Ulama (Monash: Monash Asia Institute, 1996), p.213.

的。然而,这并不会妨碍宗教生活以文化的形式彰显出来。[①]

瓦希德的思想和行动主义有三个支柱:(1)宇宙城邦的伊斯兰,这是由于他相信伊斯兰必须被创造性地、根本性地重新解释或者重新阐明,以回应现代生活;(2)相信印度尼西亚的伊斯兰必须反映并回应不同的宗教和种族历史以及社群;(3)相信在印度尼西亚的背景下,伊斯兰不应当是一个国教,而应当是一种包容性的宗教的、民主的、多元主义的力量。

1. 回应法律形式主义和原教旨主义:东南亚的例外

瓦希德相信当代的穆斯林有两种选择或者道路:追求更传统的、静止的法律形式主义的伊斯兰教,或者重新要求或塑造一种更有活力的宇宙城邦主义的、普世的、多元主义的世界观。伊斯兰教的普世主义反映在它的一神论(tawhid)、律法(fiqh)、伦理(akhlaq)上。这一切导致了伊斯兰教对人的尊严的普遍关怀:

> 法律面前人人平等、保护社会不受专制权力的统治、维护弱者的权利、限制当局的政治权力等原则,反映了伊斯兰教对人的尊严的关怀。[②]

[①] 转引自:Mujiburrahman, "Islam and Politics in Indonesia: Political Thought of Abdurrahman Wahid", *Journal of Islam and Christian-Muslim Relations* 10, No. 3 (1999): p. 342.

[②] 转引自:Mujiburrahman, "Islam and Politics in Indonesia: Political Thought of Abdurrahman Wahid", *Journal of Islam and Christian-Muslim Relations* 10, No. 3 (1999): p. 342。

与此相对,伊斯兰的律法主义是过去的产物,是基于歪曲的历史现实的。伊斯兰的历史表明,伊斯兰教在主要通过律法变得制度化的过程中,存在着从充满活力的状态向律法形式主义过渡的趋势。早期的伊斯兰教信息的规范化和制度化的倾向造成了一个严酷的、压迫性的现实。

把伊斯兰教理想化为一种社会制度,这是想把过去的伊斯兰教律法肤浅地强加、贯彻在现在的处境之上,不关心变化和文化多元主义,从而造成了一个引起社会混乱的思想堡垒。[1] 把伊斯兰教全面地重新认定为整全的生活方式,这越来越呈现为一种"伊斯兰的原教旨主义",有可能会堕落为一种宗教的教派主义,疏远其他的民族群体,成为一个分裂主义的运动。[2]

与当今的许多"原教旨主义者"不同,瓦希德不认为伊斯兰教应当成为民族国家政治或法律制度的基础。[3] 他认为把伊斯兰教的原则珍藏在法律之中的中东传统,并不适合印度尼西亚。[4] 他相信,印度尼西亚的穆斯林应当把一种温和的、宽容的伊斯兰类型应用到他们的日常社会生活之中,因为在这个政教分离的国家中,"穆斯林和非穆斯林是平等的"。[5]

瓦希德拒绝接受法律形式主义或者原教旨主义,认为这

---

[1] Abdurrahman Wahid, interview, "Islam in Indonesia: Where To", Inside Indonesia, 8 October 1986, p. 3.

[2] Abdurrahman Wahid, "Islam, Nonviolence and National Transformation: A Preliminary Overview From Historical Perspectives", unpublished, February 1986, p. 3.

[3] Wahid, "Islam in Indonesia", p. 3.

[4] "An Islamic Awakening", *The Economist*, 17 April 1993, pp. 14 – 15.

[5] 最近瓦希德回答记者说:"是的,我们是有敌人。但重要的是我们要做正确的事。" *Business Times* (Singapore), 24 March 1999, p. 48.

是一种偏差,是伊斯兰教改革和伊斯兰教回应全球变革的主
要障碍。① 穆斯林只是法律的服从者的观念应当扩展,要形
成多面貌的穆斯林和动态的伊斯兰传统的观念。这就要求
一种转变,其基础是一些根本价值,如一切穆斯林,包括俗人
和宗教学者(Ulama),都拥有依据"永恒变化的人类处境"
"永远地重新解释"古兰经和先知传统的自由意志和权利。②
这个过程会造就一个动态的(而不是静止的法律主义的)宇
宙城邦主义的伊斯兰教,更适合于、更能够回应现代生活的
不同现实。

瓦希德的世界观的基石是多元主义,构成现代生活的背
景的人民和文明的多样性。这种宇宙城邦主义的伊斯兰教
的新的全球观承认实质性地重新表达"现存文明"——也就
是伦理和行为的制度性的或精神的框架——的需要。当代
穆斯林的任务是表达并且维持伊斯兰遗产所启示的本真的
身份,同时也向全球环境下的宇宙城邦主义的现实开放:

> 找到一种可以培养出对伊斯兰教的归属感的
> 身份,但是同时也要保持一种对更大、更广的协会
> 的归属感——一种对由世界意识形态、其他的信仰
> 和全球关怀激发形成的群体组成的协会的归属
> 感。③

---

① Abdurrahman Wahid, "Reflections on the Need for a Concept of Man in Is-
lam", *Memorandum to the Rector of the U. N. University*, 1 May 1983, (unpublished),
p. 3.

② 同上。

③ Wahid, "Islam, Nonviolence and National Transformation", p. 4.

这种世界观回应了普遍的基本权利,承认并且尊重其他的信仰、意识形态和文化,吸收现代科学与技术所提供的最好的东西。①

瓦希德相信,宇宙城邦主义的伊斯兰教造就了一种对伊斯兰教的更灵活的表述,其多元主义和宽容最适应于印度尼西亚现代的现实。他实践了他自己所宣讲的思想。他是第一位公开谴责1996年骚乱的官方人物——这场骚乱的大部分参与者都是经师学者协会的成员。在倡导对基督徒宽容的同时,他号召正式承认儒教为印度尼西亚的宗教。② 但是他的政治多元主义似乎考验了许多穆斯林的限度,他在1994年中访问了以色列,主张建立与以色列的关系。他更进一步激怒了传统主义者的穆斯林和 Ulama(其中有许多人是经师学者协会的成员),他批评印尼学者议会(Council of Ulemas)号召穆斯林为那些有穆斯林候选人的政党投票,说他们是在政治上多管闲事。而且,他认为,印尼政府应当是一个世俗的联合体,而不应当是一个伊斯兰政党的联合体。③

像安华那样,瓦希德看到,东南亚的穆斯林与穆斯林世界的大多数穆斯林有着许多共同的问题,但都是在他们相当独特的不同的、多元主义的背景下来面对这些问题。印度尼西亚有3000多个岛屿,是一个宗教与文化群体的大集合。它受到了前伊斯兰、印度佛教传统的重要影响,也受到了它

① Wahid, "Reflections on the Need for a Concept of Man in Islam", p. 4.

② "Government Stance on Confucianism Criticized", *Jakarta Post*, 13 August 1996, p. 5.

③ "Gus Dur's Party Sitting Pretty after Indon Polls", *New Straits Times*, 10 June 1999, p. 4.

◇ 第三部分　宗教政治化：走向一种新的全球伦理？

的人民的多种伊斯兰导向的重要影响——亚齐(Acheh)穆斯林的好战的保守主义、爪哇(Java)穆斯林的更唯名论的、综合主义的路线以及更加好战的当代伊斯兰激进主义。多年来,瓦希德一直倡导着这样一个信念:印度尼西亚能够而且必须成为一个典范,打破伊斯兰和穆斯林国家是激进的、反现代的、反民主的和不宽容的国家的这样一种成见:

> 西方所能看到的是伊斯兰的激进主义和它与现代的、开放的民主政治的不兼容性。然而,印度尼西亚有机会表明,让政治基于认信——像阿尔及利亚和伊朗那样——并不是唯一的出路。现代性和开放政治不仅能够存在于像印尼这样的以穆斯林为主的社会之中,而且还会得到滋养,从而让民主在伊斯兰教里面昌盛。①

伊斯兰教与民族国家的关系已经成了现代穆斯林的主要问题。在民族独立以来的几十年里,穆斯林国家一直都在试图解决政治合法性、民族认同和统一以及宗教与民族发展的关系等问题——这些民族是在这样的一个世界中发展,其中的发展和现代化理论已经预设了一条西方的、世俗的道路。瓦希德明确了民族建设中的许多问题和现实:面对地方自治主义创立一个完整的民族、确立法律的统治、发展可行的财富分配平等的经济框架等需要。同时,他认为,许多政府依赖社会政治工程、权威主义、政治压迫以及暴力,强制推行他们的理想。那些依赖社会控制而不依赖协商、越来越多

---

① Douglas E. Rampage, "Democratization, Religious Tolerance, and Pancasila: The Political Thought of Abdurrahman Wahid", in *Nahdatul Ulama*, p.227.

地运用暴力和压迫的政府造成了一种促成激进主义和暴力对抗国家的气候。因此,伊斯兰运动"在追求社会正义、法律面前的平等、免除压迫以及言论自由的过程中,面临着走激进的道路还是走渐进的道路的选择"。①

瓦希德相信,在独立以后的时期,东南亚的经验是与绝大部分穆斯林世界不同的。许多穆斯林一开始就反对现代民族主义,并且现在还在继续争论伊斯兰与民族主义的相容性问题。然而在东南亚,在独立运动中清楚地呈现出来的是对民族国家的接受,以及印度尼西亚和马来西亚绝大多数人对伊斯兰与民族主义之间的结合的承认。多年来,政治的党派和组织继续在社会中扮演"不正式"的角色,而各种社会组织在印度尼西亚和马来西亚都很繁荣。在穆斯林世界的许多地方,伊斯兰教的兴起主要是政治性的,与此相对,瓦希德认为,东南亚的更大的社会伊斯兰化运动已经发生一段时间了,而且主要是文化的运动,而不是政治的运动。在印度尼西亚,像亲穆罕默德传教会(Muhammadiya)这样的组织发展出了一个有着15000多所学校、许多医院和诊所的网络,而经师学者协会在它的经学学校教育体系之外,还让约7000所经学学校在整个印度尼西亚发展各种项目。

2. 政治参与:社会正义与民主化

瓦希德的宇宙城邦主义的伊斯兰世界观及其事业的核心是他的自下而上的策略以及对发展项目的重要参与。他的思想是多种宗教与文化潮流的产物:他的印度尼西亚的伊

① Wahid, "Islam, Nonviolence and National Transformation", p. 3.

斯兰背景和经历,更广大的穆斯林世界的穆斯林思想家和行动主义者如埃及的哈乃斐(Hasan Hanafi)和伊朗的沙里亚梯(Ali Shariati)等人的影响,他对拉丁美洲的解放神学的直接体验。这些都重要地影响了他对伊斯兰及其在世界上的作用的看法,以及他对总体上的宗教与第三世界发展的看法。

受解放神学的"良心发现"(conscientization)观念的影响,瓦希德讲到了穆斯林需要发展一种"新的良心",以回应大多数人所面对的可怕的社会现实。因此,他的宇宙城邦主义的伊斯兰明确地强调宗教与发展、宗教与社会正义的关系:"社会正义应当成为一个宗教的和政治的范式。"①

原教旨主义勾画了宇宙城邦主义的伊斯兰的对立面。伊斯兰运动的力量来源于宗教对他们的意识形态和活动的启示和改造。他们关心自我身份的根本问题,但是接受社会与政治制度,并且活动在社会与政治制度之内。许多人把现代教育与有意识地重新吸取和重新表达宗教启示的身份结合起来,以回应现代民族国家的失败和问题:

> 只要那些努力构成了重述伊斯兰价值的尝试,没有完全地抛弃整个地区的现代化进程,那么,原教旨主义这个标签就不可能适用于他们。②

与此相对,原教旨主义者是少数极端分子或者狂热分子,他们根本就不接受社会和政治框架这个概念。他们不仅

---

① Abdurrahman Wahid, "Cultural Diversity and Religious Unity in Islam: The Indonesian Experience", *Bulletin* 17, No. 2(1982):p.256.

② 同上,p.7。

反对一个特定的政府,而且还反对民族国家这个观念本身。他们是小的、零星的运动,常常与那些伊斯兰本位的、但是更主流的青年的多数派混淆起来。虽然他们时不时地挑战和破坏制度,瓦希德相信,他们还是只有地方性的意义,没有能力在民族的或者地区的层面上发展起来。①

瓦希德认为,大多数政府由于只是把民族问题缩减为政治、社会经济以及技术因素,因此就看不到根本性的社会发展问题。政府不处理好信仰与民族认同和制度建设的关系就会导致极大的不稳定,"冒社会大爆炸的危险"。② 金钱婚姻是短命的,长久的创造性的解决方案必须规定好宗教与国家的关系。

20世纪90年代的政治对于瓦希德而言是一个挑战,常常使他与政府、军队、同道的穆斯林知识分子和官员相牴牾。苏哈托(Suharto)总统于90年代扩大了他的基础,他依靠伊斯兰教,引进有关宗教教育和宗教团体的新的立法和规划,批准建立了印度尼西亚穆斯林知识分子协会(Association for Indonesian Muslim Intellectuals)———一个穆斯林知识分子和政治官员的协会,里面有这样一些人物,如努尔霍利什·马吉德(Nurcholish Madjid),一个杰出的思想家和改革主义者团体 Paramedina 的领袖,阿米安·赖斯(Amien Rais),一个在美国接受训练的政治科学家和亲穆罕默德传教会的首领。与此相对,瓦希德认为 ICMI 在穆斯林占百分之九十的印度

① Abdurrahman Wahid, "Cultural Diversity and Religious Unity in Islam: The Indonesian Experience", *Bulletin* 17, No. 2(1982):p. 8。

② Abdurrahman Wahid, "Religion, Ideology, and Development", 未发表论文, p. 4.

尼西亚社会灌输伊斯兰价值观的计划会使印尼政治重新宗教化,破坏民族统一和宗教/政治多元化、造成宗派冲突。他认为在印度尼西亚创造一个伊斯兰社会乃是"对宪法的背叛,因为它将会使得非穆斯林成为二等公民"。①

为了反对 ICMI,瓦希德与 45 位其他学者一起创立了民主论坛,为促进他的世俗民主的远景提供了一个平台。这是以班查西拉(Pancasila,五项原则)为基础的,这种政治哲学承认所有宗教的平等,主张宗教与国家分离是唯一的民族意识形态。由于宗教宽容是民主的先决要求,他认为只有非政治的、多元主义的、印度尼西亚化的伊斯兰教才会承认所有公民的平等是在穆斯林占多数的社会中推进民主所必需的。瓦希德警告说,ICMI 的印度尼西亚社会的伊斯兰化会意味着不平等、少数民族成为二等公民以及宗教狂热。同时,他指责苏哈托的新秩序曾经是世俗的,并非是民主的,它依赖于军事驱动的"完整的世俗主义"的理想,缺乏分权、权力制约和平衡的制度,没有独立于政府控制的市民社会。②

为了平衡他的作为伊斯兰领袖/学者和经师学者协会的主席的身份与他为一个进步的改革家和政治领导的身份,瓦希德需要妥协和改变盟友,常常似乎是从一种利益婚姻走向另一种利益婚姻。在强烈批评苏哈托的军事背景的政府时,瓦希德还是愿意做出实质性的妥协。他的这种政治实用主义在 20 世纪 90 年代末表现得尤其出色,他既愿意与梅加瓦蒂(Megawati)——前总统苏加诺(Sukarno)的女儿,苏哈托的

① Douglas E. Rampage, "Democratization, Religious Tolerance, and Pancasila", p. 241.

② 同上,p. 254。

反对者——紧密合作,也愿意与图图(Tutu)——苏哈托的女儿,潜在副总统候选人——紧密合作。在全民选举之后,他继续不费力地游移在相互竞争的政治领导和政治力量之间:国家官员、军队、反对党。有时候他呼吁由三人组合——获选票最多的梅加瓦蒂、阿米安·赖斯和他本人——来领导国家,有时候则让自己远离梅加瓦蒂。最后,1999 年 10 月,瓦希德,一个哈比比(B. J. Habibie)和梅加瓦蒂之间的折中的候选人,被国会选为总统,梅加瓦蒂被任命为副总统。瓦希德在总统职位上的作为反映了他的灵活的、常常是不可预测的政治进路。尽管选举他的国会于 2001 年又罢免了他的总统职务,但是他成功地缩小了军队的政治影响、维护了民主的进程。他的非圣战的路线决定了他向梅加瓦蒂的权力移交是和平地进行的,尽管有报道说,瓦希德的数千名追随者准备宣布圣战、向首都进发。[①]

　　纽约世贸中心被毁之后几个月里,人们已经知道在印度尼西亚有许多与国际上的圣战组织有联系的装备精良的小军事组织。在印度尼西亚努力超越军事权威主义的遗产的背景下,瓦希德的宇宙城邦主义的、多元化的伊斯兰教的理想对于决定印度尼西亚的未来的斗争有重要意义。

六、结论

　　国际关系的背景已经经历了重要的转型。21 世纪初,许

---

① Rajiv Chandrarekaran, "Village Recruits Prepare Violent Defense of Indonesian Leader", *Washington Post*, 22 April 2001.

多塑造理解框架的老的标语、意识形态和范式都已经不再被人相信或者被取代了。苏联的垮台和冷战的结束已经提示许多人去寻求和确定"新的全球威胁"、新的敌人和全球冲突的根源。对有些人来说,"伊斯兰原教旨主义"或者政治的伊斯兰成了"新的威胁"。极端主义者的暴力行动和好战的言辞在人们的头脑中形成了穆斯林圣战对付西方的文明冲突和全球恐怖主义的图境。事实上,穆斯林政治的现实反映了一个远为复杂和动态的现实。冲突与对抗的声音总是极其明显地伴随着对话与合作的声音。

宗教与种族的复兴以及宗教的与种族的民族主义的复兴在范围上是全球性的。当代的伊斯兰和穆斯林政治——从新的伊斯兰共和国的出现到伊斯兰运动和反对派政治组织的发展——已经反映了这些现实。伊斯兰和西方的关系,特别是美国与主要的穆斯林国家的关系显示了一个急剧的冲突和变化的过程。伊斯兰的好战的圣战观和西方的文明冲突观面临了新的现实。到了20世纪90年代,政治的伊斯兰的多样化已经很明显了。在少数好战的极端主义者和恐怖主义组织之外,人们可以看到伊斯兰政治与社会行动主义的主流和制度化。从开罗到雅加达,受伊斯兰教启示的学校、医疗诊所和医院、社会服务以及金融组织在繁荣发展。在选举政治中,伊斯兰教的候选人和政党显示了参与制度建设的能力,为顽固不变的政治体制提供了不同的政治出路。伊斯兰行动主义者被选为市长和议员,他们任职于内阁,成为全民大会的发言人、总理和总统。21世纪初,人们也许可以认为,"未来的伊斯兰行动主义"将伴随着这样一些"宽容的运动,它们以多元主义为自己的策略和理想"。① 最近几年,"许多伊斯兰运动……已经避开了暴力和恐怖主义。在恐怖主义的邪恶战争的路线旁边还存在着一条以伊斯兰为本位的候选人的民主路线……伊斯兰群体在国家和地方选举中的表现使那些坚持认为伊斯兰运动没有代表性、不会赢得选票的人的预期落空了"。②

穆斯林知识分子领袖的一种重要类型已经突显,并且在穆斯林对宗教与国际关系的重新理解中起到了重要的作用。像马来西亚的安华、伊朗的哈塔米、印度尼西亚的瓦希德这些人,已经和正在重要位置上阐述着新的概念和范式,有时候甚至把它们贯彻到了国内和国际政治之中。他们这些人都指出,并不存在一个实在的或者单一的伊斯兰或穆斯林社会。他们都有着共同的信仰,不时地阐述受伊斯兰教启发的世界观,把伊斯兰教用作合法性和动力的来源。还有,他们的理想、目标和策略都既受信仰的塑造,同样也受特定的历史和社会政治背景的塑造。

对于西方和穆斯林世界的一些人来说,透过"好战的原教旨主义"的三棱镜来看当前的伊斯兰和穆斯林政治,谈论伊斯兰和西方的历史冲突,是很方便很容易的。然而,在新千年的黎明,伊斯兰的行动主义的知识分子正在国内和国际政治中开辟强调参与和对话、多样性和多元主义的新道路。哈塔米总统及其支持者在伊朗的选举中到处宣讲这些问题,同时也通过号召文明对话在伊朗伊斯兰共和国的政治中创

---

① Anthony Shadid, *Legacy of the Prophet*: *Despots*, *Democrats*, *and the New Politics of Islam*. Boulder, CO: Westview, 2001, p. 7.

② Esposito, *Unholy War*, p. 148.

◇ 第三部分 宗教政治化:走向一种新的全球伦理?

323

立了新的基础。安华和瓦希德以不同的方式阐述和追求着多元主义的发展道路，强调文化共存和合作，避免冲突。安华最初作为马来西亚伊斯兰青年运动的领袖对伊斯兰范式的聚焦在随后的几年里被拓宽了，并且被置于他的亚洲复兴和强调共同的亚洲价值的大视野之中。他拒绝接受基于文明冲突的国际关系，强调 convivencia———一种不仅以共同信念和价值为基础，而且也以民族和地区利益为基础的现实主义。瓦希德，作为世界上最大的伊斯兰组织的领袖，作为最大的穆斯林占多数的国家的总统，一直是自由的伊斯兰教的坚持不懈的支持者。他的宇宙城邦主义的伊斯兰是包容性的，而不是排他性的，它在穆斯林群体内部鼓励伊斯兰的信仰，但是在国内政治和国际关系中推行以合作互利为基础，而不是以冲突为基础的宗教与政治多元主义。

"9·11"恐怖事件突出了穆斯林世界内部暴力的圣战主义观点与多元主义和对话的观点之间的斗争的重要意义。任何有效的"反恐怖主义战争"都必须承认多样性，不要把对付恐怖主义的合法战争转变成无助于承认和促进多元主义和对话的文明冲突。从长远来看，"如伊斯兰的历史所充分表明的那样，主流的伊斯兰教在法律、神学和实践上最终总是拒斥那些极端主义者和恐怖主义者的，最终会边缘化从哈瓦利吉派（Kharijites）到阿萨辛派（The Assassins，暗杀者，又称'山中老人'）再到当前的像基地组织这样的激进主义运动的"。[1]

哈塔米、安华和瓦希德的行动主义政治和对伊斯兰的重

---

[1]　Esposito, *Unholy War*, p. 128.

新理解揭示并反映了对他们的不同的政治和文化背景的不同回应。他们反对像有些人那样,片面地把 21 世纪早期的世界看成要么是对抗和冲突的,要么是对话和合作的。他们能够认识到老范式的局限和失败,最终证明有必要、也有能力发展出一种能敏锐感觉到宗教与文化在国内和国际事务中的重要性的治理和政策范式。

◇ 第三部分 宗教政治化：走向一种新的全球伦理？

跋

特里·纳尔丁 撰

张新樟 译

　　我写这个跋的目的是想明确在我看来本书所提出的最重要的问题,并且表达我对本书的各位撰写者所提供的答案的保留意见。我是对宗教与国际关系问题感兴趣的政治理论工作者,我写这篇跋的角度明确是世俗的和自由主义的。有三个主要的论题很引人注目,大致与本书的三个部分相对应。让我用倒过来的秩序依次予以表述。

　　第一个论题就是宗教在现代世界中的地位的问题,更具体地说是宗教在一个已经被全球化力量改造过的国际秩序之中的地位问题。所谓的宗教在世俗世界里面的复兴是不是对日益受英语和美国商业和大众文化塑造的全球市场经济和全球文化的反动? 或者,我们是否必须把各种形式的宗教看成这个新的全球秩序的一个关键部分? 宗教间积极对话、避免以伊斯兰和西方的末世论斗争为核心景观的"文明冲突"的前景如何? 后现代的时代将也会是一个后世俗的时代吗? 我们问这些问题,因为我们想理解宗教在正在呈现的全球秩序,特别是在伦理的全球秩序中的位置。这些问题背后的动机是实践性的:为了让宗教站在这个秩序这一边,而不是成为这个秩序的敌人,我们能做点什么?

　　这就进入了本书第二个部分所关注的研究领域:宗教与

战争之间的关系。显然,这种关系一定是复杂的,因为"宗教"和"战争"的标签下面包括了众多不同的事情,把两者联系在一起的处境也是各不相同的。我们应当把宗教看成是不和、骚乱、暴力的持久根源,因而是为了和平、秩序和正义而必须予以遏制的一种力量吗?抑或宗教只是战争的一个偶然的方面,战争的真正根源其实是在其他的地方,在民族竞争或者经济挫折之中?按照后一种观点,宗教可以恶化冲突,但也可以缓和冲突。现代国家理论中有一个重要的观点认为,由于宗教拥有对行为的终极权威,会潜在地颠覆除它自身之外的一切政府,因此必须从宪法上予以限制,乃至于把它驱逐出公共生活——这个观点有多大的说服力呢?这个表达在诸如政教分离之类的教义之中的论点是一个过去的遗迹,对当前的处境没有意义吗?抑或它是西方政治文化的成就,这种西方政治文化在融入不理解或者不接受这个观点的全球文化秩序的过程中,正在被破坏、并由此带来灾难性的后果?

这里要讨论的第三个论题就是宗教对于国际关系研究的重要性问题。宗教是一个研究对象,同时也是对宗教进行理解的一个关键因素,我们不只是关心前者,而且也关心后者。更明白地说,对宗教的研究本身也必须是宗教性的吗?关于宗教的理论研究非得是神学不可吗?或者更进一步,一切理论、一切理解——不只是关于宗教的理论和理解,而且还有关于道德、政治、历史、自然以及艺术的理论和理解——是否都必须得在某种程度上反映宗教的真理?抑或,把理论与神学等同起来乃是让宗教闯入到了并非属于它的本职的研究之中?如果宗教体验本身是知识的一个源泉,那么赋予宗教以应有的地位的国际关系研究,是否在主题以及对主题的理解方式上都被改造了?"严肃地对待宗教"究竟指的是什么意思?

我重述这些问题是为了总结本书所提议的未来的研究和争论的议程。应当说这个议程是好的。宗教确实已经在世界政治中获得了新的重要性。如果说它有时候会导致冲突或者煽动从其他源头升起的冲突之火的话,那么它也同样为解决争端提供了资源。国际研究的领域确实需要关注宗教,而且需要以适合于宗教的方式来关注宗教。正如司各特·托马斯所指出的,这个领域对宗教的忽视已经开始显得怪异。但是我不是想在这里支持或者丰富这些论断,而是想集中讨论两个问题,在这两个问题上宗教与国际事务的讨论常常会误入歧途:宗教与道德的关系,以及宗教与宗教研究的关系。

在讨论这些问题时,宗教学者常常把宗教体验的洞见与启蒙理性主义对立起来,有时候会唐突地引用后现代的反理性主义来支持宗教。同时,他们依赖启蒙价值观——批判理性和多元主义、互相尊重、真正的对话的伦理——来区分可辩护的宗教见解与不可辩护的宗教见解。他们合理地辩驳了对宗教的简单化的理解和怀着敌意的理解。但是把这些简单化的、敌意的理解称为"启蒙主义"的理解——像有些人所做的那样——也同样是对于启蒙主义的简单化理解,以及对源于启蒙主义的看待宗教的复杂视野的简单化理解。这些看待宗教的复杂视野不仅包括了宗教的历史研究和宗教的比较研究,而且也包括了本书所赞成的启蒙的宗教信仰的形式。

一、宗教与道德

在讨论宗教时有一个深入人心的假设：宗教内在地是道德的。但是也有理由可以怀疑这个假设。常识指出，宗教实践可以是不道德的，宗教信念可以是错误的。稍稍反省一下就足以确定，宗教的范围要比道德更广。一个道德体系，无论它的原则是什么，关心的是对人的行为的规范。宗教，作为一个信念体系，关心行为之外的许多事。它想要解释宇宙的起源以及人在宇宙中的位置。它与历史和科学相竞争，去解释事件的发生。它声称拥有让事情发生的能力，这些能力可以通过仪式、祈祷或者其他的作为而获得。就宗教被视为人类获得自己想要的东西的一种途径而言，它的意义是工具性的，而不是道德的。请求一个神灵满足自己的需要、消灭自己的敌人，这是一种深沉的心计，而不是道德。多数宗教提供了道德的指引，它们的原则常常是站在其他的立场上也可以予以辩护的。但是有时候宗教提供的指引是错误的，或者是因为它的规矩所依赖的前提是错误的，或者是因为这些规矩遭到了错误的解释。宗教与道德之间的关系是非常复杂的，它们有一致性，同样也有深刻的差异。

人们把宗教与道德等同起来是因为他们想调和他们的宗教信仰与那些不依赖信仰得出的道德论断。但是为了调和宗教的主张和道德的主张而以这样的方式来定义宗教，就会导致循环论证。要避免由此产生的循环和混淆，我们必须区分作为信仰体系的宗教与作为行为体系的道德。有些宗教确实是这样做的。例如,在基督教的社会里,在很早以前就有人把道德理解成一套把所有理性存在物联合起来的原则,这些原则不仅可以通过信仰,也可以通过理性被发现。阿奎那和他的学派认为,除了神所启示的行为的律法,还存在着一套独立的、可被发现的自然法——人类可以运用理性独立发现的一套道德法。对于格劳秀斯和其他17、18世纪的新教道德家而言,这个自然法构成了"薄弱"(thin)的,或者最小的道德,可以与基督教的"厚重"(thick)的道德区分开来。如格劳秀斯所说的,基督教的道德要求一种比自然道德"程度更高的道德完美"。犹太教和穆斯林的思想家也区分了信徒的职责和那些把所有人类联合起来的职责。今天有许多人想通过比较研究和宗教间对话找到一种共同的"全球伦理",就是罗尔斯(John Rawls)和汉斯·昆所谓的不同伦理和宗教传统之间的"重叠的一致意见"(overlapping consensus)。他们与格劳秀斯、康德和其他的道德哲学家一道,把基于理性的共同道德从它在历史上曾经栖身过的宗教传统中区分出来,因为这些传统包含了许多宗教特殊性的、可以与这种共同道德区分开来的东西。

　　然而,有时候宗教所教导的教义和实践根据自然法或者共同的道德规则是不道德的。奴役、酷刑、征服、恐怖主义、种族屠杀都可以在宗教传统中找到正当理由,但是这些实践在自然法中是没有位置的,或者更确切地说,在康德式的道德中是没有位置的。康德式的道德被理解为是基于根本的尊重原则的一套规则体系,作如此理解的道德把人看作是拥有平等的思想和选择权利的理性动物,任何不尊重人的行为和做法都必定会受到它的谴责。当宗教与道德冲突的时候,应当让步的是宗教,假如它想维持自己的道德形象的话。

有些讨论宗教的作者在"宽容的"、"包容主义的"、"进步的"或者"人道的"宗教与不是这样的宗教之间作了区分,这其实是暗中承认了我们刚才的论断。因为在这里很明显作了某种道德的检验,而这种区分暗示着宗教与道德之间的鸿沟。我们最多只能说,宗教有道德的潜能,这种潜能在有些时候并不能实现出来。当这种潜能没有能够实现出来的时候,如至少在某些宗教原教旨主义的情形中那样,对这种潜能的强调就特别必要。这就导致了以埃斯波西托和沃尔为代表的这类文章,与那些倡导以圣战对付非穆斯林世界的人相对,他们描写了有些参与政治的穆斯林知识分子如何在努力促进多元主义、和谐共存以及与其他宗教、世俗道德和政治视野的对话。这些例子表明,伊斯兰教并非是单一的,一种人道的、宽容的和思想开放的伊斯兰教是可能的。这表明,穆斯林可以与其他信仰的信徒一起确定共同的伦理原则,以规定一种共同的全球伦理。但是这也承认了还存在着许多另外的敌视这种解释的伊斯兰传统,伊斯兰教与道德并不是同义词。在其他的宗教中也可以看到类似的张力。

那么为什么一定要说,宗教对于一个道德上无可辩驳的全球秩序的建立是不可缺少的呢? 这个观点本质上是实用主义的。在澄清了由宗教与道德的等同所带来的混淆之后,这个观点可以视为并非基于宗教本质上是道德的这个错误的前提的,而是基于这个一样合理的假定:表达全球伦理的努力不可能取得成功,除非那种伦理能够与世界主要宗教的道德学说形成共鸣。除非这种伦理能够在这些宗教内部找到某种基础,否则他们的信徒就不会有适应这种伦理的动

◇
跋

331

机。正如司各特·托马斯所指出的,把道德从宗教中分离出来的这样一种"格劳秀斯的遗产"已经把"基于世界宗教与文明的社会传统之上的厚重的国际关系实践"缩减成为"(程序规则的)薄弱的实践"了,从而损坏了保证它们在国际社会中得到遵守的"社会纽带"。那么,问题就在于要找到一个途径,让宗教支持这种为多元宗教社会所必需的薄弱的,或者最小限度的道德。这样看来,为了动员人们按照共同的道德规范彼此相处,宗教是必须的。

    如果把宗教与道德等同起来是错误的,那么把世俗与非道德等同起来同样也是错误的。宗教有助于构想一个伦理的全球秩序,它也能够激励人们支持这样一个秩序。但是这并不是说,如法尔克所暗示的那样,世俗思想就一定是贫困的,唯有宗教才能填补"世俗事业的衰竭"所留下的缺口。像法尔克那样断言促进人权和民主的努力是受"宗教启示"的,这是否只不过是没有意义的真话呢?如果不动员宗教的力量,这些努力就不能够取得成功,从这个角度来看,他说的也许是对的。但是,如市民宗教的哲学家所理解的那样,问题在于把这些力量限制在道德的界限之内。

  从本书对宗教与道德的关系的讨论中呈现出来的是,宗教有两个道德人格。第一个人格我们可以称之为"启蒙的宗教"——我选择这个标签是为了抵制对18世纪欧洲启蒙运动的地方性宗教的敌视。启蒙的宗教是对其他信仰宽容的,它是向宗教间对话开放的,是向适应世俗观念和制度开放的。由于这些原因,它有助于把欧美的世俗的和自由的伦理(表达在诸如自然法、人权和法治等观念之中)与全世界的宗教群体的伦理观联系起来的事业。另一种人格,是"排外主义的"、"不宽容的"、"不人道的"、"反动的"或者"安全化的"宗教,它是反理性的和反自由的。它是启蒙的宗教的敌人。这一点很明显,那些认为宗教可以为国际事务做出积极贡献的学者,在他们所确认的这两种宗教人格之间做选择时,必须把启蒙运动的理性和道德招募到自己这一边。

二、宗教与理论

重新意识到宗教在国际事务中的重要性,对于国际关系的研究意味着什么呢? 它要求修正公认的国际关系理论形态吗? 我们需要新的解释范畴和分析框架吗? 是否真的如本书的有些作者所说,真正地关注宗教会根本性地改造国际关系理论? 如果他们的观点是正确的,那么严肃地对待宗教不仅对于国际关系学者研究什么有意义,也对于他们如何研究有意义。

库芭科娃最清楚地作出了这个论断:国际关系理论要反映宗教,也要研究宗教。她认为,如果国际政治理论要把宗教考虑在内,那么它就必须成为一种"国际政治神学"。神学,从字面上来说是关于神灵或者神的研究或者理论,是关于宗教目标的系统的理性思维活动,是在宗教观念的世界里确立理性一致性的努力。它是一种探究,和其他的探究一样,是有目标和标准的,因而是有对错的。和其他的探究一样,它是基于某些前提的,这些前提决定了这是什么类型的探究。神学的前提是宗教的前提。神学从某些信条出发,展

◇
跋

开它们的内涵,从而产生出一套系统的教义。这套教义有可能与普通信徒的朴素理解相距甚远,但是它不会质疑那些信条。简言之,它启发对宗教的理论理解,却让自己基于宗教的假设之上。由于这个原因,神学被指责为是循环论证的、自我确认的,但是这种指责也可以用于指责任何其他的探究,因为每一种探究都是基于它不挑战的前提的。没有哪一种探究可以在没有假设的情况下开展。因此,神学是基于宗教前提的对于宗教问题的研究。

我很惊奇地发现,库芭科娃并不是以这种方式使用"神学"这个词的。她写道,"神学"是"对话语的系统研究,这种话语(寻求)人类对意义之需求的超验的或者世俗的回应"。换言之,任何关怀意义的探究——任何诠释学的探究——都是一种"神学"。这个论点似乎是这样的:由于宗教是关于意义的,而神学探讨的是宗教,所以神学探讨的是意义。政治理论,当它抖掉实证社会科学的偏见之后,也是探讨意义问题的。因此政治理论是神学的,甚至当它不是关于宗教,或者不基于宗教的前提时也是如此。

这里面存在着一个明显的逻辑缺陷。按照我的判断,库芭科娃真正想要表达的观点,也是本书其他作者同意的一个观点,不是不合逻辑,而是与神学根本没有关系。它只不过是说,由于宗教关涉到意义问题,因此不能用实证主义的社会科学的方法来研究,因为这些方法把意义的因素排除在外了。实证社会科学模仿的是自然科学,它的研究对象被视为自然过程的彰显,而不是心灵的表达。要理解心灵及其产物——由我们的思维所产生、为我们思维所运用的观念——我们采用的方法不能忽视心灵世界,也即意义世界。宗教有各种不同的表现,它可以是一套信念体系、一套教义、戒律或者仪式、一个组织、一种体验或者生活方式,因此,研究宗教的恰当的方法必须是诠释学的。但是这并不意味着宗教研究本身必须是宗教性的。诠释学的方法产生于诠释圣经的努力,但是它老早已经突破原来的使命,进而要从一切腐败的历史文献中的、寓有神道的人的话语中,区分出神的话语。从历史偶然性的经文中找到神的信息的努力事实上是走向启蒙宗教观的关键的一步——启蒙宗教观把宗教看成是人建构的东西,它像其他的人建构的东西一样,也是要接受客观历史、人类学和哲学的细致审查的。

库芭科娃接受了这个启蒙洞见的现代版,把诠释学的进路与运用"建构主义"理解人的行为等同起来了。她观察到,宗教是社会的建构,是复杂的社会意义之网,这些意义必须在能够被理解之前就被理解。(库芭科娃正确地观察到,在某些自称建构主义的实践者手里,建构主义已经回复成一种实证主义的社会科学,不能与关注意义问题的"规则导向的建构主义"混淆起来。)但是这种对于建构主义的偏爱的限制性是没有必要的。正如林奇和几位其他作者的章节所指出的,在建构主义之外还有一些诠释学的进路可以阐明宗教概念及其实践。建构主义并没有穷尽人类科学中的诠释性理解,除非我们伸展它的意义,把人类学、法学、伦理学、政治理论、哲学、文学研究以及每一种其他诠释学研究都包含在内。由于它非常符合启蒙的圣经批评主义,建构主义也不会为对付世俗主义的斗争提供弹药。我们也许可以说,它部分地是源于斯宾诺莎、休谟以及其他"启蒙的"宗教学的文献的。其中有一位大卫·施特劳斯(David Strauss),他于 1835 年发表

◇
跋

335

的《耶稣生平》(*Life of Jesus*)把主题(耶稣,而不是基督)描绘成了一个历史人物。运用德国历史学的批判工具,施特劳斯把福音书看成是普通的、因此有部分讹误的、不太可靠的历史资料。耶稣的这幅历史图画被费尔巴哈(Ludwig Feuerbach)——他的思想影响了马克思和恩格斯——转变成了对宗教的系统批判。费尔巴哈的目的是要诠释基督教信仰,把它揭示成是神话,特别是人类使他们自身的苦难合理化的混乱的尝试。他写道,神学家说是神创造了人,而事实上是人创造了神。基督教的信仰不是别的,只不过是人类处境的反映——是人类的恐惧和希望在想象出来的神这个人物身上的幼稚的投射。在接受建构主义之前,宗教学者最好先看一下它是从哪里来,会引向那里。

把诠释学与神学联系起来的努力会在另一点走上歧路:把诠释学的理解描绘成是本质上主观主义的,是对于其他人的体验的同情或者想象性重构。诠释性的社会科学关心的是观念,而不是心理学的体验。"心灵"不只是个人意识的内在的、私人的体验。它还是外在的、集体意识的公共世界,普遍地表达在语言、习俗、法律、科学和文化之中。当我们探究一首诗、一部法律、一个仪式、一个姿势、一种科学理论或者任何其他的"文本"时,我们所关注的是一个心灵创造的对象,而不是造成那个对象的心理过程。这个对象从人的心灵中产生出来,却表现出了它自身的生命,被卷入到了独立于这个人的心灵的意义之网中,并被这个意义之网所改变。对观念的理解并不依赖于移情(empathy,神会),即库芭科娃所述的"内在者的视野"或者"情绪上的认同",我们无需在我们的心灵中重新造出我们要研究他们的观念和表达的那些人的内心的想法。我们不是不准移情性地在我们的心灵中重新体验到宗教的或者其他的体验。但是我们也不是非得重新体验到那种体验,因为观念拥有不同于特定个人的意念和想法的意义。我们正在研究的那些人事实上未必就能理解他们的所思和所想的重要意义。一部法律的意义未必就是一个特定的立法者、律师、法官或者管理者相信它拥有的意义。它对于任何一个个人的意义都只是它的意义的一个方面,而不是它的全部。诠释必须与移情区分开来,因为观念依赖于构成了文化实践的共同意义。

诠释(interpretation)不同于解释(explanation),诠释是主观性的,如果以此为理由把"解释"和"诠释"区分开来是不对的。观念利用的是共同意义,从这个意义上来说它是主体间性的(intersubjective)。而且,那些意义是什么是可以运用客观的方法予以确定的。诠释学有它们自己的主体性的探究规则,也有证明关于历史事件、宗教实践以及其他文化对象的假设的标准。由于这个原因,我们可以拒斥后结构主义关于已经消除了客观知识的可能性的宣称。果真如此的话,那么我们也能够拒斥这个观点——由德里达提出,在这里得到了劳斯特森和奥利·维夫的认可的观点——后结构主义为向宗教回归开辟了道路。要是在理性被解构之后,我们真的只留下了信仰——非理性的信念,不能被证明的信念——这一条路,那么上面的这个观点也许会是我们的结论。但是如果说国际关系理论现在只能通过用信仰来代替理性才能继续,说国际关系理论必须"承认它自己的宗教",这恐怕是过于悲观了。而且这样说也是自相矛盾的,因为,只有继续致力于系统性的论证时,国际关系理论才能够继续称自己为

◇
跋

337

"理论"。毕竟,神学是系统性的,同时也是宗教性的。纯粹的信仰可以带来诺斯,却不会产生神学。

把宗教看作是一个研究对象予以严肃地对待,与把宗教看成是决定了我们如何展开对宗教的研究的一套真理或者生活道路,这两者是不同的,对两者做出区分是重要的。如果历史学家或者哲学家只是接受科学家的自我理解的话,像科学哲学或科学史这样的领域就不可能存在。同样的道理,宗教与宗教研究之间必须要有一定的距离。这样说并不是向宗教挑战,尽管它确实挑战了宗教的某些自我理解。拒绝唯有科学才能带来名副其实的知识的观点并不能说就是反科学的,那么拒绝一切真理最终都是宗教的真理的宣称就更不是反宗教的了。拒斥这样的宣称是为了拒斥那些以为自己所理解的"实在的"东西就是实在本身的人的原教旨主义。这是为了拒斥宗教原教旨主义,但是也是对于道德与真理在本质上的宗教性的更温和的辩护。这同样也是为了拒斥世俗现实主义者、社会科学家以及各类实用主义者的不加批判的信念:世界就是他们所以为的那个世界。

宗教与国际关系研究的这些结论的含义是简单明了的。这种研究应当更多地注意宗教,而且要考虑到宗教的多方面的多样性和复杂性。要做到这一点,就必须抛弃用以说明人的行为的缩减主义的解释方法——这种方法盛行于国际关系学科领域,并且养成了历史学家、人类学家以及其他学习文化的人的诠释技巧。本书提供了这一类诠释方法及其在国际关系中的运用的事例。研究世界事务中的宗教必须"倾听"它所研究的宗教体验的形式,避免用自己的先入为主的范畴把这些体验过滤掉的诱惑。但是同样也必须避免赋予它所研究的那些范畴以特权。不能简单地认定宗教是正确的、宗教必须在全球治理中起到核心作用、或者全球对话必须是宗教的声音之间的对谈。宗教是文化,但是它不是文化的全部。文化多元主义涉及比宗教多元主义更多的多样性。宗教研究不需要否定西方自由主义、启蒙运动或者世俗现代性的成就;这样的做法哪怕是举着先进的、雄辩的后现代主义的旗帜,也完全是反动的。而且,我认为这种否定无论如何是常常靠不住的。最重要的是,宗教研究绝不能够把对宗教的理解与对宗教信仰的体验混淆起来,而必须把作为研究对象的宗教与施之于这个对象的研究活动区分开来。

索 引

Donelan, Michael　迈克尔·多纳兰

Ebeling, Gerhard　艾伯林
Eckhart, Meister　爱克哈特
Eisenstadt　S. N.　埃森斯达特
Ela, Jean-Marc　让·马克·埃拉
Elshtain, Jean Bethke　让·本思克·埃尔斯坦
Empiricism　经验主义
Enlightnment　启蒙运动
Erikson, Erik　埃里克·埃里克松

Faith　信仰
Fox, Jonathan　乔纳森·福克斯
Freud, Sigmund　弗洛伊德
Frohock, Fred　弗雷德·弗罗霍克
Fundametalism　原教旨主义

Gadamer, Hans-Georg　迦达默尔
Gandhi　甘地
Geertz, Clifford　克里福德·盖尔茨
Gentili, Alberico　真蒂利
Gilpin, Robert　罗伯特·吉尔平
Girard, René　勒内·吉拉尔
Gitomer, David　大卫·吉托摩尔
Globalization　全球化

Goldberg, Jeffrey　杰弗里·戈德伯格

Gong, Herrit　海利特·贡

Gramsci, Antonio　安东尼奥·格莱姆希

Griffiths, Paul　保罗·格利菲斯

Grotius, Hugo　格劳秀斯

Gurr, Ted Robert　特德·罗伯特·葛尔

Hamas　哈马斯

Hammarskjöld, Dag　达格·哈马斯齐奥德

Hanafi, Hasan　哈乃斐

Harnack, Adolf von　哈纳克

Havel, Vaclav　哈维尔

Haynes, Jeff　海内斯

Hegel, Georg Wilhelml　黑格尔

Hermeneutics　诠释学

Hinduism　印度教

Hobbes, Thomas　霍布斯

Hollis, Martin　马丁·霍利斯

Holsti, Kal　卡尔·郝斯蒂

Huntington　亨廷顿

Ibn Arabi　伊本－阿拉比

Ignatious of Loyola　洛亚拉的伊格拿修

Islam　伊斯兰;Cosmopolitan Islam　宇宙城邦主义的伊
斯兰;jihad　圣战;mahabbah　同情之爱; Political Is-

lam　政治的伊斯兰

John of the Cross　十字架约翰
Judaism　犹太教
Juergensmeyer　马克·尤根斯迈尔

Kant, Immanuel　康德
Katzenstein, Peter　彼得·卡曾斯坦
Kaufmann, Chaim　考夫曼
Kepel, Gilles　吉尔斯·凯佩尔
Khamenei, Ayatollah　哈梅内伊
Khatami, Mohammad　哈塔米
Khomeini, Ayatollah　霍梅尼
Kierkegaard, Søren　基尔凯郭尔
Kraemer, Henrik　亨德里克·克莱默
Krasner, Stephan　斯蒂芬·克拉斯纳
Küng, Hans　汉斯·昆
Kurth, James　詹姆斯·库斯

Lacan, Jacques　拉康
Laden, Usama bin　本·拉登
Levinas, Emmanuel　列维纳斯
Liberalism　自由主义; neo-liberalism　新自由主义
Loriaux, Michael　迈克尔·罗里奥克斯
Luhmann, Niklas　卢曼

Luther, Martin　马丁·路德
Luttwak, Edward　爱德华·路特瓦克
Lyotard, Francois　利奥塔

Machiavelli, Niccolo　马基雅维利
MacIntyre, Alasdair　麦金太尔
Mahathir Mohammed　马哈蒂尔
Marcuse, Herbert　赫伯特·马库斯
Martey, Emmanuel　伊曼纽尔·玛蒂
Marx, Karl　卡尔·马克思
McDougal, Myrs　迈尔斯·麦克道尔
Modernization theory　现代化理论
Morgenthau, Hans　汉斯·摩根索
Moynihan, Daniel Patrick　丹尼尔·帕特里克·莫尼汉
Muller, Robert　罗伯特·穆勒
Multiculturalism　文化多元主义

Nateq-Nouri, Ali Akbar　纳特克诺里
Nationalism　民族主义
Niebuhr, Reinhold　莱茵霍尔德·尼布尔
Non-governmental organizations(NGOs)　非政府组织
Nye, Joseph　约瑟夫·奈

Onuf, Nicholas　尼古拉斯·奥努夫

Weeramantry, Christopher　韦拉曼特利
Wendt, Alexander　亚历山大·温特
Westphalia, peace of　威斯特伐利亚和平
Westphalia presumption　威斯特伐利亚假说
Wight, Martin　马丁·怀特
World Council of Churches　世界宗教议会

Zapf, Josef　约瑟夫·扎普夫
Žižek, Slavoj　齐泽克

图书在版编目（CIP）数据

国际关系中的宗教／（意）佩蒂多（Petito, F.），（英）哈兹
波罗（Hatzopoulos, P.）编；张新樟，奚颖瑞，吴斌
译. —杭州：浙江大学出版社，2009.3
（当代世界前沿问题译丛）
ISBN 978-7-308-05938-1

Ⅰ. 国… Ⅱ. ①佩… ②哈… ③张… ④奚… ⑤吴… Ⅲ. 国
际关系 – 关系 – 宗教 – 研究 Ⅳ. D815. B928

中国版本图书馆 CIP 数据核字（2008）第 064243 号
浙江省版权局著作权合同登记图字：11 – 2007 – 31 号

国际关系中的宗教
[意]F. 佩蒂多 [英]P. 哈兹波罗 编

丛书策划	袁亚春 张 琛	
责任编辑	叶 抒	
封面设计	王小阳	
出版发行	浙江大学出版社	
	（杭州天目山路 148 号 邮政编码 310028）	
	（E-mail：zupress@ mail. hz. zj. cn）	
排 版	杭州中大图文设计有限公司	
印 刷	富阳市育才印刷有限公司	
开 本	880mm×1230mm 1/32	
印 张	11.5	
字 数	250 千	
版 印 次	2009 年 3 月第 1 版 2009 年 3 月第 1 次印刷	
书 号	ISBN 978-7-308-05938-1	
定 价	30.00 元	